Magda

Magda Gessler
Dominik Linowski

autobiografia Magda

Magdy Gessler

Projekt okładki: Szymon Szymankiewicz

Projekt graficzny i skład: Wojciech Mazur

Konsultacje literackie: Grzegorz Krzymianowski

Korekta: Adrian Kyć

Konsultacje produktowe: Beata Linowska

Social Marketing: Mateusz Ganc

Public Relations: Aleksandra Skwarek

Produkcja i promocja: Grzegorz Esz

Druk i oprawa: ABEDIK SA, Poznań

Dystrybucja: PLATON Sp. z o.o., Macierzysz

Składowanie, CRM i kompletacja: IMKER, Zamość

Oprawa twarda: ISBN 978-83-961241-0-4

Oprawa miękka: ISBN 978-83-961241-1-1

spis treści

zamiast
wstępu

Jestem w starym młynie w parku Moczydło na warszawskiej Woli. Wokół kręci się kilkadziesiąt osób z kamerami, lampami i wszystkimi tymi telewizyjnymi cudami, a w słuchawce co chwila słyszę głos jakiegoś faceta, który uparł się, że musi udzielić mi kilku cennych rad z pełnego banałów podręcznika dla początkujących: „Nie denerwuj się", „Nie zwracaj uwagi na kamery", no i gwóźdź programu: „Bądź sobą!".

Jakbym, do cholery, kiedykolwiek była kimś innym!

Może przed przekroczeniem progu powinnam się chociaż przez chwilę zastanowić nad tym, jak się zachowywać, co mi wolno, a czego nie. Ale w sumie niby dlaczego? Nigdy przecież nie kalkulowałam i nie zwracałam uwagi na reguły. Zawsze za to działałam zdecydowanie i konkretnie, bez wahania, a moje życie było totalnie nieszablonowe. Miało to swoje plusy, lecz – nie ma co kryć – także sporo minusów. Czasem na takiej postawie zyskiwałam, czasem dostawałam baty, ale przecież gdyby nie wierność wobec samej siebie, nie byłabym w miejscu, w którym jestem dzisiaj. Bo życie to nie plan filmowy – nikt tu nie da czasu na naukę roli, nie podpowie, nie zatrzyma akcji, nie przewinie taśmy do tyłu i nie zarządzi dubla. Zwykle ma się jedną szansę – i trzeba ją wykorzystać.

Dlatego chociaż nie mam pojęcia, co mnie za chwilę czeka, czuję wzbierającą radość, wielki przypływ energii. Stoję pięknie wymalowana, uczesana i pachnąca, gotowa, żeby zagłębić się w tę nową i ekscytującą sytuację. W końcu mogę po prostu wyłączyć telefon i robić to, na co mam ochotę. Przez kilka najbliższych godzin nie będę musiała rozwiązywać problemów żadnej z ponad dwudziestu restauracji, które prowadzę lub firmuję własnym nazwiskiem, pierwszy raz od kilku lat nie przyjmę w ciągu dnia dostawy ani nie stanę na kuchni. Więc czym mam się niby denerwować?

Całkowity luz. Zero stresu. Czekam tylko na sygnał, że zaczynamy. I ostrzę sobie zęby na to, co się zaraz stanie. Zerkam ukradkiem na knajpę, do której za kilka chwil wejdę, w oknach widzę obrzydliwe staroświeckie firanki. I jedno wiem już na pewno – choćby właściciele byli najmilszymi ludźmi na świecie, to nie będę miała odrobiny litości, przynajmniej dla tych straszliwych firanek. To one zostaną moją pierwszą ofiarą. Wiem już, że *Kuchenne rewolucje* nie będą kolejnym programem o gotowaniu, jakich w telewizji na pęczki. Ba, nie będą nawet o kuchni.

Od pierwszego odcinka zakładaliśmy, że tak naprawdę zrobię program o życiu. Program kulinarny, owszem, ale tylko dlatego, że będzie pokazywał zmagania ludzi, którzy podjęli się ciężkiej sztuki prowadzenia restauracji i władowali się – żeby użyć języka lotniczego – w strefę turbulencji. Wiem, że zwłaszcza małe rodzinne restauracje są niczym lustro, w którym odbijają się wszystkie problemy, żale i niedopowiedzenia. A coś takiego zawsze ma wpływ nie tylko na biznes, ale i całą resztę życia.

Rozumiałam to jak mało kto. Od śmierci Volkharta tylko gotowanie pozwalało mi żyć i przeżyć. Prowadziłam restauracje małe i duże, ekskluzywne lokale i niemal jadłodajnie, miałam chyba wszystkie możliwe przejścia ze wspólnikami, a nawet rodziną. Byłam żywą encyklopedią problemów w branży gastronomicznej, znałam wszelkie gastrodramaty i wiedziałam, że w tym interesie trzeba mieć zmysły wyostrzone na sto procent. A przy okazji stanowiłam żywy dowód, że ze wszystkiego da się ujść z życiem i trzymać fason.

Prowadzenie knajpy to jednak robota, w którą trzeba włożyć całą duszę i serce. Po prawie trzydziestu latach w tym biznesie wystarczy mi pół godziny przy stole, żeby wyczuć, czy w lokalu do dań dodaje się radość, miłość i szczęście, czy potrawy pachną fałszem, smutkiem i stęchlizną. Nie urodziłam się jednak z tym zmysłem, to żaden dar. Udoskonalałam w sobie ten „węch prawdy" przez całe lata. Życie sprawiło, że miałam okazję się przekonać, jak „pachną" najpiękniejsze, ale i najpaskudniejsze zakamarki świata i ludzkiej duszy. Bywało, że zaciągałam się pazernie zapachem prawdziwego szczęścia, które miało dla mnie woń łąki i pikniku pod drzewem mimozy, żeby zaraz potem zatykać nos przed smrodem kibla w niemieckim pociągu, w którym całkowicie spłukana przesiedziałam kilka godzin podczas podróży na gapę.

Mało kto wie, że moje życie to jedna wielka rewolucja. Albo nawet cała seria rewolucji. Rzadko zdarzały mi się okresy dłuższego spokoju i sielanki. Raz za razem wydawało mi się, że złapałam szczęście za nogi, po czym kolejny raz kończyłam z niczym. Często wzbijałam się pełna nadziei do podniebnych lotów, a wszystko wieńczyły potworne turbulencje, awaria i twarde lądowanie, choć zawsze jakoś ponownie zbierałam się do lotu, najczęściej zresztą jeszcze wyższego.

Niekiedy w tych podróżach źle dobierałam sobie towarzystwo. Mam bezwzględną, nienaprawialną i zwykle przesadną wiarę w ludzi, więc często targałam zbyt duży balast spraw i oczekiwań innych ludzi, zapominając zupełnie, że jak każdy mam też ciężki bagaż własnych kompleksów, strachów oraz porażek. Zdarzały mi się również trudne i dramatyczne

momenty, gdy wszystko zależało tylko od mojej chęci prze-
życia i siły woli. Bo im bliżej zderzenia z ziemią i im robi
się groźniej, tym częściej człowiek ma wrażenie, że leci sam
i jest zdany wyłącznie na własne siły. Kilka razy musiałam po
prostu otrzepać się ze wszystkiego, co mnie spotkało, odciąć
się od tego, co było, i zacząć od nowa.

Nie jestem teflonowa ani niezatapialna, nadal nie czuję się
pewnie, wzbijając się do kolejnego lotu sama, wciąż zabie-
ram pasażerów na gapę i wbrew pozorom wciąż mam sporo
wrażliwych, nieosłoniętych przed ciosami miejsc. Ale nie
chcę się całkowicie zahartować na ból, bo wierzę, że tylko
nieobciążona żalem, złością czy zawiścią mam szansę znowu
ruszyć naprzód.

Tak jak teraz, gdy za moment rozlegnie się pierwszy klaps
Kuchennych Rewolucji i usłyszę hasło: „Akcja!".

Właśnie tak – bo Magda Ikonowicz-Müller-Gessler po raz
kolejny wkracza do akcji.

rozdział I

Komorów

mój raj utracony

Powiedzieć, że nie był to łatwy poród, to powiedzieć naprawdę niewiele. Lekarze i pielęgniarki w sali porodowej pruszkowskiego szpitala robili, co mogli, ale długo nie było pewne, czy dziecko i jego matka przeżyją. To była najprawdziwsza walka – dla nich, dla mojej Mamy i dla mnie. Godziny pełne zmagań i bólu, chwile zwątpienia i strachu. Podczas porodu jedno z płuc skurczyło się do wielkości pięści i trzeba było założyć odmę. Mogło się to skończyć dla niej i dla mnie bardzo źle, ale widocznie bardzo ciągnęło mnie na ten świat, skoro wbrew wszelkim przeciwnościom i niebezpieczeństwom pojawiłam się na nim 10 lipca 1953 roku. I ten głód życia – pragnienie doświadczania go wszystkimi zmysłami – pozostał mi aż do dziś.

Urodziłam się po przejściach, ale to, że w ogóle przyszłam na świat, zakrawało poniekąd na cud. Gdy Mirosław Ikonowicz i jego rówieśnica Olga Łucek spotkali się po raz pierwszy, na pochodzie pierwszomajowym, pewnie nawet nie przypuszczali, że dwa lata później zostaną rodzicami malutkiej – i bardzo żywotnej – Magdy. Ale zarówno pierwsza randka w jednej z warszawskich lodziarni, zakończona zresztą anginą, jak i kolejne miesiące sprawiły, że zapałali do siebie gorącą, mocną i trwałą miłością. Moje pojawienie się w ich życiu nie było „wypadkiem przy pracy" czy efektem chwilowego zauroczenia – tych dwoje młodych ludzi doskonale wiedziało, czego chce od życia i od siebie nawzajem, i kochało się na zabój, nie tylko wtedy, ale i dziesiątki lat później.

Nie było im jednak lekko. Nie dlatego, że byli zbyt młodzi na dziecko – w latach pięćdziesiątych nikogo przecież nie dziwiło, że dwudziestolatkowie mają potomstwo, ludzie dojrzewali wtedy szybciej i szybciej się usamodzielniali. Mama toczyła jednak zażarty bój o własne zdrowie, a nawet życie – chorowała bowiem na gruźlicę. Jedno jej płuco przypominało rozmiarem i twardością zaciśniętą pięść, a drugie, wykończone pracą za obydwa, było pełne wody. Dlatego gdy zaszła w ciążę, lekarze zaczęli ją namawiać na natychmiastową aborcję. Stan zdrowia Mamy był naprawdę poważny – i bez dziecka mogła nie pokonać choroby, nie mówiąc już o sytuacji, kiedy to jedno w miarę sprawne płuco musiałoby wystarczyć jeszcze drobince, która się w niej powoli zadomawiała. Mama jednak się na to nie zdecydowała i przez kilka miesięcy toczyła heroiczną walkę z lekarzami i z samą sobą. Nie podporządkowała się prośbom, a potem wręcz nakazom lekarzy, ignorowała ich rady, bo jej pragnienie, by mieć dziecko, było silniejsze niż wszystko inne. Ryzykowała życie – żeby podarować życie mnie.

Te dziewięć miesięcy ze mną pod sercem miało jednak bardzo wysoką cenę – zostało okupione strasznym, krańcowym wyniszczeniem organizmu. Ekstremalny wysiłek związany z donoszeniem ciąży i porodem oraz bardzo poważna operacja zaraz po porodzie rozdzieliły mnie i Mamę na okrągły rok. Tyle czasu bowiem potrzebowała, by w pełni dojść do siebie i by lekarze pozwolili jej na coś, co w normalnej sytuacji jest dla matki najnaturalniejsze pod słońcem – na objęcie i przytulenie własnego dziecka. Ze względu na chorobę Mamy natychmiast po przyjściu na świat zostałam zabrana z sali. Dopiero gdy sama urodziłam dzieci, zrozumiałam, jaki horror wtedy przeżywała, jak bardzo musiała cierpieć, jak mocno wyczekiwała każdej informacji od Taty na temat mojego samopoczucia, robionych przeze mnie postępów czy pojawienia się pierwszego zęba. Nie potrafię sobie nawet wyobrazić, jak wielki musiał być ból Mamy, która najpierw nie mogła nawet spojrzeć na swoje dziecko, a potem – gdy już pozwolono jej patrzeć na mnie z daleka – nie miała możliwości dotknąć, przytulić czy karmić córki.

Każde oddalenie matki i dziecka wpływa negatywnie na ich wzajemną więź, ale coś takiego na samym początku macierzyństwa skutkuje wręcz nieodwracalnymi zmianami. Nie waham się więc powiedzieć, że konsekwencje tej dramatycznej sytuacji odczuwałam przez całe życie. Pierwszy rok bez absolutnie żadnego kontaktu między nami, a kolejne trzy lata jej połowicznej izolacji sprawiły, że miałyśmy później co nadrabiać. I chyba nigdy, mimo wzajemnych wysiłków, nie udało nam się do końca nadrobić zaległości. Ale jeśli można kogoś lub coś za to winić, to chyba jedynie ówczesną służbę zdrowia i ówczesne metody leczenia. Mamie zaś postawiłabym pomnik, i to ze szczerego złota, bo nie tylko to wszystko przetrwała, ale przy tym nie zwariowała.

Moimi pierwszymi rodzicami byli Babcia Irena i Dziadek Leon. Gdy tylko bowiem zabrano mnie ze szpitala, trafiłam w ręce dziadków, do ich domu w Komorowie. Dziadkami zresztą byli bardziej z nazwy i funkcji niż charakteru czy wieku – rodzice Mamy byli przed pięćdziesiątką i mieli mnóstwo energii, która zresztą bardzo im się przydała, bo to oni de facto przejęli wszystkie obowiązki związane z wychowaniem mnie w tych pierwszych latach mojego życia. Dlatego to Babcia, a nie Mama czytała mi bajki przed snem, to Babcia, a nie Mama doglądała

Najukochańsi Dziadkowie, Irena i Leon,
który podpisywał się na listach do mnie „Lolek"

Olga Łucek, moja przepiękna Mama

mnie w kąpieli, to wreszcie w bezpiecznych ramionach Babci, a nie Mamy szukałam schronienia, gdy czułam zagrożenie, ból czy strach.

Bo nawet gdy Mama pokonała już gruźlicę i wróciła do domu w Komorowie, przez następne trzy lata miała ze mną bardzo ograniczony kontakt. Lekarze nakazali jej spać w oddzielnym pokoju, miała także bezwzględny zakaz karmienia mnie czy całowania. Na przeszkodzie stawały też sprawy zawodowe – musiała jak najszybciej wrócić do pracy w charakterze reżysera dźwięku w Polskim Radiu, ponieważ skromna wierszówka Taty nie wystarczałaby na zapewnienie bytu naszej trójki.

Tata sam się utrzymywał od siedemnastego roku życia. Także na studiach w Toruniu – podróżował w tę i z powrotem, uczył się, zarabiał, harował po prostu jak wół. Jako początkujący młody dziennikarz dopiero pracował na nazwisko i uznanie, również finansowe, więc w zasadzie nie bywał w domu. Tak naprawdę mam problem, żeby przypomnieć go sobie w Komorowie. Charakter jego pracy oraz dusza prawdziwego reportera nie nauczyły go siedzenia w domowych pieleszach – już odkąd skończył szesnaście lat, bardzo dużo pisał, współpracując z redakcjami prasowymi na Wybrzeżu. Ślub i narodziny dziecka niewiele mogły zmienić w tym trybie życia, tym bardziej że powoli wspinał się po kolejnych stopniach kariery. W tym czasie poznał genialnego reportera Ryszarda Kapuścińskiego, z którym przez następne dziesięciolecia przyjaźnił się i tułał po świecie.

Ojcowskie wyrzuty sumienia koiła jednak świadomość, że zostawia mnie w najlepszych rękach. Teściowie bowiem nie tylko wspierali jego ambicje, ale też roztoczyli opiekę nad nowo narodzoną córką oraz ciężko chorą żoną. Moi dziadkowie zaangażowali się do tego stopnia, że na pierwsze sześć miesięcy po moich narodzinach zdecydowali się zrezygnować z pracy. Dopiero kiedy sytuacja została już jako tako opanowana, Mama doszła do siebie, a ja przestałam w końcu drzeć się nieustannie wniebogłosy, Babcia ponownie rozpoczęła pracę na stanowisku dyrektora w Polfie, u Dziadka jednak zdiagnozowano stwardnienie rozsiane i nie wrócił na dobrze płatne stanowisko szefa orkiestry mandolinistów.

Nie da się chyba wyrazić wdzięczności, jaką czuję, gdy myślę o gotowości dziadków do poświęceń – przez pierwsze pół roku mojego życia dzielnie i wytrwale funkcjonowali jako para prawdziwych superdziadków, tak by niczego nie zabrakło i bardzo osłabionej Mamie, i pełnej wigoru, rozdartej jak stare prześcieradło wnuczce.

Pierwszy dom znalazłam więc w Komorowie, przy ulicy Brzozowej 5. To właśnie tam zaczęłam poznawać świat, uczyłam się chłonąć jego piękno i zgłębiałam pierwsze tajemnice natury. Ale wcale nie musiało to tak wyglądać. Przed wojną dziadkowie mieszkali bowiem w pięknej kamienicy w samym centrum Warszawy. W 1939 roku wynajęli letnisko na wakacje, a gdy Niemcy zaatakowali Polskę, rodzice Mamy posłuchali instynktu i ruszyli na podwarszawską działkę. I trzeba powiedzieć, że nie była to zła decyzja, bo dosłownie następnego dnia po wyjeździe do Komorowa niemieckie bomby zrównały z ziemią cały ich dobytek w stolicy. Nie mieli do czego wracać, więc zostali na miejscu – świetnie prosperujący cukiernicy zamienili przestronny dom na nieotynkowaną letnią daczę, a znajdującą się obok ich domu piekarnię na oddaloną około dwudziestu metrów od budynku mieszkalnego... sławojkę. W ten właśnie sposób domek letniskowy, do którego jeździli na weekendowy czy wakacyjny wypoczynek, stał się domem rodzinnym na lata, i to dla trzech pokoleń.

Dom w Komorowie został wybudowany przed wojną, a gdy pojawiłam się na świecie, mieszkaliśmy w nim wszyscy razem w dwóch pokojach i ogromnej kuchni-jadalni. Mimo że budynek był całkiem nowy i wewnątrz w pełni wykończony, miał swoje mankamenty. Brak elewacji zewnętrznej był akurat najmniejszym z nich. Niesprawne wodociągi oraz brak kanalizacji sprawiały, że każda wizyta w przepięknej renesansowej z ducha łazience wiązała się z... poważnym wysiłkiem. Zanim bowiem się z niej skorzystało, trzeba było pójść do ogrodu, gdzie znajdowała się studnia, a potem wyciągnąć wiadrem lodowatą wodę i zatargać ją do domu.

Żebym mogła wykąpać się na piętrze, trzeba było zrobić niezliczoną ilość kursów po schodach, o oczekiwaniu na podgrzanie wody nie wspominając. Ale co to była za woda!

Zimna jak lód i niewiarygodnie przejrzysta – do dziś nie piłam niczego, co dawałoby człowiekowi tyle orzeźwienia, ochłodzenia i energii. Przypomina mi o tym zresztą pewna pamiątka z tamtych czasów – ołowiany kubek z uchem. Był tylko mój, jego liczne rysy oraz wgniecenia mówią mi, jak wiele razem przeżyliśmy, i tylko dodają mu uroku. Stoi dzisiaj na honorowym miejscu w moim salonie, a gdy pada na niego blask kominka, na jego powierzchni wspaniale mieni się światło. Pamiętam dosłownie każdy szczegół związany z tym domem. Wciąż czuję spowijający go wyśmienity zapach drewna, podłogi wyłożono bowiem długimi dębowymi deskami pomalowanymi na jasny brąz, które cudownie skrzypiały pod ciężarem stóp domowników. Nie zapomniałam też, jak to jest spać pod grubą i ciężką kołdrą z pierza.

W dużym pokoju stał tapczan w czarno-białe pasy, nad którym wisiał obraz kobiety, przepięknej brunetki w żółtym stroju kąpielowym. Na środku królował ogromny okrągły dębowy stół, przykryty zawsze imponujących rozmiarów obrusem zrobionym na szydełku i nieodmiennie udekorowany kwiatami bzu i jaśminu. Z jadalni zaś dwuskrzydłowymi przeszklonymi drzwiami wychodziło się do ogrodu.

Właśnie – ogród. Pierwsze czarodziejskie miejsce, które poznałam, mój cały świat w tych wczesnych latach życia. Miał mniej więcej trzy tysiące metrów kwadratowych, lecz wtedy wydawał mi się wprost bezkresny. Setki kwiatów, krzewów, grządki warzywne, kilka drzew owocowych – po prostu gigantyczna prostokątna paleta malarska, na której mogłam znaleźć wszystkie możliwe kolory i smaki. Gdy wychodziłam wiosną na balkon, odurzał mnie cudowny zapach budzącego się ogrodu i porannej rosy. Miałam wówczas ochotę po prostu skoczyć w dół i zanurzyć się w tym wielobarwnym i puszystym perskim dywanie z kwiatów.

Moim opiekunem i pierwszym przewodnikiem po tym raju był Dziadek. To dzięki niemu poznałam wszystkie możliwe warzywa, nauczyłam się je podlewać, pielić czy jeść prosto z grządki. To dzięki niemu pokochałam truskawki, to on nauczył mnie odróżniać od siebie truskawki normalne, truskawki ananasowe i truskawki murzynki... Samo obserwowanie tych krzewów, drzew i innych roślin dawało mi poczucie jakiegoś niesamowitego bogactwa. Tym większe, że zawsze mogłam zerwać z krzaczka poziomki czy truskawki i zacząć je pałaszować.

Strasznie fascynował mnie bez, który kwitł tam po prostu w niesamowitych ilościach i w najróżniejszych barwach, podobnie zresztą jak piwonie i tulipany. Właśnie w ten sposób zaczęła się moja trwająca do dziś miłość do zapachów. I barw – była to bowiem paleta fantastycznych kolorów: od kwiatów kwitnących na śnieżnobiało przez kilkanaście odcieni różu aż do niebieskiego i fioletu. Kiedy krzewy bzu o gładkich ciemnozielonych liściach kwitły każdej wiosny, wyglądały jak rozścielona po ogrodzie wielka wata cukrowa. Nic więc dziwnego, że wychodząc w maju z domu, miałam wrażenie, że spaceruję po wielkim prostokątnym torcie, którego granice wyznaczają kilkumetrowe puszyste bzy. Przypominałam cukrową pannę młodą ustawianą na tortach weselnych, z tą różnicą, że mogłam biegać do woli, gdzie tylko chciałam, i cieszyć się całą urodą tego zaczarowanego świata. Rolę pana młodego odgrywał natomiast Dziadek, który bacznym okiem obserwował moje fikołki, piruety i inne wariactwa, odpowiadając przy tym cierpliwie na każde moje pytanie (a tych, kiedy już zaczęłam mówić, miałam zawsze milion), naprawiając wszystkie spowodowane przeze mnie zniszczenia czy wreszcie odnajdując mnie, gdy kolejny raz się zgubiłam czy schowałam.

Bo muszę w tym miejscu przyznać, że nie byłam księżniczką idealną, pozbawioną wad. Co to, to nie – już jako mała dziewczynka potrafiłam solidnie nabroić. Choć ze zdjęć z tamtych lat można by wywnioskować, że państwu Ikonowiczom urodził się aniołek – burza blond loków, chude jak patyki nogi, jasna cera i okrągłe policzki – pozory były mylące. Z opowieści zarówno rodziców, jak i dziadków wynika, że już od urodzenia potrafiłam być naprawdę okropna. Przede wszystkim bardzo dużo płakałam. Darłam się ponoć na okrągło, tak że wymyślano najdziwniejsze techniki kołysania, bylebym tylko na chwilę umilkła i dała odetchnąć opiekunom. Zrzucam to na karb tego, że karmiono mnie wtedy sztucznym, ciężkim i tłustym mlekiem, ale trzeba powiedzieć, że nawet po zmianie diety przez pierwsze cztery lata mojego życia nakarmienie mnie stanowiło chyba największe wyzwanie, jakiemu musieli sprostać dziadkowie. Dziadek uciekał się do prawdziwej kulinarnej ekwilibrystyki – wstawał o piątej rano, żeby ugotować kilka rodzajów zup mlecznych, licząc na to, że panienka Magdalenka nie będzie pluć choćby jedną z nich i wymachiwać jak opętana łyżką.

Sen z powiek dziadków i rodziców spędzały jednak i inne troski, wydawało im się bowiem, że mała Magda urodziła się... niema. Wiem, że może trudno w to obecnie uwierzyć, ale w tamtym czasie rzadko kiedy wydawałam z siebie jakiekolwiek dźwięki, do trzeciego roku życia kontaktowałam się z otoczeniem głównie za pomocą gestów. I kiedy już rodzice byli o krok od zabrania mnie do psychologa, zdarzył się cud – pewnego dnia zupełnie nieoczekiwanie poprosiłam jak gdyby nigdy nic: „Mamusiu, podaj mi nożyczki, chcę powycinać laleczki z papieru". Po trzech latach milczenia weszłam w świat mowy długim, złożonym i wyraźnie wyartykułowanym zdaniem. Zdumienie rodziców i dziadków było wprost niezmierzone. Zrobiło to na nich takie wrażenie, że przez całe lata przypominali mi o moim wokalnym debiucie.

Nikt chyba nie jest w stanie wyjaśnić, dlaczego byłam tak powściągliwa – wydaje mi się, że najzwyczajniej w świecie czekałam z tym do momentu, kiedy nabrałam przekonania, że zrobię to dobrze i porządnie. Nie zamierzałam widać przechodzić przez kolejne fazy nauki mówienia, czyli przez etap melodii, wyrazu, by wreszcie dojść do pełnego zdania. Postanowiłam przemówić dopiero, gdy byłam pewna, że mam coś sensownego do powiedzenia. Po prostu nie chciałam się wygłupiać, nie będąc odpowiednio przygotowana. Do dziś zostało mi takie podejście – pewnych umiejętności najzwyczajniej w świecie kaleczyć nie wypada.

Był to moment wielkiej ulgi dla wszystkich moich bliskich, ale wyobrażam sobie, że jednocześnie już wtedy rodzice musieli sobie pomyśleć, jak przedziwne mają dziecko.

Dom i ogród stanowiły moje królestwo i opuszczałam je wyłącznie z naprawdę istotnych powodów. Najważniejszym i najmilszym z nich był spacer do stacji kolejki WKD, aby odebrać wracającą z pracy Babcię. Zresztą ta półtorakilometrowa wędrówka również stawała się w mojej kilkuletniej głowie wyprawą, podczas której odkrywałam zagadki otaczającego mnie świata. Droga wiodła przez przepiękny magiczny las, ponieważ w tamtym czasie graniczył z nim nie tylko nasz dom, ale też cała ulica Brzozowa. O ile przydomowy ogród wydawał mi się gęstą dżunglą, o tyle pobliskie świerki i sosny – obfite, gęste, swobodne, niektóre prężące się majestatycznie, inne zaś bardziej roztańczone – przypominały kalifornijskie stumetrowe sekwoje. Zachwycona chłonęłam tę masę zieleni we wszystkich możliwych odcieniach, raz smutną i mokrą, innym razem rozświetloną słońcem, niemal rozżarzoną, wokół drzew natomiast rozścielał się aksamitny mech, rosły konwalie, których bukietem każdego wiosennego dnia obdarowywałam Babcię jeszcze na peronie, a także jagody, poziomki i fałszywe

Mój Tata i moje loki

trufle – tęgoskóry, w większej ilości trujące, co jednak nie powstrzymywało Dziadka od ich suszenia i jedzenia.

Niemal całą moją wiedzę o lesie zawdzięczam Dziadkowi, który był chodzącą encyklopedią na temat grzybów, ziół, kwiatów i wszelkiej maści owoców leśnych. Tłumaczył mi wszystko cierpliwie, powoli i dokładnie, a ja od razu mogłam dotknąć, powąchać lub sprawdzić, jak smakuje to, o czym opowiadał. Pokazał mi, jak słuchać deszczu czy wiatru, jak wystawiać policzki do wychodzącego zza chmur słońca. To właśnie Dziadek nauczył mnie wielkiej miłości i szacunku do przyrody, on uświadomił mi, jak potężna i nieprzewidywalna potrafi być natura. To dzięki niemu już jako czterolatka umiałam nie tylko znaleźć, ale i rozpoznać kolonię kurek, kilkanaście rodzajów gąsek, borowików czy zajączków. To on sprawił, że godzinami zbierałam grzyby, jagody, borówki i moje najukochańsze poziomki. Nikt nigdy nie udzielił mi równie cudownych lekcji botaniki, zapachów, smaków i kolorów. To tam widziałam krwistoczerwone podbrzusze gila, wpadającą w lekki róż sójkę czy wreszcie, szczególnie wiosną, jaskrawożółte sikorki. I to Dziadek nauczył mnie jeść pędy paproci, które na surowo można dodawać do sałatek. Zresztą odkrywanie zapachów i smaków oferowała mi podczas tych spacerów nie tylko przyroda. Zanim udaliśmy się z Dziadkiem na stację, mieliśmy w zwyczaju odwiedzać sklep pani Dobaczewskiej, która w tym niewielkim przybytku sprzedawała tylko wyroby własnej produkcji: kruchy jak porcelana biały ser, najlepszy chleb na domowym zakwasie, jajka, masło, kwas chlebowy i kiełbasę. Dziadek zawsze też pił tam świeże piwo z beczki, ale swoją beczkę – a właściwie dwie – miałam u pani Dobaczewskiej i ja. Stały zawsze w tym samym kącie sklepiku, jedna wypełniona ogórkami kiszonymi, druga zaś kiszoną kapustą. To był dla mnie prawdziwy uniwersytet smaków – w ciągu minuty mogłam poczuć na języku bardzo słodkie poziomki, niezwykle słoną kiełbasę i okrutnie kwaśną kapustę. A karuzelę tych kulinarnych doznań uzupełniała czasem gorzka piwna piana, którą zlizywałam z ukradkiem zanurzonego w kuflu palca. Trudno mi dzisiaj sprawiedliwie ocenić mój ówczesny gust, ale za najsmaczniejsze z całej tej palety domowej roboty smakołyków pani Dobaczewskiej uznawałam wtedy... serdelki.

Z Dziadkiem było mi cudownie, ale dopiero powrót Babci sprawiał, że ogarniało mnie poczucie spokoju i kompletności. Dlatego radość oraz uśmiech na mojej twarzy pojawiały się za każdym razem, gdy na stację wtaczał się podmiejski pociąg relacji Warszawa–Żyrardów, a na peron wyskakiwała zawsze wesoła i elegancka Babcia, która ściskała oczywiście najpierw mnie, a dopiero potem Dziadka. Zawsze przywoziła mi jakieś smakołyki z warszawskiego Wedla, żeby odwdzięczyć się za kolejny bukiecik kwiatów. Od tamtej pory nie zdarzyło mi się czekać na kogoś tak niecierpliwie jak na nią.

Dla moich bliskich życie w Komorowie nie było jednak taką sielanką jak dla mnie, kilkuletniego dziecka, które traktowano jak najprawdziwszą księżniczkę. Od wyprowadzki z Warszawy sytuacja ekonomiczna rodziny Mamy wyraźnie się pogorszyła. Wojna sprawiła, że dom dziadków przestał być domem bogatym i mocno zubożał. Nie był to okres, kiedy nam się przelewało, wręcz przeciwnie. Z opowieści rodziców wiem, że bywały dni, gdy wręcz brakowało nam jedzenia.

Mimo tych trudności aprowizacyjnych, niekiedy naprawdę dużych, wciąż był to jednak dom pełen smaków, tradycji i stylu. Ostatecznie problemy nie mogły przecież sprawić, żeby dziadkowie zapomnieli, jak pięknie żyć, mieszkać czy wreszcie jeść. Nawet jeśli produktów było niewiele i czasami żywiliśmy się tym, co zebraliśmy w lesie, gotowało się u nas pysznie i wyraziście, a niekiedy wręcz wykwitnie. Cała rodzina Babci pochodziła z Wołynia, Tata zaś z Wilna – i znajdowało to wyraz w naszym menu. Takich zup, krupników, ogórkowej, koperkowej – gęstych, aromatycznych, po prostu wyśmienitych – nikt już dzisiaj nie robi. W piecu węglowym pieczono najlepszy na świecie chleb, a zamknięta szczelnie gęsiarka skrywała zawsze jakąś ekscytującą niewiadomą. Gdy wszyscy już zasiedli przy stole, Babcia – niczym czarodziejka mająca pieczę nad kuchennym królestwem – podnosiła rozgrzane wieko, a naszym oczom ukazywała się soczysta pieczeń, chrupiący kurczak czy rozpływające się w ustach zrazy. Dziadek zresztą też miał talenty kulinarne – nikt nie robił lepszego makowca, drożdżowych ciast, kaczki i kurczaka po polsku z biszkoptem i zieloną pietruszką.

Najlepiej jednak pamiętam chyba święta Bożego Narodzenia. W jakiś magiczny sposób na naszym stole wigilijnym pojawiały się wtedy niewidziane dotąd frykasy. Nagle wszystkiego było w bród, do tego posiłki przyrządzone i podane były w wyjątkowy, królewski wręcz sposób. Wypełniająca oba piętra domu woń czterometrowej choinki tylko potęgowała feerię unoszących się wokół zapachów. W Boże Narodzenie największe fantazje kulinarne dziadków i rodziców znajdowały ujście w postaci uginającego się od jedzenia stołu. To w Komorowie nauczono mnie, że cokolwiek by się działo, świętować należy smacznie, obficie.

Przed świętami Dziadek własnoręcznie robił zabawki. I to mimo bezwładu jednej ręki! Przygotowywał ozdoby i zabawy na choinkę, a używał do tego celu wydmuszek. W ten sposób stwarzał doprawdy bajkowy świat: każdy pajacyk czy krasnoludek miał inną minę, a na choince wisiało ich zwykle kilkadziesiąt! Ale to nie wszystko! Dziadek z pudełek od zapałek i odrobiny drewna budował domki, w których chował niespodzianki – cukierki lub małe zabawki. Całe mnóstwo zabawek, które lądowały pod choinką. A ta pachniała mandarynkami, w które powbijane były goździki. Choinka była zjawiskowa: włosie anielskie, świeczki, owoce, ogromna gwiazda, a do tego papierowy łańcuch, który przygotowywałam razem z Dziadkiem.

Zgodnie z tradycją rodem z Wołynia przy pięknie ozdobionym stole, przykrytym składanym i prasowanym w gwiazdę obrusem, pod którym kładło się sianko, głównymi aktorami wigilijnej wieczerzy były ryby, czyli specjalność Dziadka. Festiwal rybny otwierał oczywiście karp, ale tuż obok czekał faszerowany szczupak. Była też cała misa okoni, leszczy i linów, szczególnie smacznych, bo słodkawych. Na jednej z Wigilii poznałam też smak słonych ryb – najpierw śledzi, potem sztokfisza, czyli suszonego dorsza. Śledzie były naturalnie po wileńsku, a więc z sosem z borowików, przecierem pomidorowym i wędzoną szprotką w oleju albo w sosie rodzynkowo-winnym. Smak suchego mięsa szczupaka w galarecie dopełniał sos tatarski. Aromatyczny, rozgrzewający sos piernikowy podawano do karpia. Swojskie smaki ryb kontrastowano z dość egzotycznymi sosami, przyprawianymi imbirem, cynamonem czy bakaliami. Święta Bożego Narodzenia to był więc u nas niekończący się pochód ryb: pieczonych, smażonych, suszonych czy solonych, czasami gotowanych, doprawionych najczęściej migdałami, oliwą, cebulą i pietruszką, z reguły podawanych w gęsiarce lub naczyniach przypominających wąskie rynienki.

Przygotowywano też jednak wiele dań prostych, a mimo to wyśmienitych. Poza kaszami, głównie gryczaną, ważne miejsce zajmowały ziemniaki. Pamiętam doskonale rumieniącą się skórkę babki ziemniaczanej, przygotowywanej z wędzonym boczkiem i cebulą, naprężony flak ziemniaczanej kiszki, który żułam jak gumę przez pół wieczora, czy wreszcie zepeliny, ogromne pyzy ziemniaczane nadziewane wieprzowiną z dodatkiem majeranku. Podawano je z gęstą śmietaną, a najlepiej smakowały w połączeniu z zasmażaną kapustą, buraczki zaś były prawdziwym majstersztykiem.

Z czasem doceniłam też wybór, bogactwo i wyjątkowość świątecznych zup. Klasyczny czerwony barszczyk popijałam – a raczej zagryzałam – gęstą jak smoła zupą rybną, by na koniec kolacji osłodzić sobie wieczór migdałową lub owocową. W kwestii ciast i deserów też wznoszono się na absolutne wyżyny, ale nie byłam wtedy ich wielką fanką. Meandrowałam łyżką pomiędzy sękaczami, babkami czy mrówkowcami, które potrafiły zajmować cały stół, w poszukiwaniu mojej największej miłości – makowca.

Uczucie miłości towarzyszy mi zawsze, gdy pomyślę o tym okresie mojego życia. Dziadkowie traktowali mnie jak swój najcenniejszy skarb, byłam ich oczkiem w głowie. W ich towarzystwie czułam się ze wszech miar kochana, potrzebna i ważna. Komorów był dla mnie oazą miłości, spokoju oraz cierpliwości. Ani przez chwilę nie odczuwałam tam żadnego zagrożenia. Nawet gdy nieopatrznie wymykałam się sama z domu i na kilka godzin gubiłam w lesie, co zdarzało się zresztą dosyć często, nikt nigdy nie podniósł na mnie głosu. Dziadkowie obdarzali mnie bezgraniczną i bezwarunkową miłością – nieważne, czy dopiero co zbiegłam do nich na dół, by się z nimi przywitać o poranku, czy właśnie znaleźli mnie po kilku godzinach poszukiwań. Był to dla mnie czas absolutnego szczęścia, wolności i beztroski. Wydawało mi się, że mieszkam w raju, bujnym, wielobarwnym, pełnym zapachów i smaków. Nawet dziś myślę niekiedy o tym miejscu jak o utraconym raju, do którego już nie ma powrotu.

Bułgaria

rozdział II

moje wielkie   bałkańskie wakacje

Nawet teraz, po wielu latach, śni mi się to czasem z najmniejszymi szczegółami i budzę się w nocy z przerażeniem. Siedzę przy okienku, spoglądam na niebo i widzę, że im bliżej jesteśmy celu, tym robi się ono ciemniejsze i bardziej ponure. Burza zbiera się nad północną częścią miasta, przygotowuje do huraganowego uderzenia, a my, miotani coraz gwałtowniejszymi podmuchami wiatru, wciąż znajdujemy się w górze. Pilot uznaje, że najlepiej będzie ominąć zagrożenie i podejść do lądowania od drugiej, południowej strony miasta. Świetnie! Jest spokojniej, maszyna już tak nie wierzga. Tyle że burza rusza za nami w pogoń, a kurczące się zapasy paliwa oznaczają, że nie ma więcej czasu i trzeba kierować się na lotnisko.

Przez wizjer widzę ciemne, skłębione złowrogie chmury, z których leją się hektolitry wody i które co chwilę rozdziera ostra błyskawica. Samolotem znowu zaczyna niemiłosiernie rzucać, znacznie gorzej niż poprzednio, a ja błagam wszelkie ziemskie i nieziemskie siły, żeby to się wreszcie skończyło. Najgorsze jednak dopiero przed nami. Przez siekący deszcz widzę olbrzymi masyw górski z kilkunastoma skalistymi szczytami. Najwyższy ma ponad dwa tysiące metrów i wydaje się, że grozi tej miotanej żywiołami łupinie, w której siedzimy. A piloci rozklekotanego, wysłużonego radzieckiego tupolewa nie mają wyjścia – muszą schodzić na ziemię gwałtownie, choć nie wiadomo, jak na takie przeciążenia zareaguje zmęczona walką z wiatrem i deszczem maszyna. Wszystko wokół i we mnie się trzęsie – chyba pierwszy raz myślę wtedy o śmierci jako czymś realnym, rzeczywistym, mogącym dotknąć także mnie i moich bliskich. Jestem przerażona, ale nie potrafię oderwać wzroku od okienka, przez które widać zresztą coraz mniej, bo na zewnątrz trwa zawierucha. Ale jesteśmy tak blisko zbocza góry, że dostrzegam pojedyncze ośnieżone drzewa, a nawet ślady zwierząt. Opanowuje mnie przeświadczenie, że jeszcze chwila i zahaczymy podwoziem o któryś z kamienistych szczytów...

Wymknęliśmy się śmierci o włos, do tragedii brakowało nie więcej niż kilkunastu metrów. Albo i mniej. Właśnie tak powitał mnie w imieniu bułgarskiej ziemi znajdujący się na obrzeżach Sofii masyw górski Witosza, którego najwyższy szczyt, liczący ponad dwa tysiące dwieście metrów Czarny Wierch, wygrażał mi przez wizjer samolotu. To nie był mój pierwszy lot, ponieważ zanim dotarliśmy do Sofii, mieliśmy przesiadkę w Budapeszcie, ale zdecydowanie najbardziej pamiętny. Do dziś gdy wsiadam na pokład samolotu, przez moment, zanim siłą woli się nie opanuję, czuję ten sam strach, który towarzyszył wtedy kilkuletniej Magdzie.

Nikt mnie oczywiście nie pytał, czy chcę zamieszkać w Sofii. Podobnie jak mój trzymiesięczny brat Piotr, pod koniec 1956 roku zostałam spakowana, zabrana z domu dziadków w ukochanym Komorowie i wsadzona do samolotu, który przewiózł nas do stolicy Bułgarii, gdzie Tata miał objąć pierwszą zagraniczną korespondenturę. Czy zdawałam sobie sprawę, że zmieniamy kraj, że w ogóle istnieją jakieś inne państwa i inne miasta? Nie jestem tego taka pewna – dla mnie świat

ograniczał się wówczas do rajskiego zakątka w otoczonej
lasami podwarszawskiej wiosce.

Po tak dramatycznym pierwszym zetknięciu z Bułgarią
mogło być tylko lepiej. I rzeczywiście – było.

Mimo bardzo młodego wieku Tata dostał stanowisko korespondenta Polskiej Agencji Prasowej w Sofii. Posada ta była
nagrodą za ciężką pracę i dowodem, że szefowie bardzo cenią
jego reporterskie talenty. Był wtedy przecież najmłodszym
korespondentem zagranicznym PAP na świecie i jednym
z najmłodszych pracowników tej instytucji w ogóle. Rzecz
jasna awansowi temu towarzyszyły pewne przywileje. Nie
były to może jakieś bizantyjskie luksusy, ale w porównaniu
z biedną, szarą powojenną Polską Bułgaria wydawała się innym światem. W ciągu jednego popołudnia rodzice zamienili małe mieszkanie w mroźnym kraju na północy Europy
na przestronny apartament w dużo cieplejszej, barwniejszej,
weselszej i w tamtym czasie bogatszej części kontynentu.

Byłam małą dziewczynką i szczęście mierzyłam tym, co tu i teraz, nie martwiłam się niczym poza teraźniejszością, nie rozpamiętywałam przeszłości, nie snułam planów na przyszłość. Po prostu cieszyłam się życiem, chwilą i tym, co zaczęło mnie otaczać. A wokół było wiele nowego, lepszego. Wychodek w ogrodzie zamieniliśmy na łazienkę i toaletę w mieszkaniu. Zresztą nie jedną, lecz od razu dwie. Wizyta w łazience przestała być wyprawą, na którą trzeba było zakładać buty, a czasem i kurtkę, a już prawdziwym luksusem była sprawna kanalizacja i bieżąca woda, również – co za cud! – woda mineralna. Zamiast studni był kran, zamiast miednicy wanna. A do tego centralne ogrzewanie! Mimo że Komorów był – i jest – przepiękny, pod względem komfortu życia zamieniliśmy go na Wersal.

Nic dziwnego, że rodzice byli w Sofii przeszczęśliwi. Mieli w końcu po dwadzieścia pięć lat i nawet ostatnie, ciężkie dla nich lata, naznaczone harówką Taty i zapracowaniem Mamy, nie mogły zabić w nich pragnienia korzystania z życia. A że w stolicy Bułgarii mogli pozwolić sobie na zatrudnienie niani, która towarzyszyła nam od pierwszego tygodnia pobytu i pomagała urządzić się w nowym miejscu, przez pierwszy rok szaleli totalnie. Odbijali sobie lata ciężkiej pracy i biedy. W końcu mieli z kim zostawić dzieci, mogli dokądś wyjść, potańczyć i się zabawić. Prawie codziennie odwiedzali więc rozmaite wystawy, przyjęcia i prywatki, gdzie objadali się wyśmienitym południowym jedzeniem, raczyli soczystymi owocami i chłodnym winem, pod wpływem którego zdarzało im się tańczyć na stołach.

Zamieszkaliśmy w Domu Polskim. Za tą hucznie brzmiącą nazwą krył się jak na tamte czasy dość luksusowy kilkupiętrowy budynek, w którym umieszczano różnej maści oficjeli z Polski Ludowej, którzy przybywali do ojczyzny jogurtu i olejku różanego, by pracować ku chwale ojczyzny. Prawo zamieszkiwania tam mieli tylko najważniejsi urzędnicy i dygnitarze, którzy przenosili się do Bułgarii na dłuższy czas, często z najbliższymi. Dlatego rodzice za sąsiadów mieli tam głównie dyplomatów z polskiej ambasady, dwóch czy trzech korespondentów z Polski i – jak przypuszczam – co najmniej kilku szpiegów. Bycie pierwszym lub drugim naturalnie nie wykluczało tego ostatniego.

W tych warunkach Mama i Tata musieli jakoś odnajdywać się w towarzystwie polskich notabli i korespondentów przysłanych do Sofii przez agencje z innych krajów, głównie zresztą socjalistycznych. Dla mnie, żwawej i łaknącej życia czteroletniej dziewczynki, to, co robią dorośli, nie miało oczywiście najmniejszego znaczenia, przynajmniej dopóty, dopóki ich znajomości oznaczały korzyści także dla mnie. A te niewątpliwie były – odbywające się regularnie spotkania korespondentów z różnych krajów oznaczały bowiem, że miałam stały kontakt z międzynarodowym towarzystwem rówieśników. Błyskawicznie pojawiła się wokół mnie rozkrzyczana zgraja dzieci w wieku od trzech do siedmiu lat, pochodzących z krajów bloku socjalistycznego: Czechosłowacji, Związku Radzieckiego czy Jugosławii.

Szybko zaprzyjaźniłam się z czterema rówieśnicami: Rosjanką, Czeszką, Węgierką i dziewczynką z Jugosławii. Nie dość, że każda z nas pochodziła z innego kraju, to dodatkowo wszystkie dopiero co opanowałyśmy jako tako mowę ojczystą. Tyle że nie był to dla nas problem. W zupełności wystarczyły nam gesty, śmiechy, a ostatecznie płacz. Cóż, im człowiek starszy, tym więcej słów potrzebuje, by porozumieć się z innymi, ale dzieci nie znają żadnych granic – tak zmiksowałyśmy nasze rodzime języki, że stworzyłyśmy ich unikatową mieszankę, jakiś rodzaj języka ogólnosłowiańskiego dla kilkulatków, którego nie rozumiał nikt poza nami. Ludwik Zamenhof byłby z nas dumny. Być może brzmiało to...

Z koleżanką znalazłyśmy swój własny język

specyficznie, ale dawało nam pełną poufność nawet podczas najgłośniejszych rozmów.

Na co dzień jednak miałam do czynienia z małymi rodakami, ponieważ na parterze budynku, w którym mieszkaliśmy, urządzono sporą polską świetlicę z różnymi zajęciami: tańcami, muzyką czy rytmiką. Było to idealne wyjście dla wszystkich rodziców – idąc do pracy, po prostu podrzucali dzieci miłym paniom opiekunkom na parterze i mogli pędzić dalej. W moim przypadku cała operacja zajmowała trzy sekundy, ponieważ uwielbiałam tam chodzić. Po jakimś czasie zaczęłam robić to już zresztą sama, a Tata, wychodzący do pracy pół godziny po mnie, jedynie sprawdzał przez drzwi, czy gdzieś pośród kolorowych zabawek kłębi się moja pełna loków blond czupryna.

Silny charakter miałam od urodzenia, ale dopiero w kontakcie z innymi rówieśnikami mogłam dowieść tego ponad wszelką wątpliwość. Jednym z moich ulubionych zajęć w przedszkolu było... wymierzanie sprawiedliwości. Nie, nie chodzi o jakieś kuksańce czy kopniaki rozdawane tym, którzy mi podpadli. Po prostu przez cały dzień miałam baczenie na to, czy nikomu niczego nie brakuje – jedzenia, zabawek lub towarzystwa. Przy czym porwana myślą o niesieniu dobra, niespecjalnie martwiłam się tym, czy sama „ofiara nieszczęścia" na pewno zainteresowana jest większą porcją ziemniaków, klockami czy towarzystwem do zabawy. W duchu prawdziwego socjalizmu najzwyczajniej w świecie uważałam, że jeśli ktoś ma czegoś mniej niż inni, trzeba natychmiast zaprowadzić sprawiedliwość.

Najwięcej roboty miałam w szatni. Moja działalność tam przynosiła spektakularne, choć nie zawsze doceniane przez dorosłych efekty. Gdy bowiem wszyscy znajdowali się w ferworze zabawy, ja spokojnie maszerowałam do szatni i zaprowadzałam sprawiedliwość społeczną wśród butów i kurtek. Jeśli ktoś miał w swojej szafce dodatkowe dwie pary, a na nogach trzecią, ktoś inny zaś nie posiadał żadnego zapasowego obuwia, wyposażałam go w parę. Przenosiłam też kurtki, dopasowywałam kolory i rozmiary, innymi słowy – przeprowadzałam redystrybucję dóbr. Zdarzało mi się zresztą przenosić rzeczy z jednego mieszkania do drugiego. Co najdziwniejsze – nikt nigdy mnie na tym nie nakrył i tę swoją małą tajemnicę zdradzam dopiero teraz.

Musiałam znaleźć też inne ujście dla mojej energii i chęci działania. I faktycznie – znalazłam. Nie jestem jednak pewna, czy spodobało się to naszym opiekunkom i rodzicom innych dzieci...

Jeszcze nie wspominałam, że obowiązkowe leżakowanie w ciągu dnia było dla mnie – dziecka, które nie potrafiło usiedzieć w miejscu – wyjątkową torturą. A już szczególnie w czerwcu. Zresztą dotyczyło to nie tylko mnie, bo chyba jedynymi osobami myślącymi wtedy o leżakowaniu były nasze panie przedszkolanki, które moment najlepszego słońca wykorzystywały, by się poopalać. A że w czerwcu w Bułgarii nigdy nie ma kiepskiej pogody, więc godzinka darmowego solarium potrafiła się im przeciągnąć i do dwóch. Tego jednak było już dla mnie za wiele, dlatego gdy któregoś słonecznego dnia zauważyłam, że nasze opiekunki zdecydowanie bardziej zainteresowane są własną opalenizną niż podopiecznymi, postanowiłam przystąpić do działania.

Nie pamiętam już jak – prośbą czy groźbą, ważne, że skutecznie – przekonałam wszystkie leżakujące dzieci do wstania, ubrania się i ustawienia w pary. Potem zaś ogłosiłam wszem wobec, że idziemy na wycieczkę. Wątpiących musiał chyba przekonać argument, że wyruszamy do polskiej ambasady, aby tam... odwiedzić rodziców. A co może być lepszego dla przedszkolaka niż spotkać rodziców w ciągu dnia, zwłaszcza w pracy? Cóż, najwidoczniej ta wizja przemówiła do wyobraźni moich koleżanek i kolegów, bo zamiast obawy i strachu w całej grupie czuć było radość i ekscytację.

Tego samego nie można było powiedzieć o naszych przeuroczych i opalonych opiekunkach. Zapewne nieco się zdziwiły, kiedy po powrocie do naszej sali i rozsunięciu zasłon zastały dwadzieścia pięć pustych łózek. W czasie gdy one odchodziły od zmysłów i wszczęły rozpaczliwe poszukiwania, dwanaście dwuosobowych par pod moim kierownictwem przemierzało żwawym krokiem stolicę Bułgarii, nie przejmując się wcale tym, czy aby na pewno idziemy w dobrym kierunku. Trudno w to uwierzyć, lecz jakimś cudem, zapewne też dzięki pomocy napotkanych dorosłych, po mniej więcej trzech godzinach dotarliśmy do

celu. A trzeba powiedzieć, że aby tego dokonać, musieliśmy przebyć dobrych kilka kilometrów.

Pamiętam wyraz niedowierzania na twarzach rodziców i wielką ulgę, z jaką nas obściskiwano. Trochę nie rozumiałam, skąd to całe zamieszanie. Przecież nikomu nic się nie stało! A mimo to nie widzieć czemu zwiększono ochronę przy furtce i podniesiono płot wokół terenu przedszkola, ja zaś zaczęłam spędzać dużo więcej czasu z nianią i poznałam znaczenie słowa „kara".

Nie był to bynajmniej mój najpoważniejszy występek w tamtym czasie. Czy kilkuletnia dziewczynka może bardziej zaszkodzić swemu Tacie, którego chyba największą miłością życia była i jest praca, niż „uprowadzając" dzieci polskich dyplomatów stacjonujących w Sofii? Jak się okazuje – dla mnie nie ma rzeczy niemożliwych. Choć musiało upłynąć trochę czasu, zanim ponownie naraziłam na szwank karierę Ojca.

Na początku maja 1958 roku, dwa miesiące przed moimi piątymi urodzinami, wizytę w Ludowej Republice Bułgarii złożył sam Władysław Gomułka. Na przygotowane z typową socjalistyczną pompą powitanie poza Tatą i Mamą zostałam zaproszona również ja. Mój doprawdy nieodpowiadający charakterowi anielski wygląd, a pewnie też jakieś działania Taty sprawiły, że zostałam wybrana do bardzo odpowiedzialnej roli – miałam wręczyć kwiaty samemu pierwszemu sekretarzowi. Przygotowano mnie solidnie: zostałam przebrana w odświętny ludowy polski strój, zakręcono mi loki, a na wszelki wypadek ogromny bukiecik konwalii dostałam tuż przed wyruszeniem w stronę polskiego przywódcy. Miałam wręczyć mu kwiaty, dać się ucałować w policzek i wrócić do czekającej w tłumie Mamy. Tata zaś, stojąc na podwyższeniu dla dziennikarzy, zamierzał w tym czasie pękać z dumy. I tak też było. Choć tylko do pewnego momentu.

Na początku wszystko szło zgodnie z planem. Podeszłam zwiewnym krokiem do towarzysza Władysława, Gomułka wziął mnie na ręce i wycałował, a potem wziął kwiaty. Ale kiedy już odwróciłam się na pięcie i chciałam ruszyć w stronę Mamy, kątem oka zauważyłam, że pierwszy sekretarz oddał bukiet kwiatów stojącej nieopodal młodej Bułgarce. Zalała mnie fala oburzenia i zazdrości, bo byłam przekonana, że zdobyłam serce oficjela. Nie myśląc wiele, momentalnie zawróciłam, podeszłam do tej kobiety i wyrwałam jej bukiet pięknych konwalii. Następnie zaś, oburzona zachowaniem dygnitarza, syknęłam do zaskoczonego Gomułki, wręczając mu je ponownie: „Te kwiaty były dla pana, a nie dla niej!". Potem, nieco naburmuszona, odwróciłam się na pięcie i tym samym czerwonym dywanem, którym jeszcze przed chwilą szłam wręczać kwiaty, wróciłam spokojnym krokiem do Mamy. Stała blada i w myślach pewnie pakowała już nas na samolot do Warszawy. Tata natomiast omal nie spadł ze swojego dziennikarskiego stanowiska. Jeśli maczał palce w tym, żebym została dziewczynką z kwiatami, to musiał tego w tamtej chwili srogo żałować.

Cóż, epilog tej historii okazał się jednak szczęśliwy. Choć wcale się na to nie zanosiło. Pierwszy sekretarz, dowiedziawszy się na spotkaniu z dziennikarzami, że ta dziewczynka z płyty lotniska jest córką jednego z nich, stanął przed Tatą, a gdy ten zobaczył, jakim wzrokiem patrzy na niego Gomułka, omal nie dostał zawału. Ale spojrzenie dygnitarza okazało się mylące, bo ten wnet się uśmiechnął i pogratulował Ojcu charakternej Magdalenki.

Bardzo miło wspominam Bułgarię, bo robiłam wtedy, co chciałam, niemal bez żadnych ograniczeń. Ale spędzony tam czas uważam za ważny nie ze względu na moje wybryki, lecz niezwykłe bogactwo i obfitość, z jakimi się tam zetknęłam. I nie chodzi mi o bogactwo materialne, lecz bogactwo doświadczeń, które w niezwykły sposób wpłynęły na moją rozbudzającą się przecież dopiero naturę. Wszystko było tam bowiem inne – inaczej wyglądało, smakowało i pachniało. Nie grzybami, nie zimą, nie śniegiem, lecz ciepłem, słońcem i cudowną wonią pieczonej papryki.

W świat ten wprowadzała mnie przede wszystkim nasza, Piotra i moja, opiekunka – niezapomniana Olga Aleksandrowna. W niczym nie przypominała typowej tamtejszej niani, czyli zazwyczaj młodej, skromnej, niezamożnej dziewczyny z okolic Sofii, która ruszyła do stolicy w poszukiwaniu szczęścia, pracy i zarobku, a najczęściej męża. Olga należała do zupełnie innej ligi. Miała trochę powyżej czterdziestki i była więcej niż niezależna finansowo. Niewykluczone, że jej dobra sytuacja materialna wiązała się z tym, że była w owym czasie... kochanką popa. Cóż, nie ma się co dziwić, przynajmniej popowi: Olga była wysoka, miała mocno zbudowane nogi, burzę gęstych rudych loków i wielki sprężysty biust. A do tego zawsze pięknie się ubierała i czesała, zawsze była umalowana i pachnąca. Wyrazista, ale nie wulgarna, dystyngowana i elegancka – łączyła subtelność z określonym stylem, kobiecość z siłą charakteru i pewnością siebie. Sprawiała wrażenie dobrze wychowanej, ale nie zmanierowanej arystokratki. Mimo wykwintnych ciuchów, dopieszczonych paznokci i eleganckiej fryzury doskonale sprawdzała się w swojej roli – nie bała się pójść z Piotrem do piaskownicy i ubabrać się w piasku czy zasuwać na kolanach, szorując podłogę.

Elegancki sznyt, dbałość o najmniejsze drobiazgi i dobry smak pozostały jej z przeszłości. Była bowiem swego czasu współwłaścicielką największego i najbardziej eleganckiego hotelu w całej Sofii. Utraciła go po wojnie, wraz ze zmianą władzy, ale gdy przypominam sobie wykrochmalone śnieżnobiałe prześcieradła oraz ułożone co do milimetra kołdrę i poduszkę, a także wypastowane na błysk podłogi, to robi mi się żal pokojówek, które pracowały w jej hotelu. Przy tym wszystkim Olga była niezwykle sprawna i pracowita, dzięki czemu potrzebowała maksymalnie godziny, żeby po naszych największych nawet breweriach przywrócić w całym mieszkaniu porządek godny hotelu Ritz.

Z racji wieku, doskonałej znajomości Sofii oraz życiowego doświadczenia Olga rozpostarła opiekę nie tylko nad Piotrem i mną, ale też całym naszym domostwem. Okazała się wprost niezastąpiona w organizacji i wykonywaniu wszystkich tych męczących i nielubianych rzeczy, dzięki którym w mieszkaniu panuje porządek, a rodzina nie przymiera głodem. Czasami może zachowywała się wobec rodziców bardziej jak dyktator niż opiekunka, ale prawdę powiedziawszy, taki reżim był nam bardzo potrzebny. Mama oczywiście wyniosła z domu dobre kresowe wychowanie, ale przy dwójce małych dzieci, żyjąc w nieznanym mieście, ogarnięcie wszystkiego łącznie z praniem, gotowaniem i sprzątaniem mogło być ponad siły dla dwudziestopięcioletniej gospodyni.

Olga wywiązywała się ze swoich zadań lepiej niż znakomicie. Stała się wręcz kimś w rodzaju dodatkowego członka rodziny – bardzo często to ona nadawała ton funkcjonowaniu całego domu i miała na wszystko oko. A to wręczała Tacie przed wyjazdem spakowaną walizkę, pokrowiec z idealnie wyprasowanymi śnieżnobiałymi koszulami oraz wałówkę, a to zabierała Mamę i nas na olbrzymi owocowo-warzywny targ w centrum, a to godzinami kołysała małego Piotrusia, prasując w tym czasie tony ubrań. Nie dziwota, że rodzice liczyli się ze zdaniem Olgi w wielu kwestiach, pozostawiając jej z czasem coraz więcej swobody w kwestii naszej diety czy kierunków i długości spacerów.

Miało to swoje niespodziewane i nieco dramatyczne konsekwencje. W pewnym momencie bowiem Oldze Aleksandrownej ta wolność i poczucie sprawczości uderzyły chyba do głowy zbyt mocno. Kiedy Piotr miał niecałe dwa lata, rodzice postanowili polecieć na trzy dni do Warszawy, żeby załatwić jakieś pilne sprawy. Zostawaliśmy już z Olgą sami, wydawało się więc, że nie ma większych powodów do niepokoju. Nasza opiekunka wpadła jednak na pewien – prawdopodobnie w jej przekonaniu szlachetny – pomysł, który, jak to ze szlachetnymi pomysłami często bywa, nie został odpowiednio doceniony przez rodziców. Sam przedmiot, a właściwie podmiot tego uszlachetniania też nie był szczególnie szczęśliwy. Ale po kolei...

Jeszcze tego samego dnia, w którym rodzice opuścili Sofię, Olga zabrała nas wieczorem na spacer. Trwał jednak dłużej niż zwyczajowe pół godziny, a zamiast wracać do domu, zawędrowaliśmy do jakiejś cerkiewki. W środku okazało się, że świątynia nie jest bynajmniej pusta, a odświętnie ubrany batiuszka bardzo ucieszył się na nasz widok. Nie był to jeszcze dla mnie powód do niepokoju. Mina mi zrzedła, kiedy poszliśmy do zakrystii. A gdy pop wyciągnął brzytwę i zaczął ją ostrzyć o skórzany pasek, byłam już bliska paniki. O mało nie zemdlałam i w niewielkim stopniu uspokoiło mnie to, że zamiast w moją stronę batiuszka skierował się ku Piotrkowi. Następnie, pod okiem czujnej Olgi, w zdecydowany i szybki sposób pozbawił mego małego brata blond czupryny. Wciąż byłam jak sparaliżowana, gdy chwilę później spiskowcy zanieśli łysego jak kolano Piotra najpierw pod ołtarz, a potem do jednej z bocznych naw. Niecałe dwie minuty później mój braciszek został... ochrzczony. I w ten oto sposób w ciągu kwadransa z małego blondynka zmienił się w dumnego członka Kościoła prawosławnego. Wzbogacił się zresztą nie tylko duchowo – na jego szyi pojawił się też wielki prawosławny krzyż ze złota.

Dwuletniemu Piotrowi ani chrzest, ani brak czupryny nie robiły specjalnej różnicy, rodzice jednak – a szczególnie

Mama – wpadli w totalny szał. Ojciec z troski o swoją posadę unikał wszelakich kościołów jak ognia, doktryna socjalistyczna bowiem nie pozostawiała szczególnego miejsca na relacje z Bogiem. Tym bardziej nie należało się chwalić jakimikolwiek sakramentami. Ostatecznie uniknął nieprzyjemności, za to Piotrowi pozostała po chrzcie trwała pamiątka, ponieważ z jakiegoś powodu odrastające włosy zaczęły mu się kręcić. Nic się pod tym względem do dzisiaj nie zmieniło i ilekroć ma już dosyć rozczesywania swoich kłaków, odpowiadam: „Trzeba było nie dać się ochrzcić".

Olga usłyszała oczywiście zasłużoną porcję żalów, skarg, a może i epitetów. Cóż jednak z tego – Piotr został ochrzczony wedle jej życzenia i nie mogły tego zmienić nawet najdonośniejsze wrzaski. A że gwarantowała rodzicom olbrzymi komfort, to cieszyła się w naszym domu czymś w rodzaju immunitetu.

Bo po prawdzie trudno było sobie wyobrazić naszą rodzinę bez jej wszędobylskiej obecności. Dbała przecież nie tylko o mieszkanie, ale też stała się głównym animatorem naszego czasu, organizowała nam najróżniejsze atrakcje, oprowadzała nas po muzeach, kinach, a niekiedy – jak już wiecie – i cerkwiach. To właśnie w towarzystwie Olgi widziałam pierwszy film na wielkim ekranie. Rzecz jasna tę próbę ukulturalniania nas należałoby zapisać jej na plus, gdyby nie... specyficzny dobór repertuaru. Ciekawa zachodniej kinematografii niania wybrała się na randkę z... popem na japoński film *Godzilla*. A że nie miała co z nami zrobić, zabrała nas ze sobą. Efekt był taki, że wprawdzie Piotruś w półmroku sali kinowej spał po pięciu minutach, za to ja miałam problem z uśnięciem przez następne trzy tygodnie. Darłam się w niebogłosy, wymiotowałam ze strachu i krzyczałam jak szalona. I tak oto pozycja „kino z Olgą" znalazła się w tej samej grupie niepożądanych rozrywek co „wizyta w cerkwi".

Nad Morzem Czarnym, w wieku ośmiu lat

Wskutek tych wszystkich niefortunnych wydarzeń za najlepszy i najbardziej właściwy sposób spędzania przez nas czasu rodzice uznawali spacer na Witoszę. Olga zresztą nie miała absolutnie nic przeciwko. Wsadzała nas na wyciąg krzesełkowy, a potem z Piotrem na plecach i ze mną za rękę wędrowała po górach od świtu do zmierzchu. Na wyprawę przygotowywała odpowiedni posiłek – aromatyczną papkę własnego autorstwa (składającą się z prawie surowych, lekko tylko sparzonych wątróbek jagnięcych, sera *sirene*, soku z cytryny i czosnku), moczony w winie chleb i czubrycę. O dziwo nie narzekaliśmy. Te wielogodzinne wycieczki po górach skutecznie pacyfikowały naszą dwójkę, tak że już około siódmej wieczorem Olga miała nas z głowy, ponieważ umęczeni i odurzeni tlenem zapadaliśmy w sen sprawiedliwego.

Gdy nie eksplorowaliśmy gór, Olga zabierała nas na plażę. Wsiadaliśmy w jej zaporożca i pędziliśmy na południowo-wschodni kraniec Bułgarii, aż pod granicę turecką. Pochodziła z tego regionu, znała zatem najcudniejsze miejsca nad

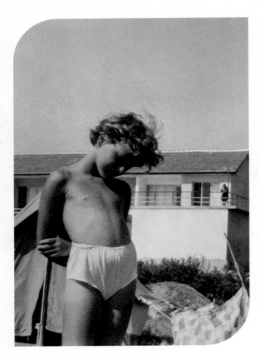

Niezapomniany urok
bułgarskich wakacji

Morzem Czarnym, a przy tym wykorzystywała okazję, by odwiedzić krewnych. Pamiętam, że jedli mnóstwo serów i papryki, a do tego dużo migdałów, orzechów i bakalii. Uwielbiałam te wizyty, nie tylko ze względu na posiłki. Ci cudowni, gościnni ludzie zawsze witali nas z otwartymi ramionami, zachwycając się za każdym razem moimi blond lokami i okrągłymi policzkami i ciągle mnie w nie szczypiąc.

Mimo tych wszystkich wspaniałości i słodkości to właśnie podczas jednej z takich wycieczek przeżyłam swój pierwszy prawdziwy szok kulinarny. Zawsze byłam ciekawska, więc nie miałam oporów, żeby biegać po chałupie gospodarzy w poszukiwaniu skarbów, przygód czy ciekawych miejsc. W ten sposób trafiłam na pokój, w którym leżała jakaś starsza kobieta. Oczywiście grzecznie się przywitałam, mimo to nie odpowiedziała i tylko się uśmiechnęła. Zdziwiona mocno taką reakcją zabrałam się stamtąd i wróciłam do Olgi.

– Tam w pokoju jest jakaś starsza pani – poinformowałam ją takim tonem, jakbym zdradzała wielki sekret.

– Tak, Madziu, wiem. To moja babcia – wyjaśniła mi niania.

– Mówiłam do niej, ale mi nie odpowiedziała. Jest głucha? – zapytałam.

– Nie, kochanie. Nie mówi, bo w czasie wojny Turcy obcięli jej język – powiedziała zupełnie spokojnie.

Zaniemówiłam i ja, tyle że ze strachu. Kiedy jednak na stole pojawiły się ozorki i wytłumaczono mi, co to za potrawa, rozdarłam się jak poparzona i uciekłam. Żadne tłumaczenia Olgi i domowników nie mogły mnie przekonać, by wziąć to paskudztwo do ust. Przecież nie będę jadła języka tej leżącej po sąsiedzku babci! Ta niechęć do ozorków nie przeszła mi zresztą szybko – musiało minąć ponad trzydzieści lat, zanim odważyłam się sama je przyrządzić.

Olga, Bułgarka z dziada pradziada, zadbała zresztą, byśmy przez te trzy lata poznali pełną różnorodność i obfitość bułgarskiej kuchni. Dlatego pobyt w tym kraju mogę chyba uznać za moją pierwszą wielką kulinarną podróż w świat, którego wcześniej nie znałam. Spotkałam się tam z zupełnie nowymi smakami, rzeczami niedostępnymi w siermiężnej peerelowskiej Polsce. Pierwszy raz w życiu spróbowałam wtedy moreli, arbuzów, melonów, kiwi, winogron, granatów i brzoskwiń, które sama mogłam zrywać z drzew. Bo owoce, o których wcześniej mogłam poczytać co najwyżej w książce, były tam wszędzie. w ilościach hurtowych. Piękne, kolorowe, aromatyczne i soczyste, do wyboru, do koloru. To przede wszystkim dzięki nim Bułgaria kojarzy mi się z ogromem

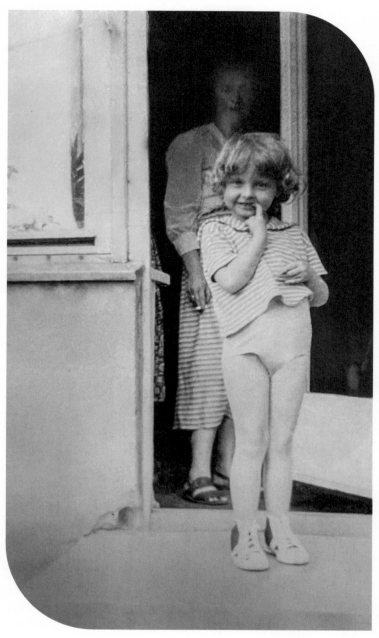

Tak wygląda radość

barw, które oszałamiały mnie dosłownie wszędzie – w miastach, we wsiach, na bazarach.

Olga prowadziła mnie krok po kroku po labiryncie nowych doznań smakowych. To ona nauczyła mnie jeść warzywa: paprykę, cukinię, bakłażany i pomidory. Wyczyniała z nimi prawdziwe cuda – piekła je, marynowała, podawała na surowo, smażyła lub dusiła. Zawsze z wyjątkowym efektem. Dzięki Oldze miałam okazję poznać i polubić całą masę nowych ziół i przypraw. Liść laurowy, pietruszka, mięta i cząber nadawały potrawom, szczególnie mięsom, niepowtarzalny smak. Wystarczyło trochę cząbru, by mało apetyczna, szczególnie dla dziecka, jagnięcina zmieniła się w rarytas, nie tylko zresztą dla mnie, ale i dla malutkiego Piotra. Kunszt Olgi sprawił, że mimo ozorkowej traumy zajadałam się przygotowanymi przez nią mięsami, robionymi w zupełnie inny sposób, inaczej przyprawionymi, serwowanymi w nieznanych mi połączeniach.

Nasza niania nauczyła mnie też jeść surowe żółtka jajek z solą (w Polsce nazywało się to ostryga) i pić wielką dumę i wynalazek kuchni bułgarskiej – jogurt. Bułgarzy kochają produkty mleczne, a mając taką przewodniczkę kulinarną, musiałam pokochać je i ja. Namiętnie piłam jogurt, który zresztą był też składnikiem prawie każdej zupy, sosu i sałatki, a nawet deseru. Do tego dochodziły sery: żółty, twardy i intensywnie pachnący *kaszkawal*, do którego zapachu i smaku trzeba dojrzeć, bliższy parmezanowi niż naszej goudzie, ale przede wszystkim mięciutki, aksamitny ser *sirene*.

Nauka smaków z Olgą dzieliła się zawsze na dwa etapy. Najpierw szliśmy na targ owocowo-warzywny. Uwielbiałam te wizyty, tym bardziej że byłam tam swego rodzaju maskotką. Moja jasna cera, burza blond loków, różowe policzki i wielka ciekawość wszystkiego, co wokół, sprawiały, że zbierałam uśmiechy, buziaki i najprzeróżniejsze frykasy. W Bułgarii dzieci darzy się zresztą szczególną uwagą i atencją; wolno im tam więcej i w każdym miejscu są mile widziane, traktowane z wyjątkową czułością i wyrozumiałością. Tak więc moje cotygodniowe wizyty z Olgą na lokalnym bazarze stawały się festiwalem uśmiechów, delikatnych uszczypnięć w policzki i smakowania owoców na niemal każdym mijanym stoisku. To właśnie tam po raz pierwszy miałam w ustach morele, arbuza, fenomenalnie aromatyczną kozieradkę czy cząber. Nie byłam płochliwym dzieckiem – po zjedzeniu każdej nowości płynnym bułgarskim informowałam sprzedawców, czy mi smakowało, czy nie, a to tylko jeszcze bardziej ich rozczulało. Potrafiłam się zgubić na targu niczym w komorowskim lesie i podobnie jak tam – nigdy włos nie spadł mi z głowy. Wręcz przeciwnie, z wypraw tych zawsze wracałam bogatsza o nowe znajomości, doświadczenia, a przede wszystkim smaki.

Drugi etap edukacji kulinarnej odbywał się już w naszej kuchni. Jako wytrawna gospodyni Olga potrafiła wyczarować z przyniesionych z targu produktów prawdziwe arcydzieła. W taki sposób poznałam smak musaki, banicy, baklawy czy sałatki szopskiej. Była to kuchnia bułgarska w najlepszym wydaniu – aromatyczna, kolorowa i wyrazista. Pierwszy raz w życiu spotkałam się z jedzeniem tak barwnym, pełnym smaku, doprawionym taką ilością cebuli i czosnku, że i moja kuchnia się nimi nasyciła, tak że sama nie umiem inaczej gotować. To był jaskrawy kolaż dzikich ziół, gór i morza.

W kategorii niespodzianek moim ulubionym odkryciem w Bułgarii były jednak zdecydowanie płatki róż. Olga brała mnie kilkakrotnie na ich zbieranie, ale zwariowałam na ich punkcie, dopiero gdy przekonałam się, co można z nich zrobić. Niania bowiem w jeden wieczór potrafiła zmienić dwa ciężkie wory cudownie pachnących płatków w nieziemsko pyszną konfiturę. Gdy nazajutrz Mama nauczyła Olgę robić pączki z tą konfiturą, szalałyśmy już wszystkie trzy.

Mój rodzinny dom otworzył mnie na rzeczy delikatne i lekkie, Bułgaria zaś sprawiła, że poznałam inny kulinarny świat – wyrazisty, jędrny i zaskakujący. To tam narodziło się we mnie coś, co nazwałabym odwagą smaku. I to dzięki Bułgarii, dzięki Oldze i sprzedawcom na targach do dziś nie boję się tego, co nowe, inne i niespotykane.

Weseli ludzie, szczęśliwi rodzice, wszędobylska muzyka i doskonała kuchnia – tak oczami kilkuletniej dziewczynki wyglądała Bułgaria drugiej połowy lat pięćdziesiątych ubiegłego wieku. Kochałam ten kraj, wrósł we mnie do tego stopnia, że po powrocie do Polski jeszcze przez kilka miesięcy, nie zgadzając się z czymś, typowo po bułgarsku kiwałam głową w górę i w dół, a aprobatę wyrażałam, kręcąc nią na boki – zupełnie odwrotnie niż u nas i wszędzie indziej na świecie. Ów zwyczaj w końcu mi przeszedł, znacznie trwalej natomiast zagnieździło się we mnie tamtejsze umiłowanie smaku, radości życia i te tysiące kolorów, których nie sposób uświadczyć w Polsce. Pobyt w Bułgarii okazał się dla nas wszystkich doskonałym „kulturowym międzylądowaniem" przed następnymi wojażami, które miały nadejść w kolejnych latach. Chociaż gdy wracaliśmy do ojczyzny, żadne z nas nie miało prawa przypuszczać, że za jakiś czas przeniesiemy się w regiony, gdzie taniec, smak i zabawa stanowią nie tyle dodatek do życia, ile jego główny sens.

rozdział III

Warszawa

po raz pierwszy

Trzy cudowne lata w Bułgarii dobiegły końca. Tata wskutek pisanych przez siebie artykułów, które ukazywały się między innymi w „Sztandarze Młodych" oraz „Le Monde", popadł w niełaskę i w 1959 roku musieliśmy stawić czoła konieczności powrotu do Polski z jej chłodnym klimatem, często pochmurnym niebem i równie ponurą sytuacją polityczną. Nie było to łatwe – ani dla rodziców, ani dla mnie. Nawet jeśli wracałam do ukochanego Komorowa, gdzie mieszkaliśmy pierwszy rok po powrocie, to przez te trzy lata wiele się zmieniło – tak we mnie, jak i u dziadków. To wtedy przekonałam się, że powrót do raju jest niemożliwy, a po tylu dekadach już wiem, że można tam trafić ponownie jedynie dzięki wspomnieniom.

Nie był to niestety ten sam radosny i rozbiegany dom co wcześniej. Nagle jakby opustoszał, brakowało w nim wesołej krzątaniny, która wypełniała go zaledwie kilka lat wcześniej. Dla tak żywego i ciekawskiego dziecka jak ja zmiana ta była trudna do pojęcia. Nie chodziło tylko o to, że przez większą część dnia nie było Babci, która przecież wciąż dojeżdżała pociągiem do pracy – po prostu atmosfera w Komorowie uległa nieodwracalnej, namacalnej zmianie.

Tyle dobrego, że miałam do dyspozycji ten sam cudowny las, po którym mogłam szwendać się do woli, gdy codziennie odbierałam wracającą do domu Babcię ze stacji. Wobec niedyspozycji Dziadka, który wówczas już nie chodził i oglądał świat zza okna, to na mnie spoczywał ten obowiązek. Uwielbiałam go zresztą – chodziłam tymi samymi ścieżkami co kilka lat wcześniej, a akurat las nie zmienił się od naszego wyjazdu. Znałam tam każdy zakręt, ba, każdy kamień, kurki nadal rosły na kurkowej polanie, jagody między wysokimi świerkami, a poziomki obrastały przez kilkaset metrów cały skraj drogi. Dzięki tym wyprawom bywały chwile, gdy niemal zapominałam o tym, jak wiele w Komorowie i we mnie odeszło w przeszłość.

Po spacerze czekała mnie zawsze nagroda – radosna Babcia, która witała wnuczkę anielskim głosem. To był dla mnie moment najczystszej radości – bardzo ją kochałam i przez cały dzień strasznie na nią czekałam, było mi jej bezgranicznie brak, gdy jechała do pracy. Dlatego wyglądałam jej powrotu wcale nie mniej niż Dziadek.

Z perspektywy czasu nie mogę wprost uwierzyć, ile ta kobieta miała w sobie siły i witalności. W tym okresie Babcia była jedynym żywicielem rodziny i jedyną naszą opiekunką. A przecież przed naszym wylotem trzeba było doglądać nie tylko mnie, do tego dziadkowie robili to na zmianę. Teraz zaś, choć Babcia nie była przecież młodsza, sama jedna musiała roztoczyć opiekę nade mną i nad Dziadkiem. I sobie z tym radziła, nie narzekała na los, pogodnie i z uporem dawała odpór codziennym troskom i mnożącym się kłopotom. Tym bardziej że Dziadek toczył z Mamą zażarte spory o moje wychowanie, co nie pozostawało bez wpływu na ogólną atmosferę. A kiedy Dziadek wylądował w szpitalu, problemów tylko przybyło, ponieważ nie chcąc być dla żony ciężarem,

Mama, Tata i ja, Witosza

myślał o popełnieniu samobójstwa. Tak więc tylko spokój
i rozsądek Babci ratowały sytuację.

Po powrocie rodzice musieli odbudowywać swoją pozycję
w pracy i początkowo byli skoncentrowani głównie na tym.

Ale po bułgarskim *dolce vita* było im chyba jeszcze trudniej niż mnie na powrót przystosować się do peerelowskich realiów. Zwłaszcza Tata przez jakiś czas nie potrafił przyjąć do wiadomości, że wspaniała egzystencja, jaką wiódł przez ostatnie lata, dobiegła końca. Przez pierwsze miesiące starał się dostosować do życia w Polsce, ale po jakimś roku miał już chyba dość marazmu i zaczął... dokazywać. Choć funkcjonował w zupełnie innych warunkach niż w Sofii, w znacznie bardziej wstrzemięźliwym, ostrożnym i mało rozrywkowym otoczeniu, postanowił w końcu nadal żyć „po bułgarsku", czyli beztrosko i z rozmachem. Do tego stopnia, że do domu wpadał głównie po to, żeby się przebrać, a czasami po prostu znikał na dłuższy czas, wyruszając w kolejną delegację. Czarnomorska radość życia udzieliła się Tacie zdecydowanie za bardzo, więc odłożone za granicą dewizy zainwestował nie w wykończenie otrzymanego za pracę w charakterze korespondenta warszawskiego mieszkania, do którego mieliśmy się wkrótce przenieść, lecz... w pierwszą ratę na nowiutką syrenkę, wtedy auto marzeń dla większości Polaków. Dla Mamy było to kompletne zaskoczenie. Rodzice nie mieli takiego zakupu w planach ani pieniędzy na dalsze raty, ale dla Taty było to wówczas bez znaczenia. Efekt okazał się taki, że kiedy po roku spędzonym w Komorowie przeprowadzaliśmy się do nowego mieszkania na warszawskim Muranowie, redaktor Ikonowicz rozbijał się po mieście nową syrenką, my zaś nie mieliśmy na meble, a zdarzało się, że brakowało nam również na codzienne wydatki. Mama, w kwiecie wieku, zamiast korzystać z uroków najlepszego czasu w życiu człowieka, musiała zajmować się naszymi przyziemnymi troskami. Jestem przekonana, że gdyby nie Babcia i jej oddanie, małżeństwo rodziców by tego nie wytrzymało. Mama by oszalała, redaktor poszedłby w tango, a my z Piotrem mocno stracilibyśmy na wadze.

Nie powiem, żeby przeprowadzka na ulicę Lewartowskiego, do mieszkania w nowiuteńkim bloku pod numerem dziesięć, mnie uszczęśliwiła. Wręcz przeciwnie. Dziś z balkonu naszego ówczesnego mieszkania rozciąga się widok na piękny zielony skwer i nowoczesną bryłę budynku Muzeum Historii Żydów Polskich. Kiedy się przeprowadzaliśmy, było tam jednak strasznie. W trakcie wojny był to teren getta, w pobliżu znajdował się Areszt Centralny, tak zwana Gęsiówka, najgorsze więzienie w całej Warszawie. Podczas okupacji mieścił się w nim obóz pracy, następnie niemiecki obóz koncentracyjny, a po niej radziecki obóz dla niemieckich jeńców. To właśnie tam przeprowadzono pierwsze masowe egzekucje w getcie warszawskim, to stamtąd wywożono pierwsze transporty na Umschlagplatz, a potem do Treblinki.

W roku 1960, kiedy się tam sprowadziliśmy, nic o tym nie wiedziałam, ale miejsce to emanowało jakąś złowrogą aurą. Trudno jednak, żeby było inaczej, skoro gdzieniegdzie wciąż prowadzono prace ekshumacyjne. W większości miejsce kaźni było niezabezpieczone i nietknięte od połowy lat czterdziestych. Przedzierałam się przez wielkie hałdy gruzu i cegieł, bo wokół naszego domu, jak okiem sięgnąć, ciągnęły się ruiny getta. Budując nasz blok i sąsiednie budynki, nikt nie myślał o placach zabaw czy huśtawkach. I tak placem zabaw dla mnie i innych dzieci zostały spalone koszary przy ulicy Zamenhoffa, obozowe budynki przy Litewskiej czy wielkie leje po bombach. Niekończące się poszukiwania skarbów, głównie kolorowych szkiełek i monet, przerywaliśmy wspinaczką na górę cegieł czy dach opuszczonych koszar. Było szaroburo i brzydko, ale siła wyobraźni dzieci jest nieskończona, więc i w tym ponurym krajobrazie potrafiliśmy odnaleźć radość i beztroskę. Szczególnie wyczekiwaliśmy w lecie rzęsistego deszczu, wtedy bowiem głębokie na dwa metry leje po bombach zamieniały się w ciepłe i przejrzyste gliniane baseny,

Mała kobietka, sześć lat, tuż przed szkołą

w których potrafiliśmy kąpać się aż do zmroku. Nie były to fale Morza Czarnego, ale i tak mieliśmy z tego wielką frajdę.

Mama też dokładała wszelkich starań, by nasz dom nabrał nieco weselszych barw i zapachów. Dwa lata, które spędziliśmy na Muranowie, to nie był dla nas czas dobrobytu, lecz choć niekiedy ledwo wiązaliśmy koniec z końcem, dbała, żeby na stole zawsze w glinianych dzbankach stały świeże kwiaty, a ściany zdobiły skromne, ale piękne obrazy. Tak umilała nam i dekorowała życie. A przy śniadaniu w salonie sączyła się cicha muzyka – coś swingowego, jazzowego albo klasycznego. Dzięki Mamie i jej nieomylnemu smakowi nawet w tak zgrzebnych okolicznościach wszystko nabierało sensu, uroku i charakteru. Najwidoczniej w naszej rodzinie kobiety przekazują sobie z pokolenia na pokolenie siłę woli i niezłomność charakteru.

Mieszkając na Muranowie, zaczęłam też formalną edukację w szkole podstawowej przy ulicy Niskiej 5. Do pierwszej klasy poszłam w 1960 roku. Miałam wtedy siedem lat i 1 września stawiłam się na dziedzińcu szkolnym jak przykładna uczennica, z zupełnie nudną fryzurą i w pięknie wyprasowanym fartuszku. Żeby uprościć i skrócić poranne manewry z moimi włosami, zostałam ostrzyżona dość krótko, a żebym jeszcze lepiej wpasowała się w szarobury krajobraz i atmosferę Polski Ludowej, rodzice ubierali mnie w białe bluzki i obrzydliwe zielono-brązowe kapcie. Nie ma co kryć – na kilku zachowanych zdjęciach z tego okresu wyglądam bardzo przeciętnie i po prostu nudno, czyli zgodnie z peerelowskimi standardami estetycznymi.

Nie byłam oczywiście żadnym wyjątkiem – wszyscy ubieraliśmy się podobnie i wyglądaliśmy podobnie, bo każdy miał dokładnie tyle samo, czyli niewiele. Mimo to właśnie w pierwszej klasie podstawówki chyba po raz pierwszy w życiu poznałam smak zazdrości. Nie chodziło o rzeczy materialne, lecz

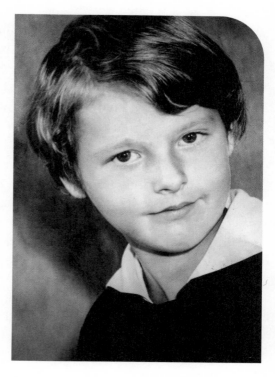

Najgorsza fryzura w moim życiu, klasa 1B w szkole podstawowej przy ul. Niskiej

o kwestie... kulinarne. Otóż inne dzieci jadały obiady w szkole, tymczasem ja ciepły posiłek miałam serwowany codziennie w domu. Mama i Babcia gotowały wprawdzie cudnie, ale ja chciałam chociaż raz zjeść z rówieśnikami i przekonać się, jak smakują dania podawane na szkolnej stołówce. Byłam przekonana, że muszą być przepyszne, bo... nikomu z mojej klasy nie smakowały. Mnie wydawało się to najlepszą rekomendacją, a tę przewrotną regułę ukułam z powodu śledzia. Raz w tygodniu bowiem stołówka serwowała na obiad rybę – nie dorsza czy makrelę, a właśnie wymoczonego w solance śmierdzącego śledzia z ziemniakami – a większość klasy wybiegała ze stołówki albo z odruchem wymiotnym, albo ze śledziem schowanym w zeszycie. Talerz musiał być wymieciony do czysta, nikt jednak nie zamierzał brać tego słonego gluta do ust. Nikt poza mną oczywiście, już wtedy bowiem miałam w sobie nieprzeparty pociąg do eksperymentowania. Dlatego rybny dzień na stołówce był moim ulubionym dniem tygodnia. Kochałam te śledzie, a mój apetyt za każdym razem ratował skórę kilku kolegów i koleżanek z klasy.

Lata spędzone na Muranowie były jak te śledzie – ciekawe, ale ze słonym posmakiem. Tęskniłam strasznie za Tatą, który szalał, i za Mamą, która starała się jakoś łagodzić skutki jego wyskoków. Bardzo często wyjeżdżała – a to żeby wykonywać dodatkowe zlecenia, a to na handel do demoludów (miała zresztą dryg do wyszukiwania pięknych rzeczy, wyjątkowych futer, które znajdowały później nabywców wśród czerwonej burżuazji), a to na poszukiwania rozrywkowego męża. Jedyną dobrą stroną takiej sytuacji było to, że bardzo dużo czasu spędzałam z Babcią i cieszyłam się tam nieograniczoną wolnością, która tak bardzo odpowiada mojemu charakterowi. Ale był to też okres wypełniony napięciem i poczuciem niepewności. Przede wszystkim zaś czas ten naznaczyła w mojej pamięci strata, której wtedy doznałam – śmierć Dziadka.

Przez lata, które spędziliśmy w Bułgarii, mocno podupadł na zdrowiu. Od dawna miał problemy z chodzeniem, ale teraz ledwie powłóczył nogami. Ten tryskający wcześniej życiem i przepełniony zachwytem dla natury człowiek, jeden z mężczyzn mojego życia, coraz częściej nie mógł sobie pozwolić choćby na najkrótsze przechadzki. Kiedy byłam maleńka, odgrywał dla mnie rolę niestrudzonego przewodnika po świecie tajemnic przyrody, lecz po powrocie do Komorowa zastałam go poważnie chorego. Wciąż jednak traktował mnie z bezgraniczną miłością. Zresztą z wzajemnością – darzyłam go takim samym uczuciem, nadal uwielbiałam jego towarzystwo, choć charakter naszych aktywności mocno się zmienił.

Dziadek przepięknie
rysował! Ale tworzył
również zagadki
i krzyżówki, aby
motywować mnie
do nauki

28.III.1962 R.

Kochana
Magduś!
Jak Twoja
nóżyczka,
czy już przesz-
ła.
Dziadek napisał Ci krzyżówkę,
a Ty postaraj się ją rozwiązać,
tylko sama, czeka na Ciebie nagrodą, a jaka to się dowiesz jak ją
rozwiążesz.
Bardzo tęsknię za Tobą i Piot-
rusiem, jak wyzdrowiejesz to
przyjedź do Komorowa ale z

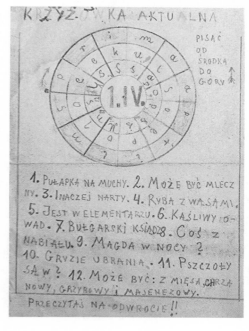

KRZYŻÓWKA AKTUALNA

PISAĆ
OD
ŚRODKA
DO
GÓRY

1.IV.

1. PUŁAPKA NA MUCHY. 2. MOŻE BYĆ MLECZ
NY. 3. INACZEJ NARTY. 4. RYBA Z WĄSAMI.
5. JEST W ELEMENTARZU. 6. KAŚLIWY O-
WAD. 7. BUŁGARSKI KSIĄDZ. 8. COŚ Z
NABIAŁU. 9. MAGDA W NOCY. 2.
10. GRYZIE UBRANIA. 11. PSZCZOŁY
SĄ W ? 12. MOŻE BYĆ: Z MIĘSA, CHRZA-
NOWY, GRZYBOWY i MAJENEZOWY.
PRZECZYTAJ NA ODWROCIE!!

Kochana Magdusiu! 23.XI.56

Dziadek jest bardzo zaniepokojony że tak długo nie piszesz listu, czy otrzymałaś mój list i fotografię i książeczki. Dziadek zrobił ci fotelik do niego stolik i leżaczek a teraz robi fotelik i leżaczek dla Piotra. Robię ci śliczną zaba... jak przyjedziesz to dopiero zobaczysz, teraz ci nie powiem, chcę zrobić ci wielką niespodziankę. Dziadek ile się czuję i jutro idzie do szpitala, pisz często listów do Babinki, to Babinka jak mnie przyniesie. Była u nas ciocia Marysi córeczki i bawiłyście się twoimi zabaweczkami, bardzo jej się podobały, siedziała na foteliku i leżała w łóżeczku. Napisz dziadkowi jak dużo i Piotrusia zabawcie. Pisz dużo dziadkowi bo nie może do ciebie mówić na... ... a tak chciałbym usłyszeć twój głosik Kochanybło...

Dziadek miał piękny charakter pisma, choć wraz z postępującą chorobą musiał zacząć pisać literami drukowanymi

KOMORÓW 4.X.1962 R.

KOCHANA MAGDUŚ!!!

LIST TWÓJ OTRZYMAŁEM, Z KTÓREGO BARDZO
SIĘ UCIESZYŁEM. ZROBIŁAŚ MI BARDZO MIŁĄ
NIESPODZIANKĘ PAMIĘTAJĄC O KRZYŻÓWKACH
A NAJWIĘCEJ SPRAWIŁ MI RADOŚĆ TWÓJ
WIERSZYK O ZAJĄCZKU, TYLKO STARAJ SIĘ
ROBIĆ MNIEJ BŁĘDÓW.
JAK NA POCZĄTEK WIERSZYK WYSZEDŁ BAR-
DZO DOBRZE, PISZ WIERSZYKÓW WIĘCEJ.
MAGDA, A TERAZ UMÓWMY SIĘ, O ILE
SIĘ ZGODZISZ I DOTRZYMASZ UMOWĘ DO KOŃ-
CA ROKU SZKOLNEGO, TO ZAOSZCZĘDZISZ SOBIE
SPORO ZŁOTYCH NA WAKACJE, POD WARUN-
KIEM ŻE WSZYSTKIE PIENIĄDZE JA BĘDĘ
WRZUCAŁ DO PUSZKI I DOPIERO. WYJMIESZ
NA WAKACJE.

W ostatnim okresie życia większość czasu spędzał na leżąco albo wysiadując przy stole w kuchni, skąd miał doskonały punkt obserwacyjny na cały dom i posesję. Towarzyszyłam mu w tych posiadówkach, a Dziadek – choć już nie tak sprawny fizycznie – nie zrezygnował z ambicji pedagogicznych wobec mnie. Nie mógł już ganiać za mną po kniejach i ostępach, więc z równą wytrwałością zajął się moją edukacją – nauczył mnie pisać, czytać i liczyć.

Pamiętam jego cierpliwość, nawet wtedy gdy mnie jej brakowało, zachęty, kiedy ja czułam się zniechęcona niedostatecznie szybkimi postępami, wytrwałość w chwilach, w których w siebie wątpiłam. To od niego wiem, że przed przeszkodami nie należy się zatrzymywać, lecz trzeba je po prostu pokonywać, że nie można pozwolić, by niepowodzenie zachwiało nami na trwałe. Był dumnym człowiekiem i mam wrażenie, że to jedna z cech, które po nim odziedziczyłam.

Umarł w moje urodziny. Myślał o mnie jednak nawet na łożu śmierci – zanim odszedł na zawsze, napisał do mnie list, w którym przepraszał, że odchodzi właśnie w taki dzień...

Dziadek – mój najlepszy przyjaciel, nauczyciel i przewodnik. To on wprowadzał mnie w świat przyrody, to on był moją ostoją w pierwszych latach życia. Nigdy nie przestanę być mu wdzięczna za jego cierpliwą obecność, wyrozumiałość i miłość, którą mnie otoczył. Zostało mi po nim wielkie poczucie straty, ale i mnóstwo wspaniałych wspomnień.

rozdział IV

Kuba

ogród rozkoszy ziemskich

Na pierwszy rzut oka mężczyzna w najzwyklejszym mundurze z zielonej krochmalonej popeliny nie robił specjalnego wrażenia. Prosty uniform szeregowego i skórzany pas nie były w tamtych czasach żadnym szczególnym widokiem, każdego dnia widziałam dziesiątki takich ludzi na ulicach. Człowiek, który nas odwiedził, nie miał żadnych odznaczeń czy orderów, jego mundur wyróżniał się głównie tym, że był nieco czystszy od tych, które mogłam oglądać na co dzień.

A jednak ten mężczyzna z jakiegoś powodu mnie zaciekawił. Być może stało się tak dlatego, że mimo pospolitego wyglądu wszyscy traktowali go z widocznym szacunkiem i podziwem. Przez większość wieczoru siedział w fotelu i żywo dyskutował, głównie z Tatą i Ryszardem Kapuścińskim, przyjacielem rodziny, którego rodzice również zaprosili na przyjęcie. Jego imponujący wzrost (a był znacznie postawniejszy niż większość mężczyzn, których znałam) i przede wszystkim gęsta i długa broda przykuwały moją uwagę zdecydowanie bardziej, niż to co mówił.

To właśnie ją wykorzystałam jako pretekst, żeby podejść do nieznajomego i zapytać, czy mogę jej dotknąć. Rodzice zamarli, wokół na chwilę zrobiło się całkiem cicho, co jednak nie odwiodło mnie od raz powziętego zamiaru. Tymczasem nieznajomy wziął mnie pod ramiona i szybkim ruchem posadził sobie na kolanie. Wygiął przy tym głowę do tyłu i pozwolił dokładnie sprawdzić, czy broda jest prawdziwa. Skorzystałam z okazji i po dokładnym zbadaniu zarostu mężczyzny, połączonym z solidnym wyszarpaniem i wytarmoszeniem, uznałam, że to autentyk. A że niezwykle spodobał mi się jego zapach – połącznie wody kolońskiej z wonią tytoniu – w głowie pojawiła mi się kolejna myśl: zapytałam nieznajomego, czy mogę przypalić mu cygaro, z którym się nie rozstawał. Brodacz uśmiechnął się radośnie, bez słowa podał mi zapałki oraz kawałek cedru do przypalenia i powiedział wesoło *adelante*, czyli „bardzo proszę".

I tak oto poznałam Fidela Castro, słynnego *El Comandante*, człowieka, który rządził Kubą prawie pół wieku.

Jak w ogóle do tego doszło? Jak to się stało, że w domu moich rodziców pojawił się ten pełen wówczas energii, przepełniony rewolucyjnymi ideałami niespełna czterdziestoletni mężczyzna, który w kolejnych dekadach stał się ulubionym celem zamachów organizowanych przez CIA? To dłuższa historia...

Gdy pewnego dnia Tata wparował do domu cały w skowronkach i uroczyście oświadczył, dokąd wyjeżdżamy, mocno się zdziwiłam. Nie sądziłam, że może być taki szczęśliwy z powodu jakiegoś Kuby. Miałam dwóch w klasie, więc nie wydawało mi się to czymś nadzwyczajnym. Był rok 1963, właśnie kończyłam trzecią klasę, więc chyba można mnie nieco usprawiedliwić, że nie do końca orientowałam się w sytuacji geopolitycznej na świecie.

A ta, delikatnie rzecz ujmując, była napięta, żeby nie powiedzieć... wybuchowa. W ostatnim kwartale 1962 roku doszło do potężnego kryzysu w stosunkach dwóch atomowych mocarstw i świat znalazł się na skraju wojny atomowej.

Związek Radziecki chciał bowiem potajemnie zamontować pod samym nosem Amerykanów głowice nuklearne, a oni dowiedzieli się przypadkiem, że rakiety zostały wycelowane idealnie na północ, w Miami, Nowy Jork, Waszyngton i pewnie jeszcze kilka innych amerykańskich miast. No i wybuchła niemała awantura.

Nie było wiadomo, jak zachowa się Kennedy. Nie było wiadomo, jak zareaguje na to Chruszczow. Przywódca ZSRR, który jeszcze w 1957 roku zostawał Człowiekiem Roku amerykańskiego tygodnika „Time", zaledwie pięć lat później trzymał palec na czerwonym guziku odpalającym głowice nuklearne i nikt nie miał pewności, że go nie wciśnie. Swoje za uszami mieli też oczywiście Amerykanie, którzy „przypadkowo" również zapomnieli powiedzieć światu, że w głowice nuklearne wyposażyli rakiety w swoich bazach w Europie i Turcji. W tej sytuacji obecność korespondenta z zaprzyjaźnionego z ZSRR kraju wydawała się wręcz obowiązkowa. Gdy Tata leciał na drugi koniec świata, na wyspę, która znalazła się właśnie w centrum globalnego konfliktu atomowego, nie mógł wiedzieć, jak to wszystko się potoczy.

Szczęśliwie żaden z panów przywódców nie zdecydował się na fajerwerki i konflikt radziecko-amerykański zakończył się na wymachiwaniu szabelką. Wybór kierunku sowieckiego przez Fidela Castro miał jednak ogromny wpływ na przyszłość kraju rządzonego przez tego miłego pana, który pozwolił mi wytarmosić się za brodę. Oznaczało to nacjonalizację wszystkich podmiotów w kraju, od instytucji oświatowych przez szpitale aż po prywatne grunty i przedsiębiorstwa. Gdy Castro przejął władzę, tysiące ludzi, głównie obywateli Stanów Zjednoczonych, wyjechały w popłochu z wyspy, obawiając się represji ze strony komunistów. Wedle opowieści Taty wszystkie rodziny dostawały od rewolucyjnej milicji maksymalnie kwadrans, żeby się spakować i opuścić domy. Nowi władcy

Kuba, uciekam do cienia

Kuby niespecjalnie zaprzątali sobie głowy tym, że z wyspy ucieka cały kapitał i wszyscy najbogatsi obywatele oraz inwestorzy. Związek Radziecki obiecał przecież Fidelowi pomoc wojskową i gospodarczą. Oczywiście okazało się, że pomoc imperium była mniej więcej tak samo szlachetna jak ta, której ZSRR udzielił Polsce – innymi słowy Chruszczow i jego następcy brali od Castro cytryny, a w zamian za to Hawana wysyłała do Moskwy pomarańcze. Taka polityka na dziesięciolecia zamroziła w wielu aspektach tę piękną wyspę i uczyniła z niej niemal żywy skansen. Na szczęście dla mnie zamieszkałam na Kubie w czasie, gdy komunizm nie zdążył poczynić tam jeszcze trwałych spustoszeń. Inna sprawa, że przybywałam z szarej i zrujnowanej komunistycznej Polski, w której o architekturze Hawany lat sześćdziesiątych można było tylko pomarzyć – o ile komuś starczyłoby do tego wyobraźni.

Z domowych rozmów wiedziałam, że na Kubie dzieje się coś ciekawego, inaczej przecież nie wysyłano by tam Taty. Rodzice ustalili plan, że najpierw na karaibską wyspę pojedzie on, a my dołączymy do niego za kilka miesięcy, gdy już się tam jako tako urządzi. Jak wspomniałam, nie bardzo interesowała mnie wtedy polityka międzynarodowa, większą uwagę zwracałam na geografię, przede wszystkim zaś zajmowała mnie jedna kwestia: w jaki sposób dotrzeć na Kubę samochodem? Po pamiętnym locie do Sofii gotowa byłam odbyć nawet i kilkumiesięczną podróż dowolnym środkiem transportu – pociągiem, dyliżansem, bryczką, a choćby i rowerem – byle tylko znowu nie musieć wsiadać na pokład samolotu. Zaproponowałam więc Mamie kilka alternatywnych tras – a to przez Alaskę, a to przez Meksyk czy Gwatemalę – lecz ku mojemu zaskoczeniu, a następnie rozpaczy Mama nie zdecydowała się na żadną z nich i oczywiście do Hawany we troje, my dwie i Piotr, udaliśmy się drogą powietrzną.

Jako że Warszawa nie miała wtedy (i nie ma zresztą do dzisiaj) bezpośredniego połączenia z Hawaną, mocno się martwiłam tą podróżą na raty. Oznaczało to bowiem więcej niż jeden start i lądowanie. Gdyby jednak zawczasu uprzedzono mnie, ile tych międzylądowań faktycznie będzie, to w życiu bym się nie zgodziła na tę karkołomną wyprawę.

Ponieważ Kuba leży na zachód od Polski, więc to chyba oczywiste, że najpierw polecieliśmy... na południe. Czeskie linie lotnicze latały wtedy z Pragi do Hawany, a że w stolicy ówczesnej Czechosłowacji mieszkała ciotka Taty, Nela Krupińska, przy okazji zatrzymaliśmy się u niej na kilka dni. Nigdy wcześniej nie widziałam tak ekskluzywnego miasta, Praga wydała mi się wtedy dosłownie Paryżem. Po trzech dniach absolutnego zachwytu i tysięcy westchnień do przepięknych butów, sukienek czy biżuterii przyszedł jednak czas, żeby zapakować się do samolotu. Trzeszczący ił, szczyt radzieckiej techniki, nie poleciał oczywiście bezpośrednio na Karaiby, bo jego zasięg zmuszał pilotów do dwukrotnego międzylądowania.

Pomijając już mój ograniczony entuzjazm do kolejnych startów i lądowań, wyprawa ta okazała się okazją do podróży w świat doznań... kulinarnych.

Pierwszym punktem na trasie było Shannon, irlandzkie miasto położone w zatoce, nad samą wodą. Mieliśmy sześć godzin do ponownego startu, więc Mama postanowiła zabrać swoje głodne potomstwo do restauracji. Na moim talerzu wylądowało coś, co nie zwiastowało sukcesu: trzy kawałki sałaty, jakiś obrzydliwy ciemnobrązowy sos, a na środku kawałek ciemnej podeszwy. Jakby tego było mało, to podeszwę udekorowano oślizgłą połówką brzoskwini. Najpierw pięć minut gapiłam się na talerz, zdziwiona tą zdumiewającą konstrukcją, ale gdy już się do niej zabrałam... spałaszowałam ją w minutę. Wyglądający na twardy, ale po przekrojeniu delikatny jak ptasie mleczko kawałek wołowiny, podlany sosem na bazie whisky i śmietany z zimną jak lód brzoskwinią z syropu, zniknął z talerza momentalnie. I w ten oto sposób zapoznałam się ze stekiem. Moje kubki smakowe wariowały, a ja kolejny raz przekonałam się, że pozory mogą mylić.

Najedzeni i zadowoleni wróciliśmy do samolotu. Po locie przez Atlantyk wylądowaliśmy w oddalonym o ponad trzy tysiące kilometrów kanadyjskim Gander. Na tamtejszym lotnisku kupiłam przepiękne balerinki w kolorze poziomkowym, które nijak nie pasowały do pogody za oknem, za którym były kilkumetrowe zaspy i zadymka. Właśnie tam po raz pierwszy w życiu spróbowałam syropu klonowego, a przy okazji doświadczyłam kolejnego pomieszania z poplątaniem w kwestii smaków, ponieważ smażone mięso, purée ziemniaczane i surówka tonęły we wspomnianym syropie. Głód i ciekawość okazały się jednak większe niż moje uprzedzenia, choć muszę przyznać, że nie była to miłość od pierwszego wejrzenia i w „płynnym złocie Kanady" zakochałam się znacznie później.

Dopiero stamtąd ruszyliśmy bezpośrednio na Kubę. I oczywiście – jak przystało na tak potężną zmianę w życiu – przenosinom na karaibską wyspę musiały towarzyszyć gwałtowne, niemal biblijne zjawiska atmosferyczne. Tak się bowiem złożyło, że gdy podchodziliśmy do lądowania, nad Hawaną rozszalał się cyklon. Wiało jak cholera, samolotem rzucało na wszystkie strony, silniki wyły, jakby zaraz miały sczeznąć, a wokół rozbrzmiewały modlitwy pasażerów. Być może powinnam się już przyzwyczaić, że moim podniebnym podróżom towarzyszy widmo katastrofy, ale wysiadłam z samolotu kompletnie zamroczona. Do tego stopnia, że gdy Tata – któremu dzięki legitymacji prasowej pozwolono wejść na płytę lotniska i odebrać nas bezpośrednio z samolotu – znosił mnie na rękach po stromych schodkach z samolotu, poprosiłam go, żeby... wyłączył suszarkę. Dopiero po chwili pojęłam, że loki targają mi raczej podmuchy wiatru, które dochodziły wtedy do stu kilometrów na godzinę.

I właśnie tak powitała mnie Hawana. Wśród wycia i szalonych porywów wiatru potężnymi szerokimi alejami, wzdłuż których rosły palmy, jakimś cudem dotarliśmy do celu. Nie mogłam uwierzyć własnym oczom, gdy po zatrzymaniu się przed okazałym wejściem Tata wręczył kluczyki eleganckiemu Murzynowi w białej liberii. Naszym „mieszkaniem" okazało się potężne gmaszysko z lobby wielkości dwóch kortów tenisowych – hotel Nacional. Już samo wejście do niego robiło niesamowite wrażenie. Na podłodze leżały ręcznie malowane jasnobrązowe hiszpańskie płytki ceramiczne. Kolumny arkad, które prowadziły do głównego holu, wyłożono od dołu biało-granatowymi cementowymi płytkami z motywami mauryjskimi i berberyjskimi, najbardziej chyba kojarzonymi z portugalską Lizboną. Do tego były zdobione kolorowymi motywami kwiatowymi przepiękne mahoniowe panele polakierowane na wysoki połysk, na których tle pyszniły się okazałe mosiężne żyrandole. Pierwszy raz w życiu miałam kontakt z bezgranicznym i wyrafinowanym estetycznie luksusem. Dość powiedzieć, że poza młodą Magdą Ikonowicz mieszkali tam między innymi Al Capone, Frank Sinatra, Marlena Dietrich czy Jean-Paul Sartre.

Hotel był jedynym w swoim rodzaju połączeniem stylu kolonialnego, mauretańskiego i art déco. Czterysta znakomitych pokoi znajdowało się na ośmiu kondygnacjach zbudowanego na planie dwóch krzyży budynku, wpisanego zresztą na listę światowego dziedzictwa UNESCO. Amerykańscy architekci, którzy zaprojektowali to arcydzieło, wykorzystali maksymalnie położenie działki na wzgórzu Taganana i dzięki oryginalnemu kształtowi zapewnili większości odwiedzających widok

Mama na rajskiej wyspie

na Morze Karaibskie. Wokół zaprojektowano cudowny, prawdziwie rajski ogród z dziesiątkami palm i drzew mango, którego najdumniejszymi gośćmi były pawie. Spacerowały sobie za dnia pomiędzy stolikami, nikomu nie wadząc. Zdarzało im się nawet podchodzić do wielkiego hotelowego basenu w kształcie nerki czy nieśmiało zaczepiać hotelowych gości delikatnym trąceniem dziobem. Bajkowy świat, w którym czas jakby się zatrzymał.

W wyniku rewolucji hotel został oczywiście znacjonalizowany i przeznaczony wyłącznie dla zagranicznych polityków i dyplomatów, co nie zmieniło się zresztą aż do upadku ZSRR na początku lat dziewięćdziesiątych. Nie chodziło tu oczywiście o jakąś nadzwyczajną gościnność kubańskich władz, lecz pewną bardzo użyteczną cechę tego obiektu – otóż dosłownie we wszystkich pomieszczeniach znajdował się podsłuch, dzięki czemu władze miały pełną kontrolę nad swymi zagranicznymi gośćmi, wiedziały, co ci piszą, mówią i planują. Dlatego nawet gdybyśmy chcieli zmienić miejsce zamieszkania, musielibyśmy zostać w tym królestwie luksusu, podobnie jak każdy inny dyplomata czy zagraniczny korespondent przybywający na Kubę.

Ponieważ Tata uprzedził gospodarzy, że docelowo zamieszka tam wraz z rodziną, przydzielono nam apartament – czteropokojowe mieszkanie wykończone w najlepszym amerykańskim stylu. Centralnym pomieszczeniem była jadalnia z ogromnym balkonem, z której pod arkadami wchodziło się szerokim przejściem do wielkiego salonu. Stamtąd zaś szło się do pokoi. Jeden należał do rodziców, a pozostałe dwa przeznaczono dla mnie i Piotra. W mojej sypialni też był duży balkon, a na środku stało olbrzymie łoże z baldachimem. Zresztą każde pomieszczenie, poza dwiema łazienkami, miało wyjście na balkon i cudny widok na morze. Kiedy tam stałam i patrzyłam w dół, miałam pod sobą przepiękną piaszczystą plażę.

Dzielnica Vedado, w której stał hotel Nacional, miała zupełnie inny charakter niż pozostałe części miasta. Wybudowano ją na wzór amerykańskiego Miami, dlatego tworzyły ją głównie szerokie aleje obstawione dziewiętnastowiecznymi posiadłościami, wśród których dominowały ekskluzywne sklepy, hotele, kluby nocne i taneczne. To było niezwykle żywo bijące serce Hawany, a my mieszkaliśmy w najznamienitszym punkcie tej dzielnicy.

Jako dziesięciolatka czułam się na Kubie tak, jakbym codziennie wchodziła do czarodziejskiego ogrodu, którego
tajemnice muszę poznać. Już pierwszego dnia rzuciła mi
się w oczy jedna bardzo wyraźna różnica między Polską a tą
egzotyczną karaibską wyspą – niewiarygodna wręcz paleta
kolorów, wszechobecne barwy, które niekiedy wręcz poraża-
ły żywością. Do tego ogromne kwiaty, każdy z nich większy
od mojej dłoni. Z jakiegoś tajemniczego powodu zaczynały
pachnieć dopiero po zachodzie słońca. To tam poznałam swój
ulubiony kwiat – gardenię, którą nosili eleganccy mężczyźni.
Do dzisiaj dzieci kojarzą mnie tylko z perfumami Annick
Goutal, o woni gardenii właśnie, a mój świat zamyka się
w tym zapachu.

Już samochód, którym Tata przyjechał po nas na lotnisko,
wydał mi się przerośniętym autem dla lalek, choć miał do
dyspozycji zaledwie sprowadzoną z Polski warszawę. Później
jednak przekonałam się, jaką fantazją potrafią wykazać się
Kubańczycy w kwestii kolorów pojazdów. Ulicami mknęły
różowe, fioletowe, seledynowe, turkusowe, żółte i zielone ame-
rykańskie fordy, pontiaki i chevrolety, zdecydowana większość
z pięknym otwieranym skórzanym dachem, zawsze wypole-
rowane i błyszczące. Nasza szara warszawa, ta wielka duma
Taty, byłaby na ulicach Hawany nie tylko autem najgorszym,
ale i najbrzydszym.

Poza szalonymi barwami Kuba różniła się zdecydowanie
od Polski także temperaturą. To był prawdziwy szok – żar lał
się codziennie z błękitnego nieba, a towarzysząca upałowi
bardzo duża wilgotność powietrza i brak klimatyzacji powo-
dowały, że czułam się jak powoli przysmażana skwarka na
wielkiej patelni. Kubańczycy ratowali się wiatrakami elek-
trycznymi, o ile akurat nie było przerwy w dostawie prądu,
co szczególnie w biedniejszych dzielnicach Hawany zdarzało
się nagminnie.

Wykończona klimatem przy jakiejś okazji zapytałam Tatę, czy niebo na Kubie jest kiedykolwiek zachmurzone. Nie do końca zrozumiałam, co miał na myśli, gdy odpowiedział, że lepiej, żeby nie było. Dopiero jesienią, kiedy Karaiby zwyczajowo nawiedzają huragany, przekonałam się, w czym rzecz: gdy kilkusetkilogramowe betonowe pokrywy studzienek zaczęły tańczyć w powietrzu jak pożółkłe liście brzozy w Komorowie, a wiatr wyrwał niczym rzodkiewkę mój ukochany kilkumetrowy migdałowiec, pojęłam, dlaczego mimo potwornego upału Kubańczycy uważają, że jednak lepiej, jak świeci słońce. Co jednak dziwne, na widok tego niszczycielskiego zjawiska nie czułam strachu, a raczej coś w rodzaju fascynacji. Po dwóch, trzech dniach wszystko zresztą mijało i pojawiał się znajomy żar oraz bezchmurne niebo. A po tygodniu czy dwóch bez prądu życie na wyspie wracało do normy. I tak do następnego huraganu. Na Kubie bowiem nie ma klasycznej wiosny, nie ma jesieni czy zimy – jest niekończące się gorące lato przerywane od czasu do czasu huraganem. I tak w kółko.

Ale jeszcze bardziej niż skwar przerażały mnie w Hawanie tamtejsze... zwierzęta. Na przykład okoliczne dzikie koty nie były zwykłymi dachowcami, jakich pełno w Polsce. Napasione niespotykanie wielkimi szczurami przypominały raczej rysie czy serwale – miały długą sierść, groźny wzrok, a do tego prawie metr i poruszały się stadami. Moja dziewczęca czułość do zwierząt i pragnienie, by pogłaskać te kotki, zniknęła na Kubie jak z bicza strzelił. A było to tak: pewnego popołudnia nasza gosposia Amada gotowała akurat rosół, i to na całym kurczaku, zdobytym w sklepie dla cudzoziemców, i nieostrożnie nie zamknęła okna w kuchni. Czterem dzikim kotom nie przeszkadzał wrzący rosół, palący się gaz czy towarzystwo moje i Amady. Wskoczyły jak oszalałe na blat, potem na kuchenkę i sprawnym ruchem wywaliły garnek z całą zawartością na podłogę. Obie wydarłyśmy się tak, jakby wrzątek wylądował właśnie na nas. Mimo to zupełnie niewzruszeni napastnicy wyturlali sprytnie kurczaka schodami na dół, a potem każdy członek kociego gangu złapał przynależny mu kawałek i uciekł w swoją stronę.

Muszę też ze wstydem wyznać, że nienawidziłam wychodzić wieczorem z rodzicami na wszelkie kolacje, koncerty i romantyczne zachody słońca. Nie dlatego, że nie lubiłam takich atrakcji, a z tego względu, że zawsze oznaczało to powrót do domu spacerem. Tyle tylko, że powoli, spokojnie i majestatycznie spacerowała rodzina Ikonowiczów poza mną, ja bowiem przez całą drogę uprawiałam specyficzne połączenie narciarskiego slalomu giganta z chodzeniem po rozżarzonych węglach. Za ten dziwaczny zwyczaj odpowiadały wszędobylskie karaluchy. Po Komorowie i Bułgarii byłam wprawdzie obeznana z różnego rodzaju muszkami, komarami i ważkami, ale siedmiocentymetrowe karaluchy pękające z trzaskiem pod moimi sandałkami to było trochę za wiele. A tak się składało, że rozpoczynały swój karnawał na chodnikach i ulicach wieczorami, tymczasem Hawana była ciemna jak cholera. Priorytetem władz było zapewnienie nieprzerwanych dostaw prądu szpitalom i komisariatom, a nie ulicznym latarniom, więc z każdym kolejnym krokiem modliłam się, żeby przy następnym nie usłyszeć charakterystycznego chrzęstu, który oznaczał, że właśnie rozgniotłam kolejnego wielkiego tłustego robala.

Gdy już docierałam do domu, wycieńczona tymi wygibasami i pełna obrzydzenia, wystarczyło jeszcze tylko wygonić z pokoju wielkie jak kartka papieru ćmy i można było się kłaść spać. Nigdy potem nie widziałam takich owadów – miały rozmiary gołębia, dziesięciocentymetrowe czułki i przerażające ubarwienie; były popielatobeżowe, z niewielkimi różowymi plamami na końcówkach skrzydeł. Oczywiście nie latały po mieście, bo uparły się, że wystarczy im te kilka lumenów światła z mojej lampki, więc żeby móc spokojnie usnąć, musiałam urządzać regularne polowania z użyciem tego samego sandałka, który wcześniej rozgniatał karaluchy.

Nieco później zaczęło rzucać mi się w oczy, że Hawana jest mocno zmilitaryzowanym miastem. Prawie połowę ludzi na ulicach stanowili żołnierze lub członkowie jakichś jednostek paramilitarnych czy milicji. Do tego dochodziła jeszcze Gwardia Cywilna, do której należeli mieszkańcy danej ulicy. Każda ulica – a pewnie i każdy dom – miała więc swoją wewnętrzną służbę, a zadaniem jej członków było pilnować porządku i donosić. Przekonałam się o tym, gdy po niecałym roku przenieśliśmy się z hotelu Nacional do domu jednorodzinnego.

W takich warunkach również we mnie zaczęła kiełkować jakaś świadomość polityczna. Tym bardziej że gośćmi w naszym domu bywali nie tylko lokalni dygnitarze, na czele ze wspomnianym na wstępie Castro, ale również znaczące postaci PRL. Kapuściński, Urban, ambasadorowie, tuzy światowego dziennikarstwa – wszyscy oni prowadzili w naszym salonie wielogodzinne dyskusje, których zarówno ja, jak i Piotr byliśmy aktywnymi uczestnikami. Ale choć mieszkaliśmy w kraju wręcz opętanym socjalizmem, zakochanym w Związku Radzieckim, Marksie i Leninie, akurat ta miłość jakoś mi się nie udzieliła.

Co więcej, sami Kubańczycy na każdym kroku dawali nam do zrozumienia, jaki mają stosunek do Rosjan i ich przyjaciół. Dosłownie wszystkie kolacje czy wyprawy z polskim ambasadorem jego dyplomatycznym samochodem kończyły się podobnie. Nie było bowiem wioski, miasta, a nawet parkingu, gdzie służbowa warszawa ze zdradzającymi właściciela flagami i napisami nie odczułaby oznak tej wielkiej przyjaźni. Urwane wycieraczki czy lusterko nikogo szczególnie

nie szokowały, ale gdy drugi raz w ciągu miesiąca jadący z pełną prędkością samochód wyprzedziło jego własne koło, wszyscy uznaliśmy, że wspólne przejażdżki powinny zaczekać. Tak to wyglądało za każdym razem, gdy wsiadaliśmy do auta z polską flagą na masce i napisem „Ambasada Polskiej Rzeczpospolitej Ludowej", oczywiście w dwóch językach, po polsku i hiszpańsku.

Tak czy siak, pobyt na Kubie to był dla mnie okres wielkich odkryć – poznawałam jednak nie tylko nowe barwy, smaki i robaki, ale też cuda techniki, o których nigdy wcześniej nie słyszałam. Przy pewnej okazji zapoznałam się na przykład z działaniem... bidetu. Choć nie wszystko poszło przy tym chyba tak, jak to sobie wyobrażali twórcy tego urządzenia. Zacznijmy jednak od początku...

Biuro PAP, w którym urzędował Tata, mieściło się trzysta metrów od hotelu Nacional, również w hotelu. Kubańczycy woleli trzymać wszystkich przybyszy z zagranicy w tego typu enklawach, dzięki czemu mogli patrzeć im na ręce, a ponadto komunistycznemu kubańskiemu społeczeństwu nie były przecież potrzebne tego typu luksusowe przybytki. Oczywiście trochę żal byłoby je zburzyć, więc aby Kubańczykom żyło się lepiej, wszystko, co najlepsze, oddawano obcokrajowcom. Jako się zatem rzekło, biura zagranicznych agencji prasowych znajdowały się w najnowocześniejszym hotelu w Hawanie – Capri. Bardzo futurystyczna na tamten czas bryła i fasada z czarnego szkła wyróżniały go na tle dominującej w całej okolicy kolonialnej zabudowy. Agencji prasowej z zaprzyjaźnionego socjalistycznego kraju przydzielono jedno z lepszych biur, dzięki czemu Tata, wychodząc z luksusowego apartamentu w Nacionalu, po zaledwie kilku minutach spaceru pośród palm lądował w Capri i pławił się w jeszcze większym luksusie. Mimo że był sam, przydzielono mu dwupiętrowe biuro typu

Mój brat Piotr i nasza słynna warszawa

dupleks – na dole miał salon ze stołem konferencyjnym, dużą łazienkę, kuchnię i bar wypełniony wszystkimi możliwymi alkoholami. Na górze była natomiast sypialnia i kolejna, dużo mniejsza łazienka. Tak więc ja zamieniłam leje po bombach na ogromny błękitny hotelowy basen, a Tata biurko w ciasnym i śmierdzącym papierosami pokoju w warszawskim biurze na dwupiętrowe biuro na wyłączność w słonecznej Hawanie. Z perspektywy korespondenta – żyć nie umierać!

Tak się złożyło, że właśnie w owym hotelu poznałam zasadę działania bidetu, obsługa tego przybytku natomiast miała okazję dowiedzieć się, kim jest ta mała blondynka z głową pełną loków, która wbiega czasami sama do windy i pędzi na czternaste piętro do swojego *Padre*. Mojego wielkiego odkrycia łazienkowego dokonałam przypadkiem w biurze Taty, w małej łazience na górze. Stał tam jakiś niewydarzony ni to sedes, ni to zlew, co mocno mnie zaintrygowało. Tym bardziej że woda z kraniku zamiast po ludzku lecieć w dół w stronę odpływu, wystrzeliwała do góry niczym z fontanny – zresztą ku mojemu nieukrywanemu zachwytowi. Wykoncypowałam w końcu, że musi być to amerykański wynalazek do mycia nóg. Pewnie trwałabym w tym przekonaniu jeszcze jakiś czas, ale samo życie udowodniło mi, że się mylę. Wystarczyło tylko potraktować kranik jak spłuczkę w toalecie i ślepo wierzyć, że zaraz samo przestanie lecieć. Tak się pechowo złożyło, że eksperymentu dokonałam w godzinach popołudniowych, przed samym naszym wyjściem z Tatą z Capri, wskutek czego przez kilkanaście godzin nikt nie zajrzał do łazienki, a wszystko, co najgorsze, wydarzyło się w nocy, kiedy woda zaczęła przelewać się na dół. Nie umiem sobie dzisiaj przypomnieć, czy Tata poniósł jakieś koszty suszenia kilku zalanych pięter, doskonale za to pamiętam, że właśnie wtedy Mama bardzo precyzyjnie objaśniła mi, jak działa to ustrojstwo.

W Hawanie miałam też okazję bardzo wcześnie zapoznać się z różnicami kulturowymi między Polską a Kubą – o ile oczywiście można tak określić wydarzenie, po którym... wyleciałam ze szkoły. Szkoły kubańskiej, rzecz jasna. Jako jedyne dziecko obcokrajowców w klasie mocno wyróżniałam się wśród kruczoczarnych uczniów blond lokami i bardzo jasną karnacją. Co gorsza, wychowywane w zupełnie innej kulturze chłopaki nie miały żadnego problemu i żadnych zahamowań przed łapaniem mnie za tyłek, klepaniem czy szczypaniem. Szkolni koledzy potrafili podejść do mnie jak gdyby nigdy nic i zacząć bawić się moimi włosami. Nie wiem, czy miały być to zaloty, czy powodowała nimi ciekawość, ale wiem, że zupełnie mi się to nie podobało. Po kilku spacerach do tablicy, okraszonych soczystymi klapsami z każdej z mijanych przez mnie ławek, zaczęłam wstawać z ławki zawsze z linijką, niezależnie od tego, czy chodziło o zadanie z matematyki, czy nie. Na początku okładałam tylko tych, którzy wyciągali łapy, potem już lałam prewencyjnie wszystkich mijanych. Wszystkich, także dziewczyny, bo co ciekawe, wcale nie były bardziej powściągliwe od chłopaków. Nauczyciele i rodzice starali się mi tłumaczyć to zachowanie dziecięcą ciekawością, ale ile razy można łapać za ten sam biały tyłek czy ciągnąć te same blond włosy, żeby ją zaspokoić?

Przez trzy miesiące toczyłam zażarte boje, żeby mali Kubańczycy trzymali ręce przy sobie. Na szczęście nie musiałam znosić tego dłużej, bo moja edukacja w miejscowej szkole zakończyła się z hukiem. Kiedy kolejny raz dostałam przy całej klasie soczystego klapsa, odwróciłam się i wymierzyłam rechoczącemu oprawcy taki sam strzał, tyle że pięścią. W ten sposób zakończyłam te zabawy, choć efektem ubocznym takiego rozwiązania była wizyta w gabinecie dyrektora. Za słabo znałam wtedy hiszpański, żeby rozumieć, o czym rozmawiał z Tatą, który przyszedł mnie odebrać, ale tak zakończyła się moja przygoda z tą szkołą.

Rodzice nie mieli do mnie żadnych pretensji, wręcz przeciwnie – Mama pochwaliła mnie za dobre maniery, choć nie zaliczała do nich akurat bicia, a Tata był pod wrażeniem moich dokonań pięściarskich. Pojawił się jednak spory problem – miałam dziesięć lat, byłam zatem za mała, żeby zostawać sama w domu, i za duża, żeby zatrudniać do mnie nianię, a na dodatek w mojej kartotece widniał zakaz wstępu do kubańskiej szkoły. Tata całymi dniami pracował, Mama zresztą również, bo szybko podłapała kontakty w kubańskim radiu i telewizji i wykorzystując wiedzę oraz doświadczenie ze stanowiska dźwiękowca w polskim radiu, też znalazła sobie zajęcie. A coś trzeba było przecież ze mną począć. Wydawało się, że istnieje tylko jedno możliwe rozwiązanie, i tak zapadła decyzja, że wracam do Polski.

Ta perspektywa mnie nie przerażała, tym bardziej że miałam zamieszkać w Warszawie z ukochaną Babcią. Pot oblewał mnie jednak, kiedy wyobraziłam sobie, że znowu będę musiała wsiąść na pokład samolotu, bo trauma z poprzednich podróży siedziała we mnie mocno. Nie było takiego argumentu, który mógłby przekonać mnie, że kolejna podniebna podróż to dobry pomysł. Na całe szczęście okazało się, że rodziców najzwyczajniej w świecie nie stać na dwa bilety lotnicze (w podróży miała towarzyszyć mi Mama) i jedyną drogą ewakuacji jest ocean. Ostatecznie więc opuściłyśmy Kubę na pokładzie polskiego statku handlowego „Piast".

Muszę przyznać, że początki na otwartym morzu miałam trudne. Do tego stopnia, że po dwóch dniach w kajucie, podczas których ani razu nie zatrzymała się karuzela w mojej głowie, zaczęłam się zastanawiać, czy jednak nie lepiej byłoby wracać do ojczyzny samolotem, nawet z międzylądowaniami. Jeśli już wychodziłam na pokład, to byłam w stanie jedynie leżeć plackiem, modląc się w duchu, by mdłości minęły. Na szczęście błędnik dość szybko skalibrował mi się ze wzrokiem, choroba morska odpuściła i mogłam ruszyć na podbój statku. Była to jednostka handlowa, która do Hawany płynęła z polskim węglem, a do Gdyni wiozła kubański cukier, który śmierdział niemiłosiernie. Na statku znajdowało się kilkanaście kajut pasażerskich, bo polskie władze uznały, że dorobią sobie trochę, przewożąc przy okazji wymiany handlowej małą grupę dewizowych pasażerów.

Najpierw trochę się nudziłam, szybko jednak zaprzyjaźniłam się z moją rówieśnicą, córką kapitana. Od tego czasu statek był nasz. Znikałyśmy na całe godziny w morzu schodków, pomostów i drabinek. Mogłyśmy chodzić, dokąd tylko chciałyśmy, dotykać, czego chciałyśmy, a dodatkowo załoga traktowała nas jak maskotki i prześcigała się w wymyślaniu różnych atrakcji dla nas: huśtawek, hamaków, przeszkód i zadań. Marynarze dbali o nas do tego stopnia, że informowali nas przez okrętowy megafon, w którą stronę spojrzeć, żeby zobaczyć wieloryby, delfiny czy latające ryby. A jako że Mama była prawdziwą królową statku, więc posiłki podawano nam w kapitańskiej mesie. Na porcelanowej zastawie w towarzystwie srebrnych sztućców serwowano wyśmienite owoce morza, łowione chyba tego samego dnia. Przez dwa tygodnie takich luksusów czułam się jak ktoś naprawdę specjalny.

Przeżyłam dwa tygodnie totalnego szczęścia, a ich ukoronowaniem był widok Babci w gdyńskim porcie. Tęskniłam za nią tak strasznie, że nie przejęłam się jakoś szczególnie tym, że Mama już po tygodniu wróciła samolotem do Hawany.

Ten rok spędzony z Babcią na Muranowie był jednak zupełnie inny niż rajskie czasy wczesnego dzieciństwa w Komorowie. Przede wszystkim nie było już z nami Dziadka, a sama Warszawa w porównaniu z barwną, zalaną słońcem Hawaną sprawiała wrażenie potwornie szaroburej i smutnej. Niezbyt dobrze wyglądał też mój powrót do dawnej klasy w szkole przy ulicy Niskiej 5. Moje polskie koleżanki znienawidziły mnie od pierwszego dnia nauki, zarówno za to, jak wyglądałam, jak i z powodu tego, co opowiadałam. Mama zawsze miała swój styl, bardzo też dbała o mnie, a im byłam starsza, tym częściej szyła stroje od razu dla nas obu. Nic więc dziwnego, że ubrana w barwne, modne sukienki i opalona jak mulatka wyglądałam na tym szarym, smutnym Muranowie jak przybysz z innej planety. Miałam jednak w nosie zazdrość koleżanek, podobnie jak to, że uznano mnie za fantastkę, bo nie wszyscy potrafili uwierzyć w historie o rybach, gigantycznych ćmach i delfinach, które widziałam, których dotykałam, a nawet próbowałam. Męczyliśmy się w tej nudnej szkole przez rok – nauczyciele i uczniowie ze mną, a ja z nimi i matematyką. Wystarczył mi rok, żeby rozpaczliwie zatęsknić za rodzicami, Piotrem, kolorami, a nawet tym nieszczęsnym kubańskim upałem.

Tęskniłam tak bardzo, że gdy nadarzyła się okazja, to bez żadnych oporów – choć z duszą na ramieniu – wróciłam na Kubę samolotem. Najważniejsze, że dopięłam swego – w końcu zawsze umiałam znaleźć pretekst, żeby być w innym miejscu niż wszyscy i kierować swoim życiem jak najbardziej samodzielnie.

W przeciwieństwie do mnie Piotr i rodzice niemal natychmiast odnaleźli się w karaibskiej rzeczywistości i szybko wsiąkli w lokalne życie i zwyczaje. Gdy wróciłam po roku na Kubę, miałam momentami wrażenie, że moi bliscy zmienili się w stuprocentowych Kubańczyków. Wyglądali wtedy chyba najlepiej w życiu. Przede wszystkim oliwkową opaleniznę. Mama zawsze była elegancka i pachnąca, a z upiętymi do góry blond włosami i dopasowanej co do milimetra krótkiej kolorowej sukience wyglądała jak milion dolarów i robiła ogromne wrażenie, przyciągając tęskne spojrzenia. Tata natomiast zapuścił długie włosy, a kruczoczarne loki zaczesywał do tyłu jak typowy Latynos. Efektu dopełniały koszule z dużym, obowiązkowo rozpiętym kołnierzem.

Kiedy pojawiłam się ponownie na Kubie, Piotr wciąż chodził do kubańskiej szkoły i choć za żadne skarby nie mogłam pojąć, jak to możliwe, okazało się, że bardzo mu się tam podoba i czuje się wśród młodych Kubańczyków wyśmienicie. Być może miało to coś wspólnego z faktem, że żył tam sobie jak król, bo stał się obiektem uwielbienia płci przeciwnej. Czekoladowe rówieśnice z klasy na okrągło się do niego mizdrzyły, przytulały go i całowały – i trzeba powiedzieć, że ani trochę mu to nie przeszkadzało. Na pewno w integracji pomogło mu też to, że zasuwał już po hiszpańsku, jakby urodził się w Hawanie. Mimo to wciąż bardzo mnie dziwiło, że lubi kubańską szkołę i idzie tam zawsze z wielką radością.

Mnie na szczęście tej przyjemności już oszczędzono, najwidoczniej uznając, że skoro ten pomysł nie sprawdził się za pierwszym razem, to będzie tak i przy kolejnej próbie. Posłano mnie więc do szkoły polskiej i naprawdę nic lepszego nie mogło mnie po prostu spotkać. Przynajmniej jeśli idzie o godziny nauki. O ile Piotr zaczynał zajęcia o ósmej i o dwunastej miał przerwę na obiad, a potem znowu szedł na lekcje od czternastej do szesnastej, o tyle ja uczyłam się tylko od siedemnastej do dziewiętnastej. Muszę dodać, że Piotr po lekcjach z Kubańczykami zasuwał do polskiej szkoły i był z tego powodu bardzo szczęśliwy. Jednym słowem – wariat. W moim przypadku rodzice najwyraźniej uznali, że nadmiar wiedzy w tym wieku może mi zaszkodzić. Choć oczywiście nie odpuścili mi tak łatwo – mogłam chodzić do szkoły polskiej tylko pod warunkiem dostawania samych piątek. I choć uczyli nas pracownicy naukowi i nauczyciele akademiccy, którzy w ramach wymiany kadr naukowych mieli szczęście odbywać staże czy pisać doktoraty na Kubie, spełniłam ten wymóg.

Oczywiście podczas mojego drugiego pobytu na Kubie to nie szkoła była dla mnie najważniejsza. Korzystne godziny nauki sprawiały, że miałam codziennie kilka dobrych godzin na zwiedzanie miasta. Rzecz jasna nie uprawiałam klasycznej turystyki, lecz poznawałam stolicę na swoich warunkach i najczęściej w pojedynkę. Kolejny raz, tak jak to było w Komorowie i Sofii, na własną rękę uczyłam się miasta, jego mieszkańców i najciekawszych zakamarków. A tych w ówczesnej Hawanie, wymiecionej z dawnych mieszkańców po zwycięstwie rewolucji, nie brakowało. Podobnie jak jeszcze niedawno tętniących życiem, a teraz opuszczonych wielkich domostw.

Czasami się do nich zakradałam i chłonęłam ich tajemniczą atmosferę. Stały puste, jakby ktoś czarodziejską sztuczką sprawił, że będący w trakcie codziennej krzątaniny domownicy w jednej chwili zniknęli. W łazienkach widziałam szczoteczki do zębów z wyciśniętą na nie pastą, a obok zmurszały już pędzel do golenia i nieco zardzewiałą brzytwę. Na półce na swoją kolej czekały puder, który kubańska wilgotność powietrza zdążyła zamienić w kamienną bryłę, pomadki w różnych odcieniach czerwieni i otwarta paleta cieni do powiek we wszystkich kolorach tęczy. Były to całkowicie wyposażone domostwa z pięknie umeblowanymi pokojami, pełnymi szafami i szufladami, z żelazkami, naczyniami, ubraniami i kolekcjami płyt gramofonowych. Brakowało tam tylko życia.

Największe wrażenie robiły jednak na mnie uchylone drzwi do dziecięcych pokoi, pełnych porozrzucanych zabawek leżących jak niemi świadkowie tragedii, która spotkała małych i dużych gospodarzy. Wyobrażałam sobie, jak rodzice nerwowo wołają znajdujące się w ferworze zabawy dzieci, które pędzą do nich w przekonaniu, że za chwilę wrócą do pięknych lalek, klocków i pociągów, nie mając pojęcia, że zbiegają z tych schodów po raz ostatni.

Gwałtowność ucieczki i rozmiary zaskoczenia mieszkańców najdobitniej widać było jednak w kuchniach. W prawie każdym odwiedzanym przeze mnie domu na w pełni zastawionym stole stały resztki posiłku, a z liczby krzeseł, zastawy i naczyń można było domyślać się wielkości rodziny, która wyniosła się stamtąd w takim pośpiechu.

Każda mała dziewczynka marzy o domku dla lalek, a ja miałam takich domków kilkadziesiąt, tyle że moje były pełnowymiarowe, a jedyną lalką w tych królestwach byłam ja. Starałam się bawić codziennie w innym miejscu i cały czas coś odkrywać – lubiłam poznawać nowe zakamarki i być zaskakiwana. Ale po początkowym entuzjazmie wnętrza tych pustych domów zaczęły robić na mnie apokaliptyczne i przygnębiające wrażenie, jakbym poruszała się po jakimś wymarłym królestwie pełnym duchów definitywnie minionej epoki.

Chyba dlatego po pewnym czasie znacznie bardziej zaczęły interesować mnie przydomowe ogrody i ich przyroda. One nie zwracały uwagi na politykę, kapitalizm, socjalizm, nie interesowały się tym, kto jest ich właścicielem. A nawet lepiej było im bez właścicieli. Od dawna przecież nikt niczego tam nie podcinał, nie pielił i nie rozsadzał. Dlatego w przeciwieństwie do zatrzymanych w miejscu i czasie domów ogrody i przyroda wprost szalały. Tak jak i ja. W końcu od maleńkości kochałam naturę, szczególnie tę dziką, nietkniętą przez człowieka. Mając do wyboru lalkę bądź bukiet kwiatów, zawsze wybierałam to drugie. I to się nie zmieniło – dużo większą radość daje mi bowiem wiązanka pięknych kwiatów niż biżuteria czy butelka perfum. Chyba że w grę wchodzą perfumy o zapachu gardenii...

Zakochałam się w niej właśnie podczas moich wypraw po kubańskich zgliszczach amerykańskiego kapitału. Te cudne kwiaty rosły w porzuconych ogrodach Hawany gęsto niczym mlecze na niekoszonym trawniku w Polsce. Nauczona w Bułgarii przez Olgę Aleksandrowną, jaka moc drzemie w płatkach róż, zbierałam całe worki śnieżnobiałych kwiatów. Z czasem zaczęłam nawet robić perfumy – proste, bo będące przecedzoną przez gazę mieszanką zgniecionych w moździerzu śnieżnobiałych płatków i spirytusu, ale własne.

To był mój raj. Z pasją wdzierałam się do tych ogrodów, poznawałam je bez pośpiechu, szukając najbujniejszych gęstwin, najintensywniejszych zapachów i najsoczystszych kolorów. Największa magia towarzyszyła odkrywaniu drzew tamaryszku, mango czy mamei. Zwłaszcza to ostatnie uważałam za fenomen – z zewnątrz pęd wyglądał jak brązowe, szorstkie drewno, a w środku miał miąższ pomarańczowy jak marchewka i dużą błyszczącą ciemnobrązową pestkę.

Czułam się jak botanik, który w zupełnie dziewiczym lesie odkrywa nieznane dotąd gatunki. Każdy nowy owoc był dla mnie niespodzianką, miał niespotykany kształt, kolor i zapach. Niektóre były chropowate jak sosnowa kora i dopiero po rozłupaniu prezentowały aromatyczne i słodkie wnętrze, inne zaś, na pozór piękne i apetyczne, po spróbowaniu okazywały się cierpkie lub cholernie słone. Interesowało mnie w nich wszystko: kolor miąższu, grubość skórki, liczba i kształt pestek. Ale że miałam za sobą bułgarską szkołę smaku pod przewodnictwem Olgi i wielogodzinne degustacje na sofijskim bazarze, drugim etapem zawsze było oczywiście zaspokojenie ciekawości kulinarnej. Na koniec wyprawy zbierałam zaś wszystkie te owoce i piękne kwiaty i zanosiłam je do domu.

Uzyskana przeze mnie w ten sposób znajomość lokalnych drzew, szczególnie owocowych, okazała się również bardzo pomocna i dość praktyczna, bo często wyruszaliśmy poza miasto w poszukiwaniu jedzenia. Mimo bowiem hucznych zapowiedzi ze strony Moskwy wsparcie reżimu Castro przez ZSRR polegało głównie na drenowaniu Kuby z tego, co wyspa posiadała najlepszego. Na szczęście mieliśmy własny samochód i przepustkę dziennikarską uprawniającą do wyjeżdżania z miasta, więc korzystając ze swoich kontaktów, Tata dowiadywał się, gdzie rosną konkretne owoce, i całą rodziną wyruszaliśmy na łowy do opuszczonych farm owocowo-warzywnych. Wielokrotnie wracaliśmy z Piotrem na leżąco, bo cały bagażnik i tył samochodu wypełniały mandarynki, pomarańcze czy ananasy. Nie kradliśmy – te owoce najzwyczajniej w świecie zostałyby na krzakach czy ziemi i zgniły.

Podróżowaliśmy również dużo turystycznie, szczególnie gdy upał w Hawanie robił się nie do zniesienia. Naszym ukochanym miejscem była Soroa, przepiękna górska osada leżąca w odległości niecałych stu kilometrów na zachód od Hawany. Mieścił się tam tylko jeden ośrodek wypoczynkowy, który składał się z pojedynczych domków w stylu afrykańsko-karaibskim, usadowionych w samym środku pięknego gęstego lasu. Pełno tam było kolibrów, papug, a także nietoperzy wampirów. Któregoś wieczora miałam też okazję zapoznać się z lokalnymi płazami – obrzydliwa zielona i co najmniej czterdziestocentymetrowa ropucha wybrała sobie nasz basen na miejsce wieczornej kąpieli, więc uciekałam jak poparzona, ścigana przez donośny śmiech mojego rozkosznego braciszka i mamy.

Do Soroi jeździliśmy nie tylko prywatnie, bo zdarzyło nam się mieszkać tam ponad miesiąc z powodu zobowiązań zawodowych Mamy. Na Kubę zawitała bowiem polska ekipa filmowa, która kręciła film *Zejście do piekła*, a Mama została tłumaczką oraz wsparciem dla dźwiękowców. W Soroi pojawili się między innymi Witold Pyrkosz czy Leon Niemczyk, ale moim kumplem został wtedy Marek Perepeczko. Miał nieco ponad dwadzieścia lat i wolał całymi godzinami bujać się ze mną na drzewach i się wygłupiać niż spędzać wieczory ze starszą gwardią w oparach cygar i rumu.

Z rodzicami zjeździliśmy Kubę wzdłuż i wszerz – odwiedzaliśmy farmy krokodyli, plantacje orchidei, wspinaliśmy się do wodospadów, godzinami wylegiwaliśmy się na przepięknych piaszczystych pustych plażach. Na niemal zamkniętej dla ruchu rajskiej wyspie mieliśmy własny samochód i przepustkę, która pozwalała nam poruszać się w zasadzie bez przeszkód. A tamtejsza przyroda przez swój nadmiar i żywotność wyglądała niczym obraz Hieronima Boscha. Ogromne wrażenie robiło zwykłe spojrzenie na morze: w jednym miejscu kłębiły się delfiny, obok ławica marlinów, poniżej kilka barakud, a do tego całe mnóstwo kolorowych rybek, które Tata łowił i od razu na plaży przygotowywał nam z nich wspaniały posiłek.

Przyroda na całej wyspie była niezwykła, ale momentami też przerażająca i niebezpieczna. Kilka razy otarłam się wręcz

z jej powodu o śmierć, lecz szczęśliwie zawsze był obok mnie
jakiś człowiek, który wiedział, jak mnie uratować. Tak było
między innymi wtedy, gdy spacerowałam po plaży na jednej
z malutkich okolicznych wysp, na którą popłynęliśmy odpocząć całą rodziną. Gdyby nie lokalny przewodnik, który podjął
się oprowadzenia mnie wokół wyspy, i jego refleks, mój żywot
dobiegłby końca w pięknej lazurowej wodzie sięgającej mi do
kostek. Nagle bowiem ni stąd, ni zowąd znalazłam się za jego
sprawą w powietrzu, wykonałam w locie półtorej gwiazdy i po
ułamku sekundy wylądowałam chudym tyłkiem na miękkim
i suchym piasku. Gdy już jako tako doszłam do siebie, dokładnie w miejscu, gdzie zamierzałam postawić kolejny krok,
zobaczyłam obracającą się w stronę morza ogromną płaszczkę,
która zrezygnowana nieudanym połowem postanowiła odpły-
nąć w stronę głębin. Nie ma co ukrywać, że po tej przygodzie
byłam już dużo ostrożniejsza przy wchodzeniu do morza.
Nie trwało to oczywiście zbyt długo i po kilku miesiącach
wróciłam do pływania z Piotrem, który nic sobie nie robił
z rekinów, barakud czy płaszczek. Co więcej, towarzyszyła
nam często Mama, co doprowadzało czekającego na brzegu
Tatę do szału. Jego rozsądek i analityczny umysł kazały mu
nas hamować, ale co mógł zrobić, skoro nasza trójka potrafiła
wyskoczyć do morza nawet z prującej po wodzie łódki. Nie
było to może najrozsądniejsze, ale wszystkim nam dawało
poczucie niesamowitej wolności.

Życie na Kubie było też dla mnie wielką lekcją smaków. Nie
tylko jeśli chodzi o owoce, które poznawałam na własną
rękę, buszując w zapuszczonych półdzikich ogrodach. Moim
przewodnikiem po tym zadziwiającym świecie aromatów
Kuby została nasza gosposia, Amada. Jej królestwem była
kuchnia, a ja z racji popołudniowej nauki bardzo często
dotrzymywałam jej towarzystwa, bacznie obserwując jej

poczynania. To dzięki niej pierwszy raz widziałam z bliska, jak przyrządza się chyba wszystkie możliwe owoce morza, jak sprawdza się ich świeżość albo czym się je doprawia. Wprowadziła mnie w królestwo nowych smaków, a co chyba jeszcze ważniejsze, zapoznała mnie z zupełnie nowymi ich połączeniami: mieszała ryby z owocami, ostre ze słodkim, a krewetki z wiórkami kokosowymi. Amada nie okazała się jednak szalonym eksperymentatorem, lecz podążała za najlepszymi wzorami tradycyjnej kubańskiej kuchni. To dzięki gosposi na naszym stole zaczęły często gościć czarna fasola, smażone banany czy ryż. Podstawą sosów i marynat, nie tylko do ryb, był sok z kwaśnych pomarańczy lub cytryn. Problemu nie stanowiła dla niej nawet bardzo uboga liczba przypraw, bo na wyspie dostępne były tylko kmin, oregano i kolendra. Amada potrafiła wyczarować prawdziwe cuda i dopiero po latach zdałam sobie sprawę, że jej wyśmienite gotowanie było dość proste – często jej głównym zadaniem było poradzenie sobie z bardzo ograniczonymi zasobami i kombinowanie, jak zastąpić jeden produkt innym, by potrawa nadawała się do jedzenia.

Miałam okazję przekonać się o tym osobiście, ponieważ Mama okazała się w kuchni wcale nie mniej aktywna niż Amada, tyle że w czasie jej kulinarnych popisów nie pełniłam funkcji dobrowolnego wolontariusza i obserwatora, lecz pomocy kuchennej na pełen etat. Zdarzało się to wcale nie tak rzadko, gdyż rodzice często wyprawiali przyjęcia, a przy takich okazjach Mama uznawała przygotowanie jedzenia za punkt honoru. Tym bardziej że serwowane dziennikarzom, politykom i innym ważnym osobistościom dania kuchni polskiej jej autorstwa były słynne na całą Hawanę, a gorące kołduny zapijane lodowatą polską wódką bardzo często rozwiązywały gościom języki, z wielką korzyścią dla Taty i jego pracy oczywiście.

Na jedno z takich przyjęć, już jako pełnoprawna i wykwalifikowana pomoc kuchenna, dostałam zadanie zrobienia dwóch rzeczy – kremu do tortu i różowego sosu do krewetek. Ten drugi to nie był żaden cymes: majonez, keczup, rum, sok pomarańczowy, trochę tabasco i czosnku do smaku, wszystko wymieszać, wstawić do lodówki i gotowe. Znacznie gorzej przedstawiała się sprawa z kremem, ponieważ zabrakło jego składnika, czyli masła. W sklepie dla cudzoziemców było go wprawdzie pod dostatkiem, ale tylko słonego, a więc nijak nie nadawało się na słodki krem do tortu. Cóż było robić – spędziłam długie godziny nad garnkiem z wrzącą wodą, żeby odpowiednio podgrzewając masło, a następnie je studząc, krok po kroku wytrącać z niego sól. Przy tej przenudnej i powolnej czynności późniejsze ukręcenie kremu było już pestką. Do przestudzonego i pozbawionego soli masła dorzuciłam kilka jajek, pół szklanki cukru, nieco wanilii, dwie szklanki miąższu z limonek i angielski krem waniliowy. Ostatecznie odniosłam sukces, i to nie tylko kulinarny, ponieważ na przyjęciu zameldował się pewien bardzo ważny gość, który wyjątkowo, wręcz po bułgarsku zachwycał się nie tylko kołdunami i tortem, ale przede wszystkim moją urodą, wygadaniem i rezolutnością. Tym człowiekiem był... Fidel Castro, o spotkaniu z którym już wspominałam.

W tym czasie pewna bardzo chwalona kubańska używka o mały włos nie zabiła Taty. W rolę jego morderczyni niemal wcieliła się... Amada, a to za sprawą kolejnej lokalnej specjalności. Będąc w sercu zimnej wojny, w tak gorącym czasie, Tata pracował praktycznie na okrągło, a swoje rzetelne i bardzo ambitne podejście do obowiązków przypłacił niemal życiem. I to wcale nie z powodu ataku partyzantów, wybuchu miny czy amerykańskich rakiet, lecz... kawy. Wypijał kilkanaście filiżanek dziennie, emanował energią, ale czasami brakowało mu czarnego naparu. Jeden z jego nocnych powrotów do Hawany zakończył się zderzeniem z marmurową ławką, bo Tata po prostu ze zmęczenia zdrzemnął się za kierownicą; mówił mi potem, że podczas wypadku wydawało mu się, że siedzi na karuzeli, a nie prowadzi auto. Na skutek tego wydarzenia Amada wkroczyła do akcji i zaoferowała się, że będzie robiła mu klasyczną kubańską kawę, jaką pijali tamtejsi partyzanci, żeby się pokrzepić, dodać sobie animuszu i przegonić zmęczenie. Przy czym nie chodziło bynajmniej o rodzaj kawy, ale o sposób jej parzenia – trzy czubate łyżki świeżo zmielonych ziaren zalewano bowiem... wrzącą kawą. To było coś w rodzaju podwójnego parzenia, bo zaparzoną kawę zaparzano kawą jeszcze niezaparzoną. I właśnie ten napar omal nie wyprawił mojego Taty na tamten świat. Pewnego razu po wypiciu tej mikstury w mgnieniu oka spuchły mu ręce, a na przedramionach i klatce piersiowej pojawiły się swędzące zaczerwienienia. Nie przejął się tym zanadto i przez kilka kolejnych dni raczył się diabelskim napojem, ale kiedy zaczerwienienia przeszły w pęcherze i pojawiły się na całym ciele, postanowił pójść do lekarza. Przez kilka tygodni przyjmował dziesiątki tabletek, a na koniec nawet sterydy. W efekcie z atletycznie zbudowanego faceta zmienił się w prawie studwudziestokilowego siłacza z obandażowanymi rękoma. Dopiero po mniej więcej dwóch miesiącach lekarzom udało się ustalić, że tak bardzo uczula go... kawa. A stało się tak, ponieważ na Kubie zaczęło jej brakować, większość produkcji szła bowiem na eksport.

Na Kubę przybywałam jako dziewczynka, wyjeżdżałam stamtąd jednak jako młoda kobieta. A doprawdy trudno o lepsze nauczycielki kobiecości niż mieszkanki tej przepięknej wyspy. Mogłam je obserwować do woli od samego początku tej przygody, ponieważ w hotelu Nacional niemal naprzeciw naszego mieszkania mieścił się salon ślubny. Nie był to jednak zwyczajny sklep z sukniami, welonami i girlandami kwiatów, lecz miejsce, w którym planowano i organizowano przyjęcia weselne. Zbierały się tam matki, ciotki, siostry, a nawet babki z rodzin przyszłych państwa młodych i w trakcie wielogodzinnych narad omawiały najdrobniejsze szczegóły nadchodzącej imprezy. Było to prawdziwe królestwo kobiet, nigdy nie widziałam tam żadnego mężczyzny. No może poza moim kolegą z piętra, Wojtkiem, z którym z lubością wślizgiwaliśmy się do salonu przed zebraniami, by schowani pod wielkim stołem podsłuchiwać pasjonujących obrad i dyskusji.

Organizacja wesela była zazwyczaj najkrócej omawianą kwestią, najpierw bowiem Kubanki musiały ze szczegółami przegadać wszystkie swoje – i cudze – afery miłosne, problemy rodzinne i inne sprawy. Po pewnym czasie panie przechodziły do tematów łóżkowych i pikantnych szczegółów własnej alkowy. Byłam wtedy jeszcze za mała i nie wszystko oczywiście rozumiałam, uwielbiałam za to patrzeć na te niezwykłe kobiety. Z racji charakteru tych spotkań uczestniczki traktowały je jak swoistą rewię mody. Nieważny był wiek, majętność czy pochodzenie. Każda z nich przychodziła tam niezwykle zadbana, dopieszczona w najmniejszym szczególe, a przy okazji pewna swej kobiecości i atutów. Był to czas sukienek w stylu Marilyn Monroe, więc Kubanki wbijały się w krótkie i obcisłe kiecki, które prawie pękały na dużych latynoskich tyłkach. Wszystkie one pachniały oczywiście z daleka perfumami, miały wydepilowane brwi i pachy (tradycyjnie wtedy posypane talkiem) oraz bardzo mocny makijaż. Innymi słowy sto procent kobiety w kobiecie.

Nie przypadkiem o Kubie mówi się jako o wyspie miłości. Dzięki zamieszkiwaniu w hotelu Nacional mogłam się o tym przekonać na własne oczy. Leżał on bowiem kilka kroków od nadmorskiej promenady, na której ruch był duży niezależnie od pory dnia, ale wyraźnie zagęszczał się w godzinach popołudniowych, a przede wszystkim wieczornych. Gdy słońce chyliło się za horyzont, dosłownie roiło się na niej od par. Początkowo bardzo mnie to dziwiło, ponieważ Kubańczycy mieli zupełnie inne zwyczaje niż Bułgarzy. Nad Morzem Czarnym najwięcej ludzi kotłowało się w godzinach porannych i w okolicach południa, na Kubie jednak o tej porze na plażach widać było tylko mewy. Kiedy Bułgar zwijał parawan, prawdziwy Kubańczyk dopiero poprawiał fryzurę przed wyjściem z domu. Gdy wydedukowałam już, że nie chodzi o opalanie, które po zmroku bywa przecież trudne, postanowiłam sprawdzić z bliska, w czym rzecz, i przeżyłam spory szok emocjonalny i kulturowy.

Ciekawość we mnie była tak silna, że pewnego dnia podczas wieczornego spaceru z rodzicami zdecydowałam się na... ucieczkę. Bardzo zaintrygowana pobiegłam w stronę plaży, pełna detektywistycznej pasji i pragnienia, by dowiedzieć się, co ci dziwni ludzie mogą robić nocą w miejscu, gdzie najfajniej jest przecież za dnia. Nie musiałam badać tej sprawy specjalnie długo – ciemne sylwetki mocno przytulonych par były bowiem wszędzie. A że nawet spacerująca samotnie po malekonie (czyli urwistym nabrzeżu) dziesięciolatka nie jest zwykle w stanie odwrócić uwagi zakochanych od spraw natury romantycznej, mogłam podejść wystarczająco blisko, by przyjrzeć się tym amorom. Wszyscy się całowali! Dziesiątki albo i setki par, a każda, absolutnie każda w namiętnym uścisku. Jestem przekonana, że gdyby nie szum fal, dobiegałyby mnie całkiem inne odgłosy – prawdziwa symfonia cmoknięć, muśnięć i westchnień. Romantyczni *companieros* i ich pachnące *senioritas* pojawiali się tam każdej nocy, szczelnie zapełniając każdą wolną przestrzeń, otoczeni wielkimi palmami królewskimi, posadzonymi na plaży jako bariera ochronna przed huraganami.

Zszokowała mnie nie tylko pora tych randek i ich przebieg, ale też wytrwałość zakochanych. Potrafili tak spędzić wiele godzin, oddając się miejscowej odmianie *ars amandi*. Wyobraźcie to sobie – sześć bitych godzin w tym samym miejscu, kto wie, czy z przerwą choćby na łyk wody. Moje wyobrażenie miłości w jednej chwili stało się mniej romantyczne. Uznałam, że to nie dla mnie – sama nie umiałam przecież usiedzieć w jednym miejscu trzech minut, a okazało się, że miłosne porywy wymagają wytrwałości liczonej w godzinach.

Mimo sporego rozczarowania mało dynamicznym przebiegiem owych randek lubiłam patrzeć na ludzi. Wszyscy tam wyglądali przepięknie, ponieważ dosłownie żyli dla tych wieczorów i perspektywą pójścia z ukochaną osobą na plażę. Po całym dniu walki z trudną i wymagającą nadzwyczajnych wysiłków codziennością wskakiwali w najlepsze ciuchy i pędzili nad morze w poszukiwaniu szczęścia. Nic dziwnego, że odbywała się tam regularna rewia mody. Podobnie jak to było podczas weselnych zebrań, większość dziewczyn pokazywała się na promenadzie w niezwykle obcisłych i krótkich sukienkach, do tego z długimi czerwonymi pazurami i skrupulatnie upiętą fryzurą. Wszędzie roztaczała się piękna woń gardenii i świeżej wody kolońskiej z nutą cytrusów. Mężczyźni bowiem również dokładali wszelkich starań, by robić wrażenie na swych partnerkach – oblewali obficie perfumami jasne koszule z zawsze rozchełstanym wielkim kołnierzem, które wciągali w obcisłe, koniecznie czarne spodnie. Komplet męskiej garderoby uzupełniały białe buty i białe skarpetki.

Wszyscy wyglądali naprawdę odświętnie i czas musiał im płynąć wprost bajecznie. Tym bardziej że co kilkanaście metrów na promenadzie i plaży instalowała się rozbujana grupa facetów z instrumentami. Jako że w ramach budowy społeczeństwa bezklasowego na wyspie zamknięto kluby, najlepsi kubańscy muzycy występowali wtedy na ulicy, w miejscu tak cudnym, że popularna nazwa *Buena Vista*, czyli „dobry widok", nie powinna nikogo dziwić.

To właśnie na Kubie pojawił się w moim życiu taniec. Najpierw Mama, dbając o moje iście arystokratyczne wychowanie, zaczęła uczyć mnie tradycyjnych polskich tańców. Gdy już opanowałam wszystkie te mazurki, polonezy, kujawiaki i krakowiaki, zapisała mnie do kubańskiego baletu klasycznego, a następnie odebrałam lekcje tanga i samby.

Dla Kubańczyków, którzy tańczyli i bawili się niemal non stop, nie była to jednak tylko rozrywka, lecz także sposób radzenia sobie z rzeczywistością. Gdyby nie miłość, muzyka i taniec, chyba nie przeżyliby rewolucji. A apogeum tej pasji następowało w czasie karnawału. Tańczyli wtedy wszyscy i dosłownie wszędzie, każda najmniejsza uliczka obowiązkowo miała zespół muzyczny i barwną reprezentację podczas pokazów tanecznych. Płeć, wiek czy kondycja zdrowotna były bez znaczenia, nawet ledwo poruszający się starcy wkładali wtedy odświętne ubrania i z klasą, a także doskonałym wyczuciem rytmu bujali radośnie biodrami. Wyglądało to jak karnawał w Brazylii – ogromne platformy, każda z innym motywem przewodnim.

Te kilka lat w Hawanie, spędzonych tam akurat wtedy, gdy powoli budziła się we mnie młoda kobieta, miało ogromy wpływ na to, jak postrzegam i rozumiem kobiecość. Ale moim pierwszym i chyba najważniejszym wzorcem była wytworna Mama. Od kiedy sięgam pamięcią, dbała o to, bym zawsze czuła się elegancko. Już w wieku dziesięciu lat miałam swoją kosmetyczkę, puder i perfumy. W Hawanie zawsze zabierała mnie na zakupy, a wizyty w tamtejszych sklepach z bielizną były dla mnie jak pójście do cukierni. Tym bardziej że placówki te były przeznaczone wyłącznie dla dyplomatów, a ich asortyment pochodził z całego świata. Te wszystkie materiały, atłasy, jedwabie, dziesiątki kolorów, wzorów i modeli niezwykle działały mi na wyobraźnię. Nie była to bielizna wyzywająca, lecz piękna, umiejętnie eksponowała wdzięki każdej kobiety, niezależnie od rozmiaru i okazji. Mama zaś nie widziała we mnie małego dziecka, lecz od kiedy skończyłam trzynasty rok życia, traktowała mnie jak pełnoprawną kobietę, swoją partnerkę. Jej towarzystwo oraz otoczenie tylu pięknych dziewczyn na ulicach, plażach czy w hotelach nauczyło mnie, że kobieta powinna chcieć pięknie wyglądać i pachnieć, że dobry ciuch ma znaczenie, że wiele można ugrać przede wszystkim uśmiechem, pewnością siebie i wyobraźnią.

Czas oczywiście działał na moją korzyść, a mając tak zgrabną Mamę, wiedziałam, że i ja w końcu zobaczę przed lustrem kobietę, a nie dziewczynkę. W wieku trzynastu lat miałam pierwszy okres, a w tamtejszej kulturze wydarzenie to świętuje się tak samo hucznie, o ile nie bardziej, jak sakramenty kościelne. Zgodnie z wytycznymi Amady zaproszono więc cały dom gości i ugotowano pyszne jedzenie. Dostałam dziesiątki gratulacji i drobnych prezentów, mnóstwo kwiatów – w tym te najważniejsze: pierwsze w życiu od Taty – oraz... zakaz wychodzenia z łóżka. Przez ten jeden dzień traktowano mnie, jakbym była z najdelikatniejszej porcelany. Nie mogłam nic robić, miałam odpoczywać i unikać wysiłku.

Na Kubie stałam się kobietą, zarówno jeśli chodzi o dojrzałość umysłową i emocjonalną, jak i fizycznie. To tam zrozumiałam, jak ważna jest zmysłowość ruchów, nabrałam świadomości własnych atutów i nauczyłam się, jak umiejętnie je podkreślać. Przekonałam się też, że stuprocentowa kobieta to nie tylko czar, powab i uwielbienie tłumów, lecz także zaradność, opiekuńczość i ciężka praca. Obserwacja Mamy, setki wspólnych rozmów i dziesiątki godzin podsłuchanych narad przedweselnych w hotelu Nacional przygotowały mnie na to, że kobiecość to czasami również smutek, samotność, zazdrość i łzy.

W 1967 roku przyszedł czas mojego powrotu do Polski. Pierwsze tygodnie w kraju były dla mnie ciężkie, bo bardzo tęskniłam za Kubą i jej mieszkańcami, za tamtejszą otwartością, radością, kolorami, zapachami i rytmem. Dla mnie był to raj, choć muszę też podkreślić, że ani ja, ani moja rodzina nie mieliśmy wiele do czynienia z prawdziwą prozą życia na Kubie, jako cudzoziemcy bowiem korzystaliśmy z przeznaczonych tylko dla nas sklepów, klubów i restauracji. Zwykły Kubańczyk mógł pomarzyć o zakupie skrzydełek z kurczaka, u nas natomiast nawet rosół gotowało się z całej kury, a do każdego obiadu serwowano dobre wino, cuba libre albo mojito. Miałam już wystarczająco wiele lat, by zacząć pojmować, że idea realnego socjalizmu w praktycznym zastosowaniu ma dość opłakane skutki dla wszystkich poza rządzącymi i mocno uprzywilejowaną elitą.

Po powrocie do Polski najbardziej jednak tęskniłam chyba za wspólnym czasem, który spędzaliśmy jako rodzina. Nasz kubański dom był domem z zasadami, mądrym i niezwykle ciepłym. Było w nim bardzo dużo przytulania, sporo temperamentu i tłuczenia zastawy! Właśnie tam się tego nauczyłam – i bardzo mi się to podobało! Mama chyba podświadomie chciała nadrobić brak bliskości między nami zaraz po moich narodzinach. A nie było to wcale łatwe, bo początkowo nie lubiłam tych czułości, uważając, że monopol na nie ma przecież Babcia. Ale Mama krok po kroku, uścisk po uścisku, buziak po buziaku przełamała niewidzialną barierę, która pojawiła się w przeszłości między nami.

Samą wyspę zapamiętałam więc jako raj na ziemi. Takich plaż jak te kubańskie nie spotkałam już nigdzie. Nie chodziło tylko o kolor piasku czy wody, lecz również o to, że były pełne krabów, motyli, ptaków, małż i ślimaków. Jakkolwiek absurdalnie to zabrzmi, od tego czasu Kuba kojarzy mi się z wielkim bogactwem, nie tylko jeśli idzie o przyrodę. Życie tam było doskonale doprawione niezliczoną ilością zmysłowych doznań – smaków, emocji, kolorów i uczuć. Każda rzecz, potrawa, miłość, zazdrość czy inne uczucie wydawały się wyraziste i szczere. Kubańczycy nic – może poza wpieraniem reżimu – nie robili na pół gwizdka. Jeśli kochali – to na zabój, jeśli nienawidzili – to aż do szpiku kości, jeśli gotowali – to bardzo aromatycznie, a gdy śpiewali i tańczyli, ziemia drżała. Tak trzeba żyć, myślałam. Bez bylejakości, za to szczerze, kolorowo i z temperamentem. I to chyba najważniejsza lekcja, jaką wyniosłam z pobytu na tej rajskiej wyspie.

rozdział V

Warszawa

po raz drugi

Dzwonek do drzwi. Niecierpliwy, zwiastujący, że ten, kto za nimi stoi, jest mocno zdeterminowany. Gdy Babcia otworzyła, jej oczom ukazał się nieznajomy mężczyzna w garniturze – w jednej ręce trzymał bukiet pięknych kwiatów, w drugiej butelkę szampana. Cóż, pomyłki się zdarzają. Tyle że to nie była pomyłka...

– Pan do kogo?

– Jak to do kogo? Do Magdy! – odparł gość, jakby zaskoczony tym pytaniem.

– Ale w jakim celu?

– Bo muszę z panią poważnie porozmawiać – oświadczył tajemniczo brunet w eleganckim angielskim prochowcu.

– Niby o czym? – rzuciła nieco opryskliwie Babcia, mimo to wpuściła natręta do mieszkania.

Skierowali się do salonu, gdzie mężczyzna natychmiast rozpoczął swój wywód.

– Pani Ireno – zaczął, przekonany najwidoczniej, że rozmawia z moją Mamą – ponieważ ma pani piękną córkę, przyjechałem, by z szacunku porozmawiać z panią osobiście. Poznałem ją w Giżycku i to wydarzenie było dla mnie jak grom z jasnego nieba. Zakochałem się w ułamku sekundy i chciałbym prosić panią o jej rękę...

Babcia początkowo zdębiała – podobnie zresztą jak ja – ale w momencie gdy nasz gość przeszedł do wyliczania swoich zalet, zasług i majątku, nie wytrzymała i niemal dosłownie zaczęła turlać się ze śmiechu. Nie ma co kryć – choć znałam przelotnie tego jegomościa, po chwili do niej dołączyłam. Nieszczęsnego adoratora najpierw zamurowało, a później – gdy pojął, jak niemożliwie się wygłupił – opuścił pospiesznie miejsce swej sromotnej porażki matrymonialnej i nigdy już nie wrócił.

I tak oto miałam okazję się przekonać, jaka siła drzemie w moim młodym, dojrzewającym ciele. Na Kubie otrzymałam teoretyczną lekcję kobiecości, to tam zrozumiałam, co to znaczy być kobietą – ale praktyczne konsekwencje tego stanu rzeczy w pełni poznałam dopiero po powrocie do ojczyzny.

W 1969 roku kubańska korespondentura Taty dobiegła końca, a jako że przed pójściem do liceum musiałam wdrożyć się w polski system edukacji, jeszcze w 1967 roku zostałam zapakowana w samolot i wysłana do Babci. Wróciłam na stare śmieci, na Lewartowskiego, ponownie do tej samej szkoły i tej samej klasy. I to właśnie z tą klasą, a konkretnie pewną wycieczką klasową, wiązała się owa matrymonialna awantura.

W 1968 roku wyjechaliśmy na obóz na Mazury, nad jezioro Białe. A że około trzydzieścioro piętnastolatków znajdowało się przez tydzień pod okiem jednej jedynej osoby dorosłej, do tego nasza opiekunka potrafiła znikać na całe dnie, zostawiając nas na pastwę losu i dzikich pomysłów, można sobie wyobrazić, że nie przypominało to szkółki niedzielnej. Tym bardziej że nie należałam przecież do najspokojniejszych dusz, jakie pojawiły się na tym świecie.

Tydzień bezproduktywnego bimbania na jakiejś polanie nad jeziorem to było wyzwanie ponad moje siły, dlatego po pierwszych dniach lenistwa przekonałam trzech moich kolegów z klasy, żebyśmy wypuścili się na wyprawę do Giżycka. Nie mieliśmy oczywiście czym jechać, spacer też nie wchodził w grę, ponieważ do celu było mniej więcej sześćdziesiąt kilometrów. Mieliśmy tylko jedno wyjście – autostop. Zgodziłam się zostać przynętą na kierowców, a taktyka ta okazała się ze wszech miar skuteczna, ponieważ nie minęło nawet kilka minut, jak znaleźliśmy się w wielkiej kabinie ciężarówki. Tyle że kierowca jechał tylko do Świętej Lipki i właśnie tam nas wysadził, pod przepięknym klasztorem.

Zwiedzaliśmy go z takim zapałem, że musieliśmy skorzystać z propozycji jego gospodarzy i przespać się na sianie. Niestety rygorystyczne zasady życia klasztornego dzieliły siano na męskie i żeńskie, co sprawiało, że stanęła przede mną perspektywa nudnej samotnej nocy w towarzystwie buszujących wokół myszy, których panicznie się bałam. Błagałam więc pilnujących nas czterech młodych księżulków o litość i dopuszczenie do męskiego grona, w którym toczyły się ożywione dyskusje między przedstawicielami Kościoła a wygadaną młodzieżą ze stolicy. Cóż, niedługo tam jednak zabawiłam – włączyłam się natychmiast do rozmowy, a kwestionując głośno miłosierdzie Boga i powołując się na kolejne kataklizmy, epidemie oraz wojny, wyprowadziłam duchownych z równowagi. Ostatecznie więc, ku wielkiej rozpaczy moich rozbawionych kolegów, nie spałam z nimi, lecz z... księżulkami.

Następnego dnia podjęliśmy podróż na nowo, tym razem już bez dodatkowych przygód. Przynajmniej do momentu, w którym wylądowaliśmy w Giżycku. Zaledwie kilkugodzinną wizytę w tym mieście zapamiętałam dość dobrze, a stanęła mi przed oczyma ze wszystkimi szczegółami wtedy, gdy przed naszymi drzwiami na Mokotowie znalazł się ów tajemniczy mężczyzna. To bowiem on przysiadł się do nas na tamtejszym rynku. Nie chciał się ode mnie odczepić, zachowywał się z lekka maniakalnie. Oświadczył, że jest adwokatem, opowiadał, że jestem piękna i że się we mnie zakochał. Owszem, byłam niczego sobie i mogłam się podobać – szczupła, z blond lokami, których jasność podkreślała wciąż jeszcze oliwkowa opalenizna – ale chyba nie do tego stopnia, żeby wyznawać mi miłość od pierwszego wejrzenia. Moi koledzy byli w totalnym szoku, natręt chyba też, bo za nic nie przyjmował do wiadomości, że za dwa miesiące skończę dopiero piętnaście lat. Upierał się, że mam co najmniej osiemnaście lat, a mówię tak, bo chcę go tylko zbyć. Powiedział, że da mi spokój, kiedy podam mu swój adres. Nie pamiętam już, czy dostał go ode mnie, czy od moich oszołomionych kolegów – w każdym razie musiał zanotować go dość skrupulatnie. I jak się okazało, nie zamierzał bynajmniej kontynuować naszej znajomości poprzez wymianę listów...

Ósma klasa to nie jest czas na szukanie miłości życia, choć oczywiście wszyscy dowiadujemy się o tym dopiero po pewnym czasie. Pierwsze uniesienia nie wytrzymują zwykle próby czasu, ale zakochani nastolatkowie uważają, że ich dramaty niczym nie różnią się od historii Romea i Julii. Tak było rzecz jasna i ze mną.

Jako młoda dziewczyna nie narzekałam na brak adoratorów, jak na złość jednak z reguły nie adorował mnie ktoś, za kim sama wodziłam tęsknie wzrokiem, dlatego szybko poznałam smak miłosnych zawodów. Apogeum mojego bujnego życia uczuciowego w tamtym okresie okazał się sylwester 1968 roku. Oczywiście niełatwo było zdobyć od Babci pozwolenie na udział w domowej prywatce – ostatecznie zgodziła się na to pod warunkiem, że mój starszy kuzyn, Przemek, będzie miał na mnie oko. Ten zaś wziął sobie powierzone mu zadanie bardzo do serca.

Pech chciał, że nie był jedyną osobą, która miała na mnie baczenie na tej imprezie. Pojawił się na niej bowiem pewien mój kolega, chyba największy łobuz w klasie, który w tamtym czasie ubzdurał sobie, że jest moim chłopakiem, i po prostu poinformował o tym fakcie wszystkich, włącznie ze mną. Na dodatek na sylwestrze zameldował się też inny chłopak, mój prawdziwy przyjaciel, Krzysiek Czosnkowski. Z jakiegoś powodu akurat tego wieczora i on zaczął patrzeć na mnie inaczej niż zwykle i mocno się mną zainteresował. A żeby jeszcze skomplikować sytuację, we wszystko wtrącił się Wojtek Chechliński, z którym darzyliśmy się czymś więcej niż sympatią od pewnego ogniska klasowego. Na sylwestrze tańczyłam z nim przy muzyce Czerwonych Gitar i było naprawdę cudownie. Przynajmniej do czasu. Wieczór bowiem skończył się zgodnie z przewidywaniami – ogólną bijatyką. Wtedy po raz pierwszy faceci się o mnie bili; może i nie byli błędnymi rycerzami, ale za to najwidoczniej wpadli w chwilowy obłęd. I muszę przyznać, że choć nie lubię przemocy, to następnego dnia, gdy emocje już opadły, było mi nawet trochę miło.

Wtedy też po raz pierwszy dostałam namacalny dowód, że podobam się płci przeciwnej. Dotychczas bowiem, mimo że miałam mnóstwo kolegów, może nawet więcej niż koleżanek, wszyscy oni zachowywali się wobec mnie jak starsi bracia. Żaden z nich mnie nie podrywał, każdy za to pilnował, żeby nie robił tego nikt inny. Do pewnego momentu było to sympatyczne i nawet wygodne, ale w końcu tak liczne stado psów ogrodnika zaczęło mnie najzwyczajniej męczyć. I wkurzać. Gdy tylko gdzieś organizowano prywatkę z alkoholem, słyszałam jedynie: „Magda, to nie dla ciebie", „Nie powinnaś oglądać takich rzeczy", „My tam pijemy alkohol i bardzo nieładnie się zachowujemy". Koledzy traktowali mnie jak przybysza z obcej planety, uważając chyba, że Magda

Ikonowicz jest zbyt delikatna i wrażliwa na takie plebejskie rozrywki. Przy okazji zaś zyskiwali gwarancję, że nikt z zewnątrz się ich Magdą nie zainteresuje. Doprawdy nie jest lekko o pierwsze sympatie, kiedy ma się dwudziestu starszych braci.

Protekcyjna polityka kolegów była również po myśli dziewczyn z naszej klasy. Nie ma co ukrywać, że moja nieobecność na prywatkach czy potańcówkach znacznie zwiększała ich szanse na zainteresowanie płci przeciwnej. Nic dziwnego, że specjalnie nie upominały się o moje towarzystwo. Dlatego w naszej klasie funkcjonowały dwie grupy – w pierwszej były dziewczyny, w drugiej zaś chłopaki i... Magda.

Mimo to muszę przyznać, że mój powrót do polskiej szkoły był tym razem udany. Po przyjeździe z Kuby spodziewałam się, że moi koledzy i koleżanki będą przypominać bezbarwną mamałygę, a tymczasem spotkało mnie miłe zaskoczenie. W dużej mierze stało się tak dzięki nauczycielce chemii, przyjaciółce Jacka Kuronia – to ona sprawiła, że większość klasy była mocno zaangażowana politycznie. W trakcie lekcji chemii zamiast mówić o kwasach, zasadach i tablicy Mendelejewa, pani profesor sadzała mnie na środku sali na krześle zwróconym w stronę uczniów i prosiła, bym opowiedziała wszystkim o Kubie i systemie komunistycznym. Robiłam to bardzo chętnie, a i reszta audytorium wolała chyba te pogadanki niż kolejną nudną lekcję. Nasza chemiczka naprawdę wzięła sobie do serca swe pedagogiczne powinności – zabierała nas na weekendowe wypady na konie czy kajaki i podczas nich każdego wieczora robiła nam wykłady na temat wad systemu komunistycznego oraz ograniczania wolności słowa. Stawiała nam za wzór Jacka Kuronia, a historia jego wysiłków, oporu i prześladowań działała na nas do tego stopnia, że jeszcze w 1967 roku, mając raptem czternaście lat, zasuwaliśmy trójkami po Warszawie z plakatami promującymi idee wolnościowe czy wzywającymi do uwolnienia, a przynajmniej sprawiedliwego procesu dla młodego, bo trzydziestokilkuletniego Kuronia, Karola Modzelewskiego i im podobnych.

Moja „opozycyjna" działalność zaczęła się jednak nieco wcześniej. Pewnego razu jakaś nauczycielka kazała nam na lekcji słuchać przemówienia Gomułki, sama zaś wyszła z klasy. A że niespecjalnie mi się do tego paliło, otworzyłam okno i się ewakuowałam. W ten sposób ominęło mnie wiekopomne wystąpienie pierwszego sekretarza, podobnie zresztą jak dużą część klasy, która poszła w moje ślady.

W ostatniej klasie podstawówki lubiliśmy się tak bardzo, że wiele z nas postanowiło pójść też razem do liceum. I tak oto 1 września 1969 roku pojawiliśmy się na dziedzińcu IX Liceum Ogólnokształcącego imienia Klementyny Hoffmanowej. Cóż, szybko doszłam do wniosku, że takie stadne porywy serca mogą okazać się błędem. Okres nauki w tej szkole wspominam bowiem jako jedną wielką katastrofę.

Z fajnej, miłej i otwartej podstawówki trafiłam do konserwatywnego, zamordystycznego klasztoru. To nie przesada – grono pedagogiczne tworzyła tam jakaś sadystyczna, zakompleksiona hołota. Nauczycielki, których sposób bycia był przerażająco prostacki, uznały chyba, że jedyną metodą na zyskanie autorytetu w oczach uczniów jest pedagogiczny terror. Przychodząc tam z tak szanującej ucznia szkoły jak moja podstawówka, czułam się niczym w jakimś zapleśniałym ośrodku dla trudnej młodzieży zlokalizowanym w dawnych koszarach w północnej Anglii. To był jeden wielki skansen – intelektualny, pedagogiczny i emocjonalny. A w takich warunkach ciężko o naukę.

Zawsze chciałam rozumieć, czego się uczę, dlatego nie umiałam się pogodzić z kuciem na pamięć całych rozdziałów książek, narzucaniem mi jedynej słusznej interpretacji wiersza czy kompletnym lekceważeniem opinii uczniów. Nauczyciele wyczuwali mój opór, zresztą niespecjalnie się z nim kryłam, więc wkrótce znalazłam się na cenzurowanym.

Dotyczyło to przede wszystkim matematyczki, która wprost mnie znienawidziła. Z wzajemnością. Drażniło ją we mnie wszystko, także moja żywa latynoska gestykulacja, a mnie jej wulgarność i sposób, w jaki kaleczyła język. Pewnego razu odbył się między nami następujący dialog:

– Ikonowicz, masz owsiki, że się tak wiercisz?

– Pewnie tak, za to pani ma tasiemca – odpowiedziałam niezrażona.

Dwóje sypały się więc jak z rękawa. Jej niechęć była tak potężna, że nie pomagały mi nawet korepetycje u profesorów matematyki, które zorganizował mi Tata. Im więcej się nauczyłam, tym więcej nauczycielka ode mnie wymagała. W końcu postanowiłam sobie odpuścić. Nie było przecież sensu kopać się z koniem. Groziła mi dwója z matmy na koniec roku, co według ówczesnej skali ocen oznaczało egzamin poprawkowy albo powtarzanie klasy.

Ta perspektywa mnie nie przeraziła – zdecydowałam, jak zwykle sama, że nie muszę jednak przygotowywać się do egzaminu z matmy. Zapracowałam sobie bowiem na kolejną dwóję na koniec roku – z wychowania fizycznego – choć nie miało to nic wspólnego z moją sprawnością. Tak się jednak złożyło, że przy wszystkich uczniach przeprowadziłam z dyrektorem Wawrzyniakiem wiekopomny dialog.

– Ikonowicz!!! Dlaczego nie ćwiczysz na zajęciach wychowania fizycznego?! – wydarł się na mnie przy pewnej okazji, bo w tej placówce kadra nauczycielska komunikowała się z uczniami tylko w taki sposób.

– Bo jest problem – odparłam spokojnie.

– Problem? Gdzie jest problem?!

– W szkole. W szkole jest problem, proszę pana – ciągnęłam niezrażona.

– W naszej szkole jest problem? – Wydawało się, że zaraz wyjdzie z siebie.

– Tak, w naszej. A właściwie dwa problemy, połączone ze sobą. Po pierwsze, wszyscy śmierdzą. Po drugie, nie ma pryszniców. Powinniśmy mieć możliwość wzięcia kąpieli po zajęciach, na których mocno się pocimy. Ja mam niestety bardzo czuły nos i ćwiczyć w takich warunkach nie mogę.

– Ikonowicz, dwója!!! – skończył dyskusję i moją karierę w tej norze psychopatów.

Drugą klasę zakończyłam z dwoma ocenami niedostatecznymi – z matematyki i wychowania fizycznego.

Miało to jednak dobre strony, bo rodzice zadecydowali, że powinnam zmienić szkołę. Mój wybór padł na XXII Liceum Ogólnokształcące imienia José Martí. Mieściło się przy ulicy Staffa, jego patronem był największy poeta Kuby, a językiem nauczania na części zajęć... hiszpański. Dopiero po przenosinach zrozumiałam, jak wiele straciłam, nie decydując się na tę szkołę od samego początku. Atmosfera była tam dużo luźniejsza, a nauczyciele sympatyczniejsi, dzięki czemu z miejsca poczułam się jak u siebie. Jako że w wolnych chwilach malowałam, pozwolono mi na robienie wystaw w szkole. Nie próżnowałam – po jakimś czasie wszystkie korytarze oklejone były moimi pracami. Najważniejsze jednak, że kiedy zaczęto respektować moją indywidualność, przestałam przynosić kiepskie oceny, nieodpowiednio się zachowywać czy stwarzać problemy wychowawcze. Wystarczyło tylko mnie szanować i potraktować jak partnera, a nie rywala.

To oczywiście nie tak, że zmieniłam się w łagodnego baranka. Notowałam wyskoki – a jakże! Choć nie zawsze robiłam to celowo, czasem zdarzały mi się one ze względu na... dobre intencje.

Każdy ma jakąś słabość, a moją piętą achillesową okazał się język Szekspira. Mogłam godzinami wkuwać słówka, idiomy, dopełniacze saksońskie, a i tak moje wysiłki spełzały na niczym. Doprowadziłam do tego, że nawet nasza anglistka, zwana potocznie Krwawą Zdzichą, na potrzeby pracy ze mną zapominała o tym zobowiązującym przezwisku i nieomal skapitulowała. Przez cztery lata dukałam, jąkałam się oraz ściągałam na klasówkach i jakoś to szło, w klasie maturalnej jednak przyszedł czas na egzamin końcowy, który musiałam zdać, żeby w ogóle dopuszczono mnie do matury. Nie łudziłam się, że po czterech latach syzyfowej pracy poczuję w sobie nagle tchnienie filologicznego geniuszu. A mówiąc wprost – wiedziałam, że tego egzaminu w życiu nie zdam. Od czego jednak inwencja własna!

W dniu egzaminu na śniadanie zafundowałam sobie trzy butelki Neospasminy. Tak – nie trzy dawki, a właśnie trzy butelki. W końcu po co miałabym czytać jakieś tam ulotki, sprawdzać skład leku czy listę efektów niepożądanych? Cóż, gdybym to jednak zrobiła, dowiedziałabym się, że w składzie tego specyfiku jest alkohol i różne inne świństwa, a producent stanowczo odradza prowadzenie po nim maszyn i pojazdów, nie mówiąc o przystępowaniu do egzaminu, który mógł zadecydować o moich dalszych losach.

Skutek był taki, że gdy tylko dotarłam do szkoły i w pośpiechu zajęłam miejsce w sali egzaminacyjnej, zaczęłam odlatywać na inną planetę. Kręciło mi się w głowie, świat przed moimi oczami falował, lekko osunęłam się na ławce, o mały włos straciłabym przytomność. W pewnym momencie gdzieś z oddali doszedł do mnie piskliwy głos anglistki:

– Madziu, co ci jest?

Patrzyłam na nią i nie umiałam wydobyć z siebie słowa, mózg z mozołem przepracowywał dane, które z trudem dostarczały mi zmysły. Wiedziałam tylko, że muszę trzymać się ławki, żeby zaraz pod nią nie spaść.

– Magda jest chora! Magda umiera! – usłyszałam wrzask nauczycielki.

Później film mi się chyba urwał, bo do rzeczywistości wróciłam dopiero w gabinecie szkolnej pielęgniarki. Dwóch lekarzy z pogotowia mnie ocuciło i zaczęło przygotowywać się do procedury płukania żołądka.

– Błagam, nie... – zaprotestowałam resztką sił.

Nie wiedzieć czemu posłuchali mojej prośby i postanowili zabrać mnie do szpitala. Gdy tylko wyjechaliśmy z bramy szkoły, lekarz z karetki zapytał:

– No i co my mamy z tobą zrobić, młoda? Czujesz się lepiej?

– Tak. Nie wieźcie mnie do szpitala na płukanie żołądka – zaczęłam prosić.

– No ale coś musimy z tobą przecież zrobić – stwierdził.

– Mam tu niedaleko kolegę, dwie kamienice dalej. Wysadźcie mnie tam. Jest w domu, zaopiekuje się mną.

Zawsze umiałam wpłynąć odpowiednio na mężczyzn i nie inaczej było tym razem – o dziwo medycy na to przystali i puścili mnie wolno na rogu Alei Jerozolimskich i Kruczej.

Użyłam swoich czarów także następnego dnia, w gabinecie dyrektora, któremu przekonująco wytłumaczyłam, że był to efekt stresu wywołanego przez nauczycielkę angielskiego. Musiałam być naprawdę przekonująca, skoro wystraszona Zdzicha wystawiła mi z litości na koniec roku tróję, mimo że wcale na nią nie zasługiwałam.

Można nazwać to przedstawienie moim małym triumfem, ale prawdziwą chwilę chwały w José Martí przeżyłam nieco wcześniej. Tak się bowiem złożyło, że gdy byłam w drugiej klasie, na zaproszenie pierwszego sekretarza PZPR do Polski z wizytą przybył Fidel Castro. Dowiedziawszy się o istnieniu w Warszawie liceum, które miało za patrona kubańskiego poetę, postanowił zaszczycić naszą placówkę swoją obecnością.

Na okoliczność przybycia „wodza bratniego narodu kubańskiego" całe miasto zostało udekorowane, a na trasie przejazdu Fidela tłumy wymachiwały kubańskimi flagami, rzucały kwiaty pod koła i na maskę otwartego samochodu oraz dawały ogólny wyraz swemu uwielbieniu dla idei rewolucji. Naród polski i jego przywódcy stanęli na wysokości zadania i powitali gościa z Hawany z należytą pompą. Człowieka, który potrafił przeciwstawić się kapitalistycznemu Zachodowi, fetowano wcale nie mniej niż kilka lat wcześniej Jurija Gagarina. Fidel był Michaelem Jacksonem socjalizmu – przedstawiano go nie tylko jako doskonałego i skutecznego przywódcę, ale też wysportowanego atletę, wybitnego intelektualistę i przystojnego faceta. Cóż, jaki ustrój, taki Kennedy.

Miałam w pamięci moje „dyskusje" z *El Comandante* na Kubie, więc ucieszyła mnie perspektywa zobaczenia go ponownie – jak się zresztą miało okazać, znowu nadarzyła mi się okazja porozmawiać z Fidelem, tym razem już nieco poważniej – ale wizyta kubańskiego przywódcy okazała się wręcz zbawienna zwłaszcza dla Taty. Przeżywał wówczas trudny czas, był bardzo mocno krytykowany przez polskie władze za sianie poprzez swoje teksty niepotrzebnego fermentu i zwątpienia, a wręcz podkopywanie ustroju, w konsekwencji czego nałożono nań bezwzględny zakaz publikowania jakichkolwiek artykułów podpisanych własnym imieniem i nazwiskiem. Jako jeden z niewielu hiszpańskojęzycznych dziennikarzy w Polsce Tata znalazł się jednak na płycie lotniska Okęcie, by uczestniczyć w ceremonii powitalnej, a Castro rozpoznał go w tłumie dziennikarzy i zabrał do limuzyny. Tata przez cały tydzień towarzyszył *El Comandante* wszędzie, a ten przedstawiał go wszem wobec, także Gierkowi, jako swego przyjaciela. W efekcie zanim jeszcze samolot z napisem „Cubana de Aviación" wzbił się na Okęciu w powietrze, a wielki przywódca odleciał z Polski, Tata odzyskał imię i nazwisko na końcu tekstów i swobodę w pisaniu.

Niemniej nie byłabym chyba sobą, gdybym z czymś nie wyskoczyła. Niewiele bowiem brakowo, żeby tego momentu Tata w ogóle nie dożył, bo w trakcie wizyty Fidela niemal wpędziłam go do grobu. A wszystko przez wizytę *El Comandante* w naszej szkole. Oczywiście wydarzenie to postawiło na baczność całe liceum – budynek został przyozdobiony powitalnymi plakatami i granatowo-biało-czerwonymi flagami, a ubrani na galowo nauczyciele i uczniowie zebrali się w sali gimnastycznej. Fidel pojawił się w mundurze, jako jedyny zresztą w tłumie kilkudziesięciu facetów w garniturach, w tym oczywiście mojego Taty, i otrzymał od młodzieży olbrzymią owację. Nic dziwnego, prawdę mówiąc – zawitał do nas człowiek, dzięki któremu w Polsce na święta zjawiały się pomarańcze, a czasem nawet banany, połączenie socjalistycznego Johna Lennona i Jezusa, gość, który miał jaja postawić się imperialistycznej Ameryce.

Następnie nadszedł czas na oficjalne powitanie i przemówienia, a w czym jak w czym, ale w gadaniu kubański przywódca lubował się wręcz niemożliwie. Miał już wtedy na koncie ponadczterogodzinne wystąpienie przed Zgromadzeniem Ogólnym ONZ, fundował też regularnie takie rozrywki, tyle że czasem i dwa razy dłuższe, własnemu narodowi, najwidoczniej uznając, że to znakomity sposób na braki aprowizacyjne, które doskwierały Kubańczykom. Szczęśliwie jednak okazało się, że postanowił nas oszczędzić – jego ogólne zachwyty nad polską młodzieżą i podkreślenie roli młodych ludzi w budowie socjalistycznego państwa dobrobytu trwały zaledwie kwadrans, potem zaś przeszedł do konkretów, które przybrały formę pytania, dlaczego polskie dzieci nie przyjeżdżają na Kubę.

Nie wiem, czy to z powodów językowych, czy onieśmielenia, ale nikt nie wyrywał się do odpowiedzi, więc by ratować honor szkoły, odezwałam się głośno:

— Nie jeździmy na Kubę, ponieważ mamy problem!

— Jaki problem?

— Nasi robotnicy zarabiają za mało, żeby stać ich było na bilet — wyjaśniłam rezolutnie.

— Jak to? — zdziwił się znamienity gość.

— Jeden bilet to ich cztery pensje. Bardzo chętnie odwiedzalibyśmy Kubę i bratni naród kubański — kontynuowałam w duchu socjalistycznych frazesów — ale nas niestety nie stać.

El Comandante uśmiechnął się i poprosił, żebym podeszła do jego stołu. I wtedy zobaczyłam siedzącego obok niego Tatę. Był blady jak ściana, niemal sparaliżowany z przerażenia — zapewne zastanawiał się w tym momencie, co mógłby robić, gdy po wizycie Castro definitywnie wyrzucą go z roboty.

— Co zatem proponujesz? — zapytał Fidel, gdy się zbliżyłam.

— To ja mam coś proponować? Niech jakieś rozwiązanie zaproponuje *El Comandante*! Musimy przecież znaleźć wspólne rozwiązanie tego problemu.

— A co byłoby najlepszym wyjściem dla was?

— Myślę, że najlepsza byłaby taka wymiana kulturalna — rzuciłam, olśniona nagłym pomysłem — Na przykład raz w roku jedna klasa z naszej szkoły mogłaby lecieć na Kubę, żeby móc poznać jej kulturę i uczyć się hiszpańskiego.

— W porządku. Tak właśnie zrobimy — zgodził się natychmiast człowiek, któremu niegdyś, jako mała dziewczynka, zapalałam cygaro.

Wizyta brodacza w mundurze i smutnej delegacji w garniturach skończyła się niezdiagnozowanym stanem zawałowym

Taty i mojej iberystki. Ale miała też pozytywne efekty – *El Comandante* nie rzucał słów na wiatr i od tej pory uczniowie liceum José Martí odwiedzali Kubę co roku. Wprawdzie Tata omal nie pożegnał się ze światem, za to dyrektor liceum pokochał mnie na zabój. I między innymi dlatego zdałam maturę z matematyki.

À propos miłości – w trakcie nauki w José Martí przeżyłam coś, co ukształtowało mnie na całe życie. Nie było mi łatwo pielęgnować bujne życie uczuciowe, ponieważ jako panienka z dobrego domu nie cieszyłam się taką swobodą jak moi rówieśnicy, gdy zaś rodzice wrócili do Polski, smycz została jeszcze skrócona. Odpowiedzialna była za to głównie Mama, która z zupełnie nieprzystającą do czasów i moich oczekiwań konsekwencją trzymała mnie z dala od wszelkiej, choćby najmniejszej rozpusty. Kiedy moi rówieśnicy na sobotnich prywatkach popijali piwo i uczyli się całować, ja siorbałam mleko z miodem w naszym salonie i wysłuchiwałam kolejnych oper, w antraktach dostając wykład na temat tego, jak należy się ubierać i zachowywać w towarzystwie.

Sylwester roku 1972 nie był pod tym względem wyjątkiem. Mama nie puściła mnie na jakiś bal czy prywatkę, lecz zabrała do Zakopanego. Miałyśmy spędzić tam we dwie kilka dni zaraz po świętach, a po Nowym Roku wracać do Warszawy. Zakopane wyglądało wtedy oczywiście inaczej niż dzisiaj. Na Krupówkach nie było ani jednej reklamy, ruch w mieście odbywał się tylko saniami, dało się też w miarę normalnie oddychać – w każdym razie powietrze było tam chyba wtedy znacznie czystsze niż obecnie. A że spadło mnóstwo śniegu, całe miasto wyglądało wprost bajecznie.

Spacerowałyśmy całymi dniami, odwiedzałyśmy nieliczne knajpki prowadzone przez najprawdziwszych gazdów i godzinami przesiadywałyśmy w uroczych zakopiańskich knajpach.

Pamiętam cudowną restaurację Poraj, w której serwowano znakomite kanapki – stąd zresztą moja mania na ich punkcie. To był wspaniały czas – byłyśmy tylko we dwie, same dla siebie. Choć nie zawsze było oczywiście różowo. Na początku Mama powzięła bowiem ambitny plan, że nauczy mnie jeździć na nartach. Uparła się, że zrobi to osobiście, a ponieważ nie miała w sobie zbyt wiele z Bachledów, do tego zaś nie była uosobieniem cierpliwości, skończyło się tak, jak musiało – katastrofą. Niezrozumiałe polecenia, nerwy, krzyki, moje kolejne upadki sprawiały, że szybko rzucałyśmy narty w śnieg, obrażając się i na siebie, i na górę, która nas pokonała. Ostatecznie po matczynym kursie radziłam sobie na nartach chyba nawet gorzej niż wcześniej, choć trzeba przyznać, że wyniosłam z tego doświadczenia jedną naukę – żeby nigdy i w żadnej sytuacji nie wchodzić w rolę instruktora wobec własnych dzieci.

Wizyta w Zakopanem miała jednak także inne nieoczekiwane skutki. Tak się bowiem zdarzyło, że kilka dni przed sylwestrem spotkałyśmy przypadkiem koleżankę Mamy, Basię, w towarzystwie dwojga młodych ludzi, wyraźnie na siebie złych. Naburmuszona i nadęta jak paw dziewczyna była córką, a skwaszony chłopak – jej narzeczonym. Nie zwracałam na nich szczególnej uwagi, przynajmniej do chwili, gdy w rozmowie obu mam nie padło moje imię. Nadstawiłam uszu, gdy koleżanka Mamy znienacka zwróciła się do chłopaka:

– Janek, to może Magda pójdzie z tobą na ten bal? Bo my wyjeżdżamy do Warszawy i Janek zostaje tu sam – zwróciła się do nas z wyjaśnieniami.

Wtedy dokładnie mu się przyjrzałam: nie był może z wyglądu Paulem Newmanem, nosił długi radziecki płaszcz oficerski, był niewiele ode mnie wyższy, ale dobrze mu patrzyło z błękitnych oczu. A alternatywa – perspektywa spędzenia sylwestrowej nocy z Mamą przy radioodbiorniku – nadawała chłopakowi pewnego powabu. Ponieważ okazało się, że jego dziewczyna, Kinga, ta naburmuszona, wystawiła go do wiatru i w przeddzień sylwestra wraca z mamą do Warszawy, miał przed sobą wizję samotnej zabawy na noworocznym balu. Tyle że właśnie otworzyły się przed nim nowe możliwości, a wobec tej – nie ma co kryć – osobliwej propozycji ze strony przyszłej teściowej zmierzył mnie dyskretnie wzrokiem i nieśmiało stwierdził:

– Bardzo chętnie poszedłbym z Magdą na bal, serdecznie cię zapraszam.

Zanim zdążyłam cokolwiek odpowiedzieć, do akcji wkroczyła Mama, która niemożliwie dystyngowanym tonem powiedziała:

– Zobaczymy jeszcze, czy Magda pójdzie z panem na bal. Proszę przyjść do nas i poprosić oficjalnie o zgodę. Takich spraw nie załatwia się nawet na najbardziej urokliwej ulicy.

Myślałam, że zemdleję. Facet chce mnie zabrać na bal sylwestrowy, robi to naprawdę elegancko i grzecznie, a Mama odgrywa hrabinę. W radiu puszczają Niemena i Czerwone Gitary, a ona zachowuje się jak osiemnastowieczna szlachcianka!

Na szczęście Janek nie wystraszył się tych dziwactw i pojawił się w naszej góralskiej chacie już następnego dnia. Miał dobre wejście – odstawiony w garnitur, z naręczem kwiatów i opakowaniem czekoladek – więc po kurtuazyjnej rozmowie i bliższym przedstawieniu się (był ode mnie kilka lat starszy i jako syn generała Wojska Polskiego studiował na politechnice) uzyskał łaskawą zgodę pani Ikonowicz, by zabrać panienkę Ikonowiczówną na bal.

Umówiliśmy się w Kościelisku na dziewiętnastą. Niestety spóźniłam się. I to nie kilka minut, lecz... dwie godziny. Właśnie w sylwestra 1972 roku, kiedy miałam iść na mój pierwszy oficjalny sylwestrowy bal, Tata wygłaszał niezwykle ważne dla losów Polski, świata i całej rodziny Ikonowiczów przemówienie w Polskim Radiu, Mama więc uparła się, że musimy go wysłuchać. Na szczęście Janek zdał śpiewająco ten test na cierpliwość, czekał na mnie wytrwale przez dwie godziny na przystanku i w końcu poszliśmy na bal.

Gdy dotarliśmy na miejsce, okazało się, że to zabawa studentów Politechniki Warszawskiej, co skutkowało tym, że na sali znajdowało się jakichś trzystu facetów i raptem kilka dziewczyn. Jak się łatwo domyślić, w tych warunkach, a do tego wyfiokowana na gwiazdę hollywoodzkiego kina, pachnąca i ubrana w obcisłą kieckę, szybko znalazłam grono adoratorów i partnerów do tańca. Mając taki wybór, postąpiłam z Jankiem dość bezwzględnie – zakomunikowałam mu po prostu, że mi się nie podoba. Myślałam, że będzie to uczciwe wobec niego i jego narzeczonej, on jednak odebrał to zupełnie inaczej – na tyle źle, że już po godzinie odgrywania scen zazdrości i przyjmowania kolejnych dawek zimnej wódki był zupełnie pijany.

Muszę wyznać, że oszołomiona nieco męskim zainteresowaniem niespecjalnie się tym przejęłam, tym bardziej że poznałam bardzo sympatycznego kolegę mojego nieprzytomnego partnera. Był niezwykle przystojny i miły, a tańczył jeszcze lepiej, niż wyglądał. Pozory jednak często mylą i tak było w tym przypadku. Taktu i szarmu, który prezentował na parkiecie, mojemu nowemu znajomemu zabrakło niestety kilka godzin później, kiedy bardzo natarczywie zapraszał mnie, a w zasadzie wręcz usiłował zaciągnąć siłą, do swojego łóżka dwa piętra wyżej. Przypomniałam sobie wtedy o umiejętnościach bokserskich, jakie nabyłam jeszcze w kubańskiej szkole – zaserwowałam mu najprawdziwszy prawy sierpowy i opuściłam całą imprezę w trybie pilnym.

Nie był to jedyny cios, który tamtej nocy wyprowadziłam. Kolejny sympatyczny kolega z politechniki zaoferował się bowiem, że odprowadzi mnie do domu, a że spacer o piątej rano po pustym i mroźnym Zakopanem nie należał do najprzyjemniejszych, przyjęłam tę propozycję. Szło mu nawet nieźle, ale czar prysł pod moim hotelem, bo otrzymałam jednoznaczną propozycję, by uszczęśliwić towarzysza spaceru całusem. I dostał, czego chciał – przynajmniej częściowo. Na jego wystawionej do pocałunku szczęce wylądowała bowiem bomba wyprowadzona zgodnie z najlepszymi wzorcami kubańskiej szkoły boksu. I w ten oto sposób moja sylwestrowa zabawa zmieniła się w trening pięściarski.

Janek okazał się jednak nieco inny, niż można by to wywnioskować po jego mało imponującym występie w czasie zabawy sylwestrowej. Wbrew wszelkim oczekiwaniom zjawił się u nas następnego dnia z bukietem kwiatów oraz ckliwymi błaganiami o pięć minut rozmowy. Pozostałam wszakże niewzruszona i zasadnicza, ostatecznie – jak mi się wtedy wydawało – kończąc tę znajomość. Tym bardziej więc zaskoczyła mnie determinacja, z jaką Janek już po naszym powrocie do domu starał się zyskać moje wybaczenie za sylwestrową gafę. Potrafił codziennie pisać do mnie listy, odwiedzał mnie i nie przestawał przy tym kajać się za to, jak się zbłaźnił. Jego wytrwałość, a także fakt, że traktował mnie nie jak nastolatkę, a prawdziwą dojrzałą kobietę, powoli kruszył mój opór. A gdy pod koniec stycznia potwornie zachorowałam na grypę i leżałam dwa bite tygodnie bez życia w łóżku, Janek zaś odwiedzał mnie codziennie, aby dopilnować, że niczego mi nie zabraknie, ujął mnie opiekuńczością. Okazało się, że w tym nieszczególnie atrakcyjnym z zewnątrz człowieku o aparycji radzieckiego sołdata kryje się bardzo wrażliwy i odpowiedzialny człowiek o wielkim sercu. Tak więc kubek gorącej herbaty z miodem i piosenki Bułata Okudżawy, które grał mi na gitarze akustycznej, jego wojskowa sylwetka i artystyczna dusza sprawiły, że zaczęłam patrzeć na niego w inny sposób, a z biegiem czasu nasza relacja nabrała rumieńców – pojawiły się pierwsze czułe gesty, wyjścia do kina czy randki.

To właśnie wtedy – co zaskoczyło nawet mnie samą – pierwszy raz się zakochałam. Pierwszy raz też czułam się naprawdę kochana. Zostałam pełnoprawną i pełnoetatową dziewczyną Janka, który zdobył również przychylność rodziców. Dostrzegali, jaka jestem szczęśliwa, więc zaakceptowali mojego wybranka w stu procentach.

Jak poważna była to relacja, najlepiej świadczy reakcja Mamy na nasz pierwszy tylko z Jankiem wyjazd na weekend, na dwudniowy kulig na Mazury. Otóż zamiast robić mi wykłady, jak powinna zachowywać się przyzwoita panienka w towarzystwie swego kawalera, Mama zaprowadziła mnie do... ginekologa. To oczywiste, że w tych okolicznościach musiałam być przygotowana na każdą ewentualność.

I właśnie wtedy zdarzyło się... TO. Do dziś, mimo tylu lat, które upłynęły, trudno mi o tym mówić, a nawet myśleć. Los zadrwił sobie ze mnie okrutnie – zresztą nie po raz ostatni.

W dzień wyjazdu Janek odwiedził mnie rano, by udzielić mi dokładnych instrukcji, jaki powinnam zabrać strój i prowiant. Ja z kolei zrewanżowałam mu się niewinną sugestią, żeby koniecznie wykąpał się przed wyjazdem; palił, a ja nie przepadałam za zapachem papierosów, więc wolałam, żeby nie roztaczał tej woni. Żegnając się ze mną w drzwiach, uśmiechnął się i delikatnie cmoknął mnie w policzek, a ja czułam, że się po prostu unoszę. Byłam przeszczęśliwa i nie mogłam doczekać się wyjazdu, zaplanowanego na ósmą wieczorem.

O ósmej usłyszałam dzwonek telefonu. Odebrała jak zwykle Mama, lecz po kilku sekundach zawołała mnie i przekazała słuchawkę.

– Czy pani Magda? – zapytał jakiś kobiecy głos.

– Tak, to ja – odpowiedziałam spokojnie.

– Z tej strony mama Janka...

– Dzień dobry, bardzo mi miło – przywitałam się grzecznie.

– Dzwonię, żeby powiedzieć, że Janek nie pojedzie z panią na kulig... On... nie żyje...

W jednej chwili świat zwalił mi się na głowę. Nie mam pojęcia, co wtedy czułam – nawet nie rozpacz, a po prostu całkowitą przerażającą pustkę. Rozpadłam się na milion kawałków. Ból – ból nie do opisania – pojawił się dopiero po jakimś czasie. I został we mnie na długo.

Do dzisiaj pamiętam wiązankę tulipanów, którą zamówiłam na pogrzeb Janka. Szłam obok jego mamy niczym wdowa i nie mogłam przestać płakać. Ceremonia odbyła się szóstego marca – tego samego dnia wiele lat później otworzyłam U Fukiera.

Dręczyło mnie poczucie winy, że kazałam mu się przed wyjazdem wykąpać. Co za niedorzeczność! O trzynastej wszedł do wanny, a o czternastej już nie żył – z powodu ulatniającego się tlenku węgla. Nawet obecnie, po kilkudziesięciu latach, zdarza mi się myśleć, że gdybym zadzwoniła do niego o wpół do drugiej, to może bym go uratowała.

Przez długie miesiące nie mogłam pogodzić się z jego śmiercią. I nie pogodziłam się chyba do dziś. Śmierć Janka oznaczała dla mnie lekcję na temat kruchości ludzkiego życia. Od tego tragicznego dnia zamieszkały we mnie wszystkie te strachy, których nie pozbyłam się do tej chwili. Właśnie dlatego zdecydowanie przesadnie zamartwiam się o osoby, które kocham – gdy na kogoś czekam, chcę wiedzieć, o której ten ktoś będzie, czym jedzie i którędy. Każdy nieodebrany telefon czy nieodczytana wiadomość momentalnie sprawia, że wracam myślą do tego, co stało się z Jankiem. Jego śmierć pozostawiła głęboką bliznę na moim sercu i psychice.

Dochodziłam do siebie po tej tragedii ponad rok. Niewiele mam wspomnień z tego okresu, zasnuwa go jakaś nieprzebrana mgła. Pamiętam jedynie, że wpadłam w wir malowania. Od najmłodszych lat rzucałam się na farby i kredki, kiedy tylko mogłam, było to coś, co niezwykle mnie pociągało i sprawiało radość, ale gdy Janka zabrakło, coś się we mnie zmieniło. Malowanie przestało być dla mnie przyjemnością, stało się zaś sposobem na symboliczne wyrażenie cierpienia, nieprzepartą potrzebą czy wręcz rodzajem duchowego przymusu. Tyle że w miejsce soczystych zieleni, ognistych czerwieni i turkusowych błękitów na mojej palecie zagościła popielata szarość, pastelowe brązy i węgielna czerń. Tak znalazłam ujście dla czerni, która mnie ogarnęła, i tak malarstwo zaczęło odgrywać w moim życiu pierwszoplanową rolę.

To ogromnemu wsparciu rodziców i Babci zawdzięczam powolny powrót do normalnego funkcjonowania. Zajęło to sporo czasu, ale w końcu młodość upomniała się o swoje prawa. W trzeciej klasie zaczęła wracać mi radość i chęć życia. Wielkie zasługi miała w tym Babcia, która dbała, żebym jak najmniej czasu spędzała sama, i nieustannie zapraszała do domu stado moich kolegów. Bardzo zresztą lubiła towarzystwo moich nastoletnich towarzyszy, traktowała ich po partnersku, częstowała obiadami, a nawet popalała z nimi na balkonie. W efekcie przesiadywało u mnie mnóstwo znajomych – ze szkoły, podwórka czy kółka plastycznego.

Najwięcej czasu spędzałam z Krzyśkiem Czosnkowskim i Piotrkiem Myszkowskim, dwoma moimi przyjaciółmi jeszcze z podstawówki, z którymi uczyłam się przez rok także w liceum. Zawsze mogłam na nich polegać. Obaj się we mnie podkochiwali, ale sama – choć byli niezwykle przystojni – traktowałam ich raczej jak najlepszych kumpli, przyjaciół rodziny i stały element krajobrazu. Niekiedy ich konkury przybierały dość zabawną postać – Piotrek w pewnym momencie został moim korepetytorem z matematyki, ale zamiast zapisywać w notatniku liczbę przeprowadzonych zajęć, by na tej podstawie pobrać od rodziców stosowne wynagrodzenie, zaczął wycinać w zeszycie serduszka: po całej lekcji całe, po połowie –

połowę. Obaj kręcili się wokół mnie i mojego serca jak dwa księżyce. Czasem byli bliżej, czasem dalej – gdy jeden się zbliżał, drugi chwilowo się oddalał. Mama była przychylna zwłaszcza Piotrkowi, bo wprost go uwielbiała, na szczęście to ja byłam w centrum tej minikonstelacji i dyrygowałam siłą przyciągania jej poszczególnych elementów.

Pod koniec liceum, gdy już doszłam do siebie po stracie Janka, regularnie przeżywałam mniejsze lub większe zauroczenia i miłostki. Podobali mi się różni mężczyźni. W zgodzie z kapryśnym charakterem tego wieku podkochiwałam się a to w nauczycielu, a to w drużynowym na obozie harcerskim. Byłam jednak panienką z dobrego domu, więc nigdy nie dawałam im tego po sobie poznać. Zresztą wszystkie te porywy serca były całkiem niewinne, platoniczne i nigdy niewyartykułowane. W latach siedemdziesiątych nie było kolorowych gazet, internetu czy międzynarodowych gwiazd, więc zauroczenia lokowało się w tym, kto był pod ręką.

W ostatniej klasie liceum wybiłam się już na taką niezależność, że mogłam chodzić na prywatki. To na jednej z nich poznałam kolegę Krzyśka – Mirka. Był dwa lata starszy, doskonale tańczył, pachniał, co nie było wtedy standardem, i zachowywał się z niezwykłą klasą. Od rozmowy na domówce przeszliśmy do wizyt w kawiarni, następnie zaś potańcówek, a w konsekwencji tych zabiegów pojawiło się między nami jakieś uczucie. W domu Ikonowiczów żaden kawaler spotykający się z panienką Ikonowiczówną nie mógł pozostać anonimowy – trzeba było przyprowadzić go domu i przedstawić rodzicom. No i się zaczęło...

Mirek zjawił się na Lewartowskiego w wiśniowym kożuchu, wiśniowym garniturze, wiśniowej koszuli i wiśniowych lakierkach. Co więcej, z okna widać było jego najnowszego sportowego peugeota w kolorze... wiśniowym. Mama i Tata z największym trudem zachowali powagę przy mym absztyfikancie, ale przez następne dni już mi nie darowali – to był jeden wielki festiwal szyderstwa: wyśmiewali jego piegi, które ja akurat uważałam za urocze, wyglądali wiśniowego peugeota na każdym skrzyżowaniu, na którym stawaliśmy, a już zawód rodziców Mirka, kamieniarzy, to był według państwa Ikonowiczów szczyt komedii i dowcipu. Nie pozostawało to bez wpływu na moją samoocenę, bo drwiąc z mojego chłopaka, de facto drwili ze mnie i z mojego gustu, a umniejszając i ubliżając Mirkowi, umniejszali i ubliżali przede wszystkim mnie. Mocno mnie to zabolało. Cóż, mimo wielkiej inteligencji i mądrości życiowej akurat wtedy zdecydowanie zabrakło im empatii. Facet potrafił wysyłać mi po cztery telegramy dziennie z tekstem „Kocham Cię Magdusiu" z jakiegoś obozu, na który nie mogłam z nim pojechać, bo dostałam dwóję z fizyki, a po przyjściu z randki Mama na dzień dobry potrafiła rzucić coś w stylu: „I co? Nie przycięłaś sobie tyłka tą marmurową deską w domu kamieniarzy?". Doprawdy urocze i godne arystokratki z manierami...

Mirek wytrzymywał dzielnie te podśmiechujki przez kilka miesięcy. Aż w końcu nadszedł sądny dzień – moje imieniny. Mój chłopak pojawił się na sporym przyjęciu, które z tej okazji zorganizowałam, i wydawało się, że wszystko gra. Wiśniowy peugeot przywiózł wiśniowego Mirka, który wszedł do mieszkania z bukietem stu wiśniowych róż w dłoniach. Grzecznie się przywitał, złożył mi przepiękne życzenia, a następnie powiedział, że... mnie zostawia. Zabrakło mu sił, by być piątym kołem u wozu Ikonowiczów, i miał dość kręcących się wokół mnie kolegów, więc wobec tak niepewnych i mało przyjaznych okoliczności uznał – trzeba przyznać, że bardzo rozsądnie dla siebie – że należy się wycofać z tego nierównego boju.

Nie rozpaczałam po nim szczególnie długo, bo w orbicie moich zainteresowań niemal od razu znalazł się niejaki

Jurek. Zanim przeszliśmy od etapu pierwszych tańców na wspomnianych imieninach do zaprezentowania go rodzicom, minęło rzecz jasna trochę czasu, ale efekty również nie były spektakularne. Powiedzmy jednak, że tym razem odniosłam połowiczny sukces: Mama wprawdzie w tym bardzo statecznym, wyważonym i dobrze ułożonym studencie trzeciego roku leśnictwa w Szkole Głównej Gospodarstwa Wiejskiego widziała materiał na mojego męża, licząc chyba, że opanuje moją artystyczną duszę i gorące serce, Tata jednak również wobec tego kandydata zachował wstrzemięźliwość. Co i tak po jego reakcji na Mirka można chyba nazwać sporym sukcesem.

Układało nam się z Jurkiem coraz lepiej, a że Tata zaczął już wtedy latać do Hiszpanii i nie stawiał czynnego oporu, Mama zaś otwarcie sprzyjała naszym zamiarom, szybko pokonaliśmy etap myślenia o sukni ślubnej oraz brania miary i przeszliśmy wkrótce do prasowania tejże sukni w dużym pokoju i opłaconych zapowiedzi. Gdy pod koniec roku Tata wrócił z kolejnego długiego wyjazdu, zobaczył na wieszaku suknię ślubną z welonem i... kompletnie zbaraniał. Nie byłby jednak sobą, gdyby pozwolił mi na swobodę decydowania o sobie. Wkrótce przeszedł do ofensywy. Zastosował jednak taktykę partyzancką, więc dowiedziałam się o wszystkim dopiero po czasie.

Szykował się już wtedy do przenosin do Hiszpanii na stałe. Kilka dni przed zaplanowanym na grudzień wyjazdem oświadczył, że musi pojechać do Trójmiasta, żeby zostawić u znajomych kupiony niedawno samochód, nowego mercedesa – nie mógł go przecież wziąć ze sobą za granicę. Nie było to pozbawione sensu, bo nie mieliśmy własnego garażu. Wrócił do Warszawy pociągiem, a po kilku dniach, spakowany w cztery walizki, ruszył na Okęcie. Następnym razem miał pojawić się w ojczyźnie dopiero na zaplanowany na marzec mój ślub z Jurkiem.

Nic nie zapowiadało katastrofy. Od czasu do czasu między mną a Jurkiem wybuchały wprawdzie konflikty – zwłaszcza gdy ku swej wielkiej rozpaczy nie dostałam się na wydział malarski warszawskiej Akademii Sztuk Pięknych i żeby nie przebimbać roku w domu, rozpoczęłam pracę w archiwum Galerii Arsenał – ale zwykle szybko się godziliśmy i trwał szał dusz, serc i ciał. Pewnego dnia jednak, w święto Trzech Króli, wróciłam po całym dniu harówki do domu i zastałam w przedpokoju... interesujący widok. W salonie, oparty o futrynę, stał bowiem mierzący metr dziewięćdziesiąt chłopak o zaczesanych do tyłu kruczoczarnych włosach i skośnych tatarskich oczach. Do tego miał świetnie przystrzyżoną brodę i pachniał obłędnie. Ubrany był w brązowy golf, rudo-czarne spodnie w kratę i mokasyny. Całkiem inny świat! Gdy weszłam do mieszkania, nie odezwał się ani słowem, a jedynie z dużą pewnością siebie zmierzył mnie od dołu do góry wzrokiem, a ja pod jego spojrzeniem totalnie zdrętwiałam. Wreszcie nasze oczy się spotkały, a na jego twarzy pojawił się jasny komunikat: „Spodobałaś mi się. Tylko tego nie zepsuj". Cóż, potrzebowałam dosłownie pięciu sekund, żeby odkochać się w Jurku i zapomnieć o sukni ślubnej, która wisiała pół metra od wciąż milczącego gościa.

Po prostu oszalałam, zakochałam się od pierwszego wejrzenia, a sprawy potoczyły się błyskawicznie. Trochę wstyd przyznać, ale dopiero po latach uświadomiłam sobie, że ów zniewalający facet nie znalazł się na Lewartowskiego przypadkowo – pod pretekstem odwiezienia mercedesa z Trójmiasta otrzymał od Taty misję wyrwania Magdy z ramion niewłaściwego kandydata do jej ręki i trzeba przyznać, że spisał się znakomicie. Nie sądzę jednak, by robił coś pod przymusem – on także zupełnie zwariował na moim punkcie.

Jacek Schreiber był synem dobrej znajomej Taty, Wandy Tarnawskiej. Mieszkał w gdyńskiej dzielnicy Orłowo i pochodził z bardzo zacnej i dobrze ustawionej rodziny z tradycjami. Poza tysiącem zalet miał jeszcze jeden walor, być może kluczowy – pełne błogosławieństwo moich rodziców, przede wszystkim zaś Ojca. Strasznie imponowała mi też jego znajomość świata i spora mobilność – oczywiście jak na tamte czasy. Przez pierwsze dwa miesiące byliśmy kilka razy w Trójmieście, ze dwa razy w Zakopanem, zdarzyło nam się odwiedzić nawet Berlin. Nie wystraszyły go też wieści, że jako córka korespondenta mogę zostać relokowana przez rodziców w inny zakątek świata. Solennie zapewnił mnie, że dokądkolwiek się przeniosę, pojedzie za mną. Traktował mnie jak swoją królewnę, obdarowywał kwiatami i prezentami, robił mi przeróżne niespodzianki. Doprawdy, absztyfikant idealny, nie było się do czego przyczepić. No może poza jednym...

Skończyłam osiemnaście lat dużo wcześniej i nie czułam się już taka całkiem niewinna, a że mój wybranek był trzy lata starszy, oczekiwałam po nim pewnego doświadczenia łóżkowego. Srodze się zawiodłam. Dziesiątki razy nocowaliśmy w hotelach, pensjonatach czy w Orłowie i choć nie mogę powiedzieć, że nie działo się między nami zupełnie nic – bo jednak godzinami potrafiliśmy się głaskać, całować i pieścić – to nigdy tak naprawdę nie poszliśmy na całość. Kiedy ja, gotowa na wszystko, leżałam cała drżąca i niecierpliwa na łóżku, czekając, aż mój ukochany przystąpi do akcji, on delikatnie całował mnie w czoło i... wychodził. Nie miałam pojęcia, co się dzieje. Potrafił mnie jak rasowy kochanek pieścić godzinami, doprowadzając moje serce i biodra niemal do stanu wrzenia, by następnie w ciągu sekundy zamienić się w bryłę lodu i bez słowa opuścić pokój. Do dzisiaj nie wiem, czy problem znajdował się w głowie, czy raczej w rozporku, wiem natomiast, że bardzo podkopywało to moje poczucie własnej wartości. Czy może być coś bardziej uwłaczającego dla młodej dziewczyny, która czuje się piękna i wypieszczona, niż taki pokaz obojętności w momencie, kiedy jest więcej niż gotowa i bardzo potrzebuje zainteresowania oraz aktywności ukochanego?

Ogromnie go jednak kochałam, liczyłam zresztą, że to tylko przejściowa sytuacja, efekt jakichś nadmiernie gruntownych przekonań, katolickiego wychowania czy też może obietnicy złożonej mojemu ojcu. W końcu po kilku latach niezbyt udanych sercowych przygód, torpedowanych często przez rodziców, znalazłam sobie mężczyznę, który doskonale wyglądał, pachniał i prowadził, a do tego wszystkiego był bardzo wrażliwy, inteligentny i ciekawy świata. A przecież łóżkowe turbulencje nie mogły stanowić przeszkody nie do pokonania dla prawdziwej i szczęśliwej miłości...

Madryt

rozdział VI

w krainie obrazów

Ryczałam jak bóbr. Nie mogłam się opanować, łzy, raz obtarte, natychmiast znowu wypełniały mi oczy. W ten styczniowy poranek widziałam wszystko jakby przez mgłę, kontury świata zacierały mi się przed oczami. Wsiadłam do naszego niezawodnego mercedesa, który miał nas dostarczyć bezpiecznie na miejsce, lecz widoki za oknem wydawały mi się nierzeczywiste, tak jak to, co właśnie się działo.

Czy miałam świadomość, że czeka mnie wielki życiowy przełom, że dzieje się coś, co definitywnie zmienia bieg mojego życia? Czy w choćby najciemniejszym zakamarku głowy pojawiła mi się myśl, że miasto, do którego wyruszam, stanie się moim drugim domem, miejscem, gdzie przeżyję tyle cudownych chwil, poznam miłość życia, zarobię pierwsze pieniądze, malując i gotując? Nie, absolutnie nie. Byłam tylko młodą zakochaną na zabój dziewczyną z burzą rudych loków na głowie, która czuła jedynie rozdzierające cierpienie. Bo mój ukochany zostawał tu, a ja wyjeżdżałam tam – i wydawało mi się, że nasze rozstanie to koniec świata.

Nie było długich dyskusji przy rodzinnym stole podczas niedzielnego obiadu. Żadnych uroczystych deklaracji rodziców, strzelających szampanów, wiwatów, okrzyków radości. Wszystko odbyło się bez wielkich celebracji – po prostu pewnego dnia dowiedzieliśmy się, że znowu czeka nas przeprowadzka. W familii międzynarodowego korespondenta pakowanie dobytku i urządzanie sobie życia w nowej rzeczywistości było czymś normalnym, niemal na porządku dziennym.

Tata nawet w domu nie miał w zwyczaju głośno się chwalić, o jakie stanowisko się ubiega i dokąd tym razem zamierza nas wywieźć. Był przesądny i bał się, że jeśli zdradzi coś zawczasu, to cały plan nie wypali. Dlatego o dacie i miejscu następnego wyjazdu informował nas dopiero po uzyskaniu wszystkich niezbędnych zgód i podpisów.

Tego, że będzie to Hiszpania, a konkretnie Madryt, mogliśmy się od pewnego momentu spodziewać. Po pierwsze – Tata mówił świetnie po hiszpańsku i portugalsku. Po drugie – doskonała intuicja w kwestiach geopolitycznych sprawiała, że już jakiś czas wcześniej skierował swe zainteresowania na ten rejon Europy, a dogorywająca powoli konserwatywna dyktatura frankistów oraz wzmagające się na Półwyspie Iberyjskim nastroje demokratyczne były łakomym kąskiem dla korespondenta. Wreszcie po trzecie – Tata już kilka razy na dłużej lub krócej odwiedzał Hiszpanię, relacjonując bieżące wydarzenia.

Musiał solidnie popracować, by otrzymać stanowisko w Madrycie, i to tak prestiżowe – został tam pierwszym stałym korespondentem nie tylko z Polski, ale zza całej żelaznej kurtyny. Ale nie mniej solennie przygotował grunt pod przeprowadzkę rodziny. Podczas wcześniejszych wyjazdów, mimo wielu obowiązków reporterskich, znajdował jeszcze czas, by szukać nam mieszkania, poznać okolicę, sprawdzić, czy w zasięgu spaceru Mamy będą wszystkie niezbędne do codziennego życia miejsca, takie jak apteka, przychodnia czy sklep spożywczy. A że do stolicy Hiszpanii dotarliśmy na raty, bo Tata przeniósł się tam wcześniej, w listopadzie 1973 roku, miał sporo czasu, by wszystko dokładnie zorganizować na przyjazd rodziny. Po dwóch miesiącach, w styczniu, czekało na nas w Madrycie pięknie urządzone, gotowe do życia mieszkanie.

Mimo tych wszystkich zabiegów Taty nie pojawiliśmy się w Hiszpanii w komplecie, Piotr bowiem uparł się, że zostaje w Polsce, by kontynuować naukę w liceum. Mój młodszy brat bardzo szybko poczuł zew działalności społeczno-politycznej i rozkochał się w Juanie Ramónie Jiménezie, emigracyjnym hiszpańskim poecie, którego dzieło to manifest idealizmu, mądrości serca i szczerości uczuć. A że niesiony ideałami i radykalizmem Piotr uznał, że znalazł swoje idealne miejsce i towarzystwo, aby być wolnym i żyć według wyznawanych przez siebie zasad, do zmiany zdania nie był w stanie przekonać go ani ciepły klimat Hiszpanii, ani ciepła atmosfera domu rodzinnego.

Owe wzniosłe ideały nie były jednak chyba najważniejszym powodem takiej, a nie innej decyzji Piotra. Tak naprawdę bowiem w Warszawie zatrzymała go... miłość. Nie było siły, która mogłaby wtedy przekonać mojego brata do emigracji, zakochał się bowiem bez pamięci w Zosi, równie mądrej jak on, a do tego przepięknej koleżance z XI Liceum Ogólnokształcącego imienia Mikołaja Reja w Warszawie. To była z jego strony heroiczna decyzja, a ja jestem przekonana, że gdyby wtedy wybrał inną drogę, jego życie potoczyłoby się zupełnie inaczej. A miłość? Piotr z Zosią naprawdę się kochali, prawdziwa miłość pokonałaby nawet rozłąkę i przetrwała w każdych warunkach. Bo właśnie na tym polega.

Ja do Madrytu wyjechałam, ale ogarnięta czarną rozpaczą. Ryczałam przez całą drogę do stolicy Hiszpanii, a potem długo milczałam, nieszczęśliwa i okropna dla rodziców. Byłam szcze-

Mój portret namalowany przez przyjaciela
z Królewskiej Akademii Sztuk Pięknych w Madrycie

rze i dogłębnie załamana rozstaniem z Jackiem, a wsiadając do zapakowanego po dach samochodu, miałam w głowie zupełną pustkę.

Madryt w porównaniu z Warszawą to był kosmos. Z pięćdziesięciu sześciu metrów kwadratowych w bloku przy Lewartowskiego w Warszawie przeprowadziliśmy się do trzystu sześćdziesięciu metrów kwadratowych w niedawno wybudowanej kamienicy w Madrycie, otoczonej przez piękną zabudowę z lat trzydziestych. Dzięki kontaktom i operatywności Taty wylądowaliśmy w absolutnie wyjątkowym miejscu, w najcudowniejszej części miasta. Nasze mieszkanie było gigantyczne, miało przepiękny taras, na który szło się po marmurowych schodach, bo znajdował się poniżej, żeby nie zacieniać pokoi, ogromne przyciemniane kuloodporne okna i olbrzymi, bo studwudziestometrowy salon – palisandrowa podłoga, błękitne perskie dywany, ściany w błękitnym jedwabiu, ogromne fotele, przepiękny stół... Po prostu obłęd.

Nasza kamienica znajdowała się naprzeciwko parku, który przechodził w Casa del Campo, czyli wiejski dom Pałacu Królewskiego. A ja dostałam pokój z iście królewskim widokiem: wyglądając przez szerokie na kilka metrów i wysokie na dwa i pół metra okno, miałam przed oczami cudowny, soczysty i mieniący się wieloma odcieniami zieleni pejzaż. Od parku oddzielała nas jedynie mała wąska uliczka z tradycyjnymi hiszpańskimi kioskami z piwem, wzdłuż której stał ciąg stolików z krzesełkami. Dalej rozciągała się już tylko zieleń, cała masa zieleni. Park był przepiękny, pełen górek, dolin, przepaści i zapewne też tajemnic. Wielokrotnie spacerowałam po nim, racząc się kupioną w jednym z kiosków przy wejściu horchatą, zimnym, orzeźwiającym napojem z czufy. Mimo koloru i konsystencji mleka to cudowny bezalkoholowy trunek, który doskonale orzeźwia i świetnie sprawdza się w czasie hiszpańskich upałów. Najmilej jednak wspominam tę porę roku, gdy kwitnące magnolie, których mięsiste płatki były większe od dłoni, spowijały całą okolicę niesamowitym zapachem grejpfruta. Pachniały tak intensywnie, że aż chciało się w nie wskoczyć i jeść. Sam park niezależnie od pory roku wysyłał intensywnie pachnące zaproszenie każdemu, kto zdecydował się usiąść na małe piwo, kawę czy rogalika przy jednym z kiosków w pobliżu wejścia.

Gdy tylko pojawiłam się z Mamą w Madrycie, w naszym nowym domu zaczęło się od razu mnóstwo dziać. Tata stanowił pewnego rodzaju ciekawostkę dla kolegów po fachu, dlatego został jedną z większych atrakcji w dziennikarskim świecie Madrytu. W efekcie w naszym mieszkaniu niemal codziennie odbywały się wielogodzinne i bardzo żywe narady i dyskusje. Na tych nieformalnych „kolegiach redakcyjnych" zbierał się kwiat tamtejszego dziennikarstwa, wymieniano się informacjami i dyskutowano do późnej nocy. A faktycznie było o czym, bo pod względem wydarzeń politycznych na Półwyspie Iberyjskim okazał się to czas bardzo ciekawy. Za chwilę w Portugalii miała przecież wybuchnąć rewolucja goździków, w Hiszpanii potęgowały się nastroje demokratyczne, a jednocześnie słabła pozycja polityczna i kondycja zdrowotna generała Franco. Innymi słowy, redaktor Ikonowicz i jego koledzy z branży mieli na horyzoncie dwie rewolucje. Dla korespondenta był to raj.

Cóż za absurd, że mimo wszystkich tych okoliczności czułam się tak bardzo nieszczęśliwa. Od zawsze przecież uważałam, że w życiu najważniejsza jest miłość, a gdy ona będzie, pozostałe sprawy jakoś się ułożą. Dlatego też moje złamane serce nie pozwoliło mi w tym początkowym okresie cieszyć się urokami naszej sytuacji oraz samego Madrytu. Pobyt w tym wytwornym mieście tylko pogłębiał mój żal i smutek, do tego stopnia, że stolica Hiszpanii wcale mi się nie podobała! Dałabym wtedy wszystko za możliwość przenosin do Orłowa.

Prawdę mówiąc, moja madrycka trauma i przepłakane pierwsze tygodnie niespecjalnie ruszały moich rodziców — ani pochłonięta nowym miejscem do życia Mama, ani będący w swoim żywiole Tata nie uważali, by działa mi się jakaś gigantyczna krzywda. Życiowe doświadczenie pozwalało im

bagatelizować moje miłosne rozterki, traktować je jako uniesienia typowe dla mojego wieku i charakteru. Najzwyczajniej
w świecie wkalkulowali mój żal w koszty przeprowadzki.

Nie wiem, jak poradziłabym sobie z tęsknotą za Jackiem,
gdyby nie malarstwo. To był mój ratunek, tylko malowanie
mogło odwrócić moją uwagę, dać mi ukojenie. Bo wiedziałam
wtedy jedynie dwie rzeczy: że jestem śmiertelnie zakochana
i że moim powołaniem jest malarstwo, a nadrzędnym celem
dostanie się do Królewskiej Akademii Sztuk Pięknych św.
Ferdynanda w Madrycie. Sztaluga, blok, pędzel, ołówek – to
one w tamtym momencie trzymały mnie przy życiu, ba, potrafiły uczynić mnie szczęśliwą. A właśnie wtedy przekonałam się, że człowiek szczęśliwy poradzi sobie z wszelkimi
przeciwnościami losu.

Taki mam charakter: to, co mnie spotyka, przeżywam
mocno, dogłębnie, ale nigdy – nawet jako młoda dziewczyna –
nie pozwalałam, by choćby najtrudniejsze doświadczenia

mnie złamały. Bywało mi ciężko, czasem nawet bardzo, lecz podnosiłam głowę i wychodziłam z choćby najgłębszych i najczarniejszych dołów. Dlatego mimo uczuciowych rozterek do Madrytu jechałam z przekonaniem, że chcę dostać się do tamtejszej akademii sztuk pięknych. Tata zadbał i o to. Oczywiście nie chodziło o jakieś załatwiactwo w peerelowskim stylu – nie ten kraj, nie ten czas, nie ten człowiek i nie te metody osiągania celu. Nie zorganizował mi przyjęcia na studia, pomógł mi w inny sposób – znalazł szkołę, która przygotowywała do egzaminu na wydział malarski, resztę pozostawiając w moich rękach.

Moje pragnienie, by malować, nie zachwiało się mimo ciosu, jakim była porażka podczas rekrutacji na Akademię Sztuk Pięknych w Warszawie. Nadal jednak wierzyłam w siebie i mocno liczyłam, że w Madrycie mi się uda. Miałam własny styl, malowałam po swojemu, nie mnożyłam kolejnych szkiców warszawskiej starówki, martwej natury czy portretów – a to niekoniecznie przypadło do gustu komisji rekrutacyjnej w Polsce. Byłam jednak przekonana, że to, co w socjalistycznej Polsce Ludowej postrzegano jako nazbyt odważne czy ambitne, a w efekcie niezrozumiałe, może zostać uznane za wartościowe i interesujące w mieście Pabla Picassa i Salvadora Dalego.

Tak więc choć nastrój mi, delikatnie mówiąc, nie dopisywał, po kilku tygodniach poszłam na kurs przygotowujący do egzaminów na Królewską Akademię Sztuk Pięknych w Madrycie. Idąc na zajęcia, nie przypuszczałam nawet, jak bardzo zmienią one sposób, w jaki patrzę na rzeczywistość. I choć wszystko tam wydawało mi się wspaniałe – genialni profesorowie, całe godziny malowania i szkicowania, niekończące się rozmowy o sztuce oraz wspaniałe pracownie – to największy wpływ wywarła na mnie... jedna rozmowa. Mniej więcej po tygodniu zajęć jeden z najwybitniejszych tamtejszych profesorów malarstwa podszedł do mojej sztalugi i zamilkł. Stał bez ruchu przez jakiś czas, delikatnie zagryzając dolną wargę, po czym w zadumie przyłożył kciuk do ust, w końcu zaś sięgnął po moje dotychczasowe prace. Przejrzał je powoli jedna po drugiej, wciąż nie odzywając się choćby słowem, podczas gdy ja oczekiwałam na werdykt. Wreszcie delikatnie pokręcił głową i odezwał się bardzo spokojnym głosem:

– Hm, nie jest źle, ale z takimi rysunkami to na Akademię raczej się nie dostaniemy.

To było jak grom z jasnego nieba, momentalnie zrobiło mi się słabo. Na szczęście profesor zaraz dodał:

– Przyprowadzę jutro kolegę, też malarza, który chce się dostać na Akademię i z pewnością się dostanie. Popracujecie wspólnie i może panienka blondynka się trochę poduczy.

„Panienka blondynka" było dość osobliwym określeniem na dziewczynę z burzą kręconych rudych loków, ale zakładam, że dla profesora każda kobieta, która nie była brunetką, zasługiwała na miano „blondynki".

I tak oto następnego dnia na zajęcia przyszedł facet w typie Antonio Banderasa, tyle że jeszcze przystojniejszy. Stanowił mieszankę Andaluzyjczyka i Cygana – miał ciemne jak węgiel oczy i niewiarygodnie długie rzęsy, nosił typowe w tamtych czasach dla Hiszpanów okrągłe okulary, tak zwane lenonki, i pięknie wypastowane wojskowe czarne buty. Jedynym mankamentem, jaki zauważyłam, był jego niezbyt imponujący wzrost. Przedstawił się elegancko jako Rodolfo Sanchez Garcia i powiedział, że mówią na niego Rodo.

O tym, że ów „korepetytor" może odrobinę uśmierzyć moją tęsknotę za Jackiem, mogłam przekonać się już od pierwszej lekcji. Podszedł do powierzonego mu zadania bardzo poważnie i skrupulatnie: tłumaczył mi zasady oddawania proporcji na rysunku, uczył mnie różnych technik – szkicowania węglem na wielkich płachtach i bibułach, a nawet pomagał mi w rzeczy wtedy dla mnie najtrudniejszej – sztuce rysowania greckich rzeźb. Gdy jednak pewnego dnia zaproponował mi, że odprowadzi mnie do domu (w tym celu specjalnie zatrzymał się przed wyjściem i bardzo długo sznurował wojskowe buty, czekając, aż wyjdę), wcale nie pomyślałam, że Madryt może być w porządku. Pomna na swojego polskiego ukochanego chciałam raczej, żeby się odpieprzył.

– To trochę daleko – odpowiedziałam więc na odczepnego.

– Nie szkodzi. Nie ma problemu – odparł mimo to.

Bez zbędnej skromności wyznam, że jego upór specjalnie mnie nie zaskoczył. Wprawdzie nie miałam obfitego biustu, byłam szczupła, unikałam przesadnego makijażu i nosiłam raczej spodnie niż sukienki, lecz i tak mocno wyróżniałam się z tłumu, nie tylko zresztą na ulicy, ale też pośród młodych artystów. Fryzura, nadal ruda, gęsta i lokowana, oczywiście mi w tym pomagała, choć nie mniej istotny był mój strój, bo w owym czasie z uporem ubierałam się na biało. A że jak na tamte czasy i standardy byłam raczej wysoka, unikałam obcasów, które dla wygody zamieniłam na podzelowane kierpce (zrobiły furorę, nie tylko na ulicy czy w szkole, a potem w Akademii, ale nawet u kastylijskiego szewca, który dzięki mnie pierwszy raz w życiu trzymał w dłoniach tak osobliwe i wygodne obuwie). Tak czy inaczej, zestaw ten sprawił, że podczas codziennych spacerów przejeżdżający obok kierowcy zasypywali mnie lepszymi bądź gorszymi, ale zawsze niemoralnymi propozycjami. Cóż, charakter niektórych był do tego stopnia... oryginalny, że ich treść nie nadaje się do druku.

Zgodziłam się, by Rodo mi towarzyszył, choć nie bez oporów. Muszę powiedzieć, że nie żałowałam – jakoś tak się stało, że od calle del Marqués de Cubas przeszliśmy kilka dobrych kilometrów, w zasadzie nie milknąc choćby na sekundę. Było bardzo śmiesznie, uroczo i beztrosko. Pierwszy raz od mojego przyjazdu do Hiszpanii poczułam radość.

Dziś wiem, że gdyby nie Rodo, to chyba nikt i nic nie odczarowałoby przede mną Madrytu i chybabym tam zwariowała. W końcu spacery po zajęciach weszły nam w krew. Dlatego pierwsze tygodnie nauki rysunku z Rodo pamiętam jako jedną wielką wędrówkę. Przeszliśmy całe miasto wzdłuż i wszerz. A potem zaczęliśmy regularnie odwiedzać znajdujące się niedaleko szkoły Muzeum Prado. Chodziliśmy tam, aby wylegując się na świeżo wypastowanej posadzce, do upadłego, po dwanaście godzin dziennie, szkicować co ciekawsze greckie rzeźby. Do dzisiaj zapach staromodnej pasty do podłogi kojarzy mi się z Madrytem i antyczną Grecją. W zasadzie wychodziliśmy ze świata ołówków, węgla, bloku i spacerów tylko po to, by pójść spać.

Zbliżając się z Rodo, miałam okazję przekonać się, jak żyje. A żył jak typowy Andaluzyjczyk – rodzinnie i skromnie. W mieszkanku na poddaszu były dwie izby mieszkalne – jedna wnęka sypialniana i salon, tak mały, że stojące tam stół i kanapa praktycznie uniemożliwiały przeciśnięcie się do malusieńkiej kuchni. Do tego jeszcze oddzielony od kuchni zasłoną łazienkową prysznic. Na tej niewielkiej przestrzeni gnieździli się Rodo, jego siostra i matka. Ojciec pojawiał się raczej sporadycznie, co w pewnym sensie było korzystne dla... sprzętów znajdujących się w mieszkaniu. Był bowiem republikaninem, który nienawidził Franco, więc za każdym razem, gdy facjata generała pojawiała się na ekranie telewizora, kończyło się to lotem kapcia w stronę urządzenia. Matka Rodo okazała się przecudowną, niezwykle gościnną kobietą, choć z racji wieku i postępującej cukrzycy była uwięziona w tej skromnej klitce na szczycie pięciopiętrowego budynku.

Pierwszej wizyty w domu Rodo nie zapomnę z jeszcze jednego powodu. Otóż przeurocza gospodyni poczęstowała mnie wtedy zupą. To, co mi zaserwowała, miało – i owszem – konsystencję zupy, ale przypominało raczej rozpuszczone szare

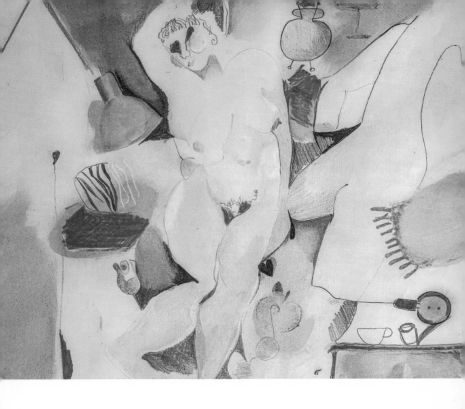

mydło, a że w środku pływał makaron i wszystko śmierdzia-
ło zjełczałą szynką i gotowanymi starymi kośćmi, z miejsca
zrobiło mi się niedobrze. Zjadłam oczywiście, ile mogłam,
aby nie sprawić matce Rodo przykrości, ale od tego czasu
doskonale wiem, jak trudno jest pałaszować ze smakiem,
nawet udawanym, potrawę, która delikatnie mówiąc, nie
wygląda. Co jednak jeszcze ciekawsze, dzisiaj owa tradycyjna
madrycka zupa, zwana cocido madrileño, jest jedną z moich
najulubieńszych potraw.

Spędzałam z Rodo sporo czasu i siłą rzeczy coraz lepiej
się poznawaliśmy – opowiadaliśmy sobie o naszych histo-
riach, przeszłości, rodzinach, problemach. Był zafascynowany
komunizmem, dlatego niezwykle przypadło mu do gustu,
że pochodzę z komunistycznego kraju, ale gdy odkrył, że nie

mam lewicowych poglądów, okazało się, że nie jest to dla niego przeszkoda nie do pokonania. Zbliżyliśmy się do siebie, a do tego tak się szczęśliwie złożyło, że oboje dostaliśmy się na upragnioną Akademię.

Równolegle wciąż „trwał" mój związek z polskim narzeczonym, który słał mi namiętne i tęskne listy. Któregoś dnia jednak otrzymałam kartkę z tekstem: „Kochana! Baw się dobrze, poznaj życie, korzystaj, tak aby Twój wybór był dobry...". Cóż, można powiedzieć, że trafił w dziesiątkę, bo w coraz większym stopniu czułam się zaaferowana moim hiszpańskim znajomym. Odpisałam Jackowi mocno niejednoznacznie: „Dziękuję. Właśnie przekonuję się, jak smakuje życie. Nie przypuszczałam, że jest aż tak ciekawie". Ani słowa więcej – żadnych wyznań, deklaracji czy kapitulacji. Zachowałam sobie jego kartkę – ciekawe, czy i on ma do dziś moją odpowiedź...

Nie ma co ukrywać – zastosowałam się do rady swego polskiego chłopaka i zaczęłam już całkiem oficjalnie, bo nie tając tego przed rodzicami, chodzić z Rodo. A ten, aby wyrwać nas chociaż na chwilę z artystycznego maratonu, zapraszał mnie od czasu do czasu do kawiarni. Gdy dowiedziałam się, co robi, żeby zdobyć te kilka pesos na kawę, piwo czy asturyjski cidre de rir, poczułam z jednej strony podziw, z drugiej jednak – zażenowanie. Jak się bowiem okazało, ten zdolny artysta zarabiał, sprzedając ze swoim ojcem... prezerwatywy. I żeby tylko – oferował też klientom pornograficzne obrazki, które przerysowywał z kart do gry.

Handlował tym towarem – który mnie, dobrze wychowanej panience, kojarzył się raczej z wyposażeniem domów uciech, kajut marynarskich, koszar czy aresztów – na El Rastro, najsłynniejszym madryckim targu staroci, odbywającym się tylko w niedzielę w samym centrum, które specjalnie na tę okoliczność zamykano. Tysiące straganów, straganików, budek, kiosków, ciasnych przejść i uliczek, a w tym wszystkim on, mój nowy wybranek, z wystawką własnoręcznie narysowanych plugastw, wspierany dzielnie przez własnego ojca. Miało to dość nieoczekiwany efekt – te wciskane turystom olejne paskudztwa sprawiły, że mimo początkowego zachwytu jego twórczością najpierw zaczęłam patrzeć na malarstwo Rodo podejrzliwie, a później zakwalifikowałam je po prostu jako kicz. Ale trzeba powiedzieć, że rozdźwięk artystyczny stanowił tak naprawdę jedyną rzecz, która w tamtym czasie mogła wywołać jakąkolwiek różnicę zdań między nami. No dobrze, nie jedyną, bo były jeszcze dwie sprawy, które niemal doprowadzały do łez mojego wrażliwego na punkcie swej męskiej dumy Andaluzyjczyka, będącego nieodrodnym synem swojej ziemi, więc pielęgnującego w sobie postawę macho.

Po pierwsze, wpadał niemal w amok na myśl, że nie jestem już dziewicą. Sama ani nie zamierzałam mu się jakoś szczególnie tłumaczyć z tego faktu, ani nie uważałam go za specjalnie istotny, lecz mój artysta podchodził do tej kwestii dość konserwatywnie i z regularnością godną lepszej sprawy wracał co kilka tygodni do tematu, głośno dając do zrozumienia, jaki ból mu to sprawia.

Po drugie zaś, miał olbrzymi problem z moim wzrostem. Sam specjalnie nie wyrósł, więc jego mocno naciągane sto sześćdziesiąt siedem centymetrów w towarzystwie moich stu siedemdziesięciu wprawiało go w potężne kompleksy. I choć od drugiego czy trzeciego dnia naszej znajomości prostował się jak żołnierz na defiladzie, centymetrów mu nie przybywało. Niekiedy prowadziło to do wręcz absurdalnych pomysłów: któregoś razu na przykład zaproponował mi – a ja się na to zgodziłam – abym spacerując ulicami Madrytu, szła krawędzią ulicy, podczas gdy on miał iść obok, tyle że po chodniku. Te kilka wybetonowanych centymetrów różnicy, dar dla mojego chłopaka od madryckich architektów i budowniczych

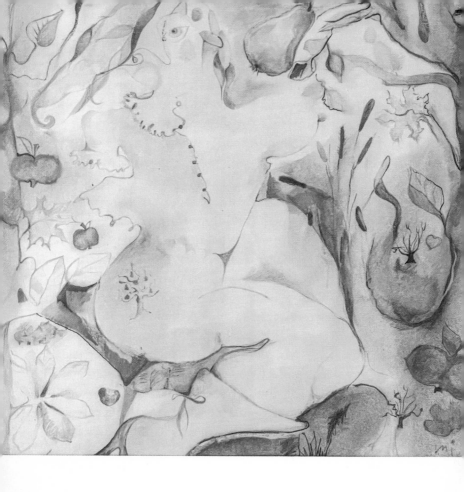

dróg, rekompensowały okrutną niesprawiedliwość losu. Takie spacery nie wpływały może szczególnie korzystnie na stan moich kierpców, niewysokiemu Andaluzyjczykowi dawały za to przekonanie, że oto jest tak, jak być powinno. Nie wszędzie jednak dało się wyznaczać naszą marszrutę tak, byśmy mogli korygować pomyłki matki natury, ostatecznie więc mój kawaler zaopatrzył się w buty z siedmiocentymetrowym obcasem. Od tego czasu ewentualne różnice dawały o sobie znać tylko w sytuacjach intymnych, a tam te kilka centymetrów mniej nie robi różnicy. Oczywiście jeśli chodzi o wzrost...

Jak już wspomniałam, Rodo został moim „oficjalnym" hiszpańskim chłopakiem, ale moich rodziców poznał w mocno niefortunnych okolicznościach. Nie powiem, żebym odwlekała szczególnie ten moment, ale nasze spacery kończyły się zwykle jakiś kilometr przed moim domem, a resztę drogi pokonywałam już samodzielnie, pieszo lub autobusem. Dzięki wizycie w pewnym lokalu o wdzięcznej i dźwięcznej nazwie Casa Mingo ten stan rzeczy się zmienił. Było to typowe dla Hiszpanii miejsce, coś w rodzaju polskiej piwiarni z tamtych lat, z tą różnicą, że zamiast piwa serwowano tam cydr. Byłam ciekawa świata, a więc także smaku tego napitku, podawanego w pięknych fajansowych kielichach bez uszka, i to do tego stopnia, że nie poprzestałam na trzech kieliszkach, przez co ostatecznie Rodo zmuszony był odprowadzić mnie do domu. Gdy wtoczyłam się z nim do salonu – a co gorsza, dostałam jakiegoś dzikiego ataku śmiechu, tak że turlałam się po naszych perskich dywanach – rodziców dosłownie zamurowało. Zresztą i mój chłopak był w lekkim szoku, bo chyba nie podejrzewał, że to w jego towarzystwie zaliczyłam swój alkoholowy debiut. Cóż, może i nie byłam dziewicą, ale za to do dwudziestego roku życia niemal nie tykałam alkoholu. W każdym razie nie w ilościach, które powodowałyby tak nieobliczalną reakcję.

Zresztą cała sytuacja to było dla mojego Andaluzyjczyka za wiele. Nie chodziło bynajmniej o moje zaskakujące zachowanie, lecz o nasze mieszkanie. Ten widok mocno zaskoczył jego na wskroś lewicową duszę. Przez następnych kilka dni praktycznie się do mnie nie odzywał, a sporadyczny kontakt ograniczył do wypominania mi, że wszystkie moje dotychczasowe opowieści – historie córki lewicującego korespondenta z komunistycznego kraju – były nieprawdą. Stwierdził, że mieszkanie w najbardziej burżuazyjnej części miasta w królewskich warunkach po prostu mi nie przystoi.

Potrzebowałam dobrych kilku dni i całego swego uroku oso-
bistego, by przekonać go, że jako rodzina korespondenta nie
mieliśmy wyboru lokalizacji. Na szczęście mi uwierzył.

Różnice ideologiczne i ekonomiczne między nami były jednak niczym w obliczu innego niespodziewanego wydarzenia,
do którego doszło na przełomie maja i czerwca. Wróciłam
wieczorem z zajęć i ze spaceru z Rodo, otworzyłam drzwi
i... omal nie upadłam. Byłam wprawdzie całkowicie trzeźwa,
ale wydawało mi się, że mam majaki. W naszym salonie na
kanapie siedział sobie bowiem jak gdyby nigdy nic Jacek.
I to nie sam. Obok usadowiła się jego mama oraz popijający
najspokojniej w świecie wino tatuś, mój potencjalny teść.
To był prawdziwy szok, i to nie dlatego, że mój były już
ukochany ściął na krótko włosy oraz pozbył się brody. Choć
nie dodawało mu to uroku – przez moment zastanawiałam
się wręcz, co takiego mogło mnie w nim wcześniej pociągać.
Tak czy inaczej, cokolwiek to było, definitywnie wyparowało
w madryckim słońcu.

— Dobry wieczór – mruknęłam, opanowawszy się po chwili. – Co wy tu robicie? Co ty tu robisz? – zapytałam, zwracając
się do Jacka.

— Jak to co? Przyjechałem po ciebie! – wypalił.

W swojej naiwności, podyktowanej zapewne miłością do
Rodo, byłam przekonana, że ostatnia wymiana kartek niejako
kończy całą sprawę z moim polskim chłopakiem, ale najwidoczniej Jacek patrzył na to zupełnie inaczej.

Zdumiona i pozbawiona wszelkich hamulców skierowałam
wzrok na Tatę.

— Jak to po mnie? O co chodzi? Tato, to ty ich zaprosiłeś?

Nie pamiętam, czy w ogóle mi odpowiedział, na pewno
jednak, kompletnie zażenowany, skierował wzrok na sufit.
Ale nie był to bynajmniej koniec niespodzianek. Nasi goście

oznajmili bowiem, że u nas zamieszkają, a do Madrytu przyjechali na... cały miesiąc. Myślałam, że zemdleję.

I bez tego musieliśmy z Rodo robić nie lada kombinacje, aby znaleźć się sam na sam – wielokrotnie jeździliśmy ponad czterdzieści kilometrów za Madryt, do nieoddanego jeszcze do użytku mieszkania jego siostry, bo tylko tam mogliśmy w spokoju i bez obaw spędzić kilka godzin na miłosnych uniesieniach. Tymczasem sytuacja jeszcze się pogorszyła. Tyle dobrego, że Rodo znał szczegółowo historię mojego związku z Jackiem, łącznie z treścią ostatniej kartki wysłanej do Orłowa. Poinformowałam go więc otwarcie o zamiarach, z jakimi zjechała trójmiejska pielgrzymka. Musieliśmy po prostu grać na czas i jakoś to przetrwać.

Zaczął się prawdziwy cyrk. Po kilku dniach, niczym dwoje szpiegów, znaleźliśmy sobie bezpieczną kryjówkę, miejsce, gdzie mogliśmy spotykać się po zajęciach. Brawurowo i łapczywie każdego dnia wykradaliśmy czas tylko dla siebie. Choć nie powiem, żeby warunki były luksusowe – naszym lokum na ten miesiąc męczarni stało się pomieszczenie gospodarcze w garażu. Państwo Ikonowiczowie nie zdążyli go jeszcze zagracić, więc dwoje kochanków jakoś się w nim mieściło. Oto prawdziwa siła miłości – na piętrze czekał gotowy na każde moje skinienie kawaler z najwyższej półki, a mimo to wolałam ukrywać się po garażach z biednym Andaluzyjczykiem.

Gdy około pierwszej w nocy Rodo musiał wracać do siebie, wdrapywałam się do mieszkania, nieodmiennie pełna nadziei, że wszyscy, a szczególnie Jacek już śpią. Niestety, zwykle moje rachuby okazywały się błędne. Mój niedoszły mąż był wytrwały, a sprzyjał mu nocny tryb życia Taty. Ten zresztą traktował gościa przychylnie i chętnie wysłuchiwał jego smutków i żali podlanych solidną dawką whisky z barku Ojca (być może współczuł chłopakowi, ale po wyjeździe trójmiejskiej ekspedycji jeszcze przez kilka tygodni wspominał, że wypito mu cały, całkiem spory zapas tego trunku). Co gorsza, zarówno Tata, jak i Mama mocno wspierali wysiłki Jacka. Nie wiem, na ile po stronie Taty była to troska o mnie, a na ile o własną posadę, niemniej w ciągu tego miesiąca kilkakrotnie starał się nakłonić mnie do małżeństwa z synem swojej ulubionej i dystyngowanej przyjaciółki. Ostatecznie to on podsunął mi kawalera znad morza, nie tylko dlatego, że chciał w ten sposób, z powodzeniem skądinąd, usunąć mego wcześniejszego ukochanego – po prostu wrodzony rozsądek i troska kazały mu zaplanować mi życie w Polsce, chciał, żebym miała jakiś solidny i stabilny punkt zaczepienia, fundament, na którym mogłabym wznieść całą budowlę życia.

Mimo tego zmasowanego ataku nie zamierzałam ulegać naciskom. Wieczory i noce pełne rozmów, namów, obietnic, a nawet łez nie mogły sforsować cytadeli moich uczuć wobec hiszpańskiego donżuana. Choć Jacek był złotousty i zasypywał mnie tysiącem argumentów, dlaczego powinnam za niego wyjść, jego zaklęcia nie działały, bo po prostu zadziałać nie mogły. W końcu sytuacja stała się nieznośna nawet dla moich rodziców. Mniej więcej po dwóch tygodniach dotarło do nich, że postanowienia nie zmienię i nie ma sensu próbować mnie przekonywać. Nawet rodzice Jacka mieli już dość tego miłosnego pata. Ostatecznie po niezwykle trudnym dla wszystkich nas miesiącu także niechciany i odtrącony Jacek zrozumiał, że nic nie wskóra, schował pierścionek zaręczynowy, spakował się i wyjechał.

Od tego momentu rodzice zmienili nastawienie do Rodo. Wcześniej uważali ten związek za rodzaj tymczasowej fanaberii, raczej wyskok córeczki oczarowanej Hiszpanią i artystycznymi klimatami niż coś poważnego. Po tym jednak, jak dałam tak zdecydowany odpór Jackowi, uznali chyba, że najlepszą metodą będzie przyjąć jego istnienie do wiadomości. Nie oznaczało to bynajmniej nagłego uwielbienia z ich strony. Mama i Tata zaakceptowali, że ich córka dla komfortu i szczęścia potrzebuje towarzystwa tego niewysokiego Andaluzyjczyka, ale nie traktowali go po partnersku. Widzieli w Rodo zaledwie polisę ubezpieczeniową, która dawała im gwarancję emocjonalnej stabilności i względnego spokoju u ich całkiem jeszcze niedawno zrozpaczonej córki.

Efektem ubocznym tej zmiany było, że choć dotychczas Tata w każdy wolny weekend porywał Mamę w jakąś bliższą lub dalszą podróż, co sprawiało, że mieliśmy z moim wybrankiem wolną chatę, to teraz wypady te zamieniły się we wspólne wyjazdy całej naszej czwórki. Nie znosiłam tego, Rodo zresztą też. Nie muszę chyba tłumaczyć, dlaczego w okrutnie zakochanej parze dwudziestolatków perspektywa wycieczek pod bacznym okiem i kuratelą moich rodziców nie budziła wielkiego entuzjazmu. Nie mieszkaliśmy podczas nich w luksusowych hotelach, lecz w przyczepie kempingowej, razem z rodzicami. W takich warunkach nawet najodważniejsi i najbardziej zdeterminowani kochankowie niewiele mogli wskórać. W innej

sytuacji zwiedzanie Półwyspu Iberyjskiego z przyczepą na haku mogłoby być niezapomnianą przygodą – z perspektywy czasu widzę zresztą, że pod wieloma względami tak właśnie było – ale dwoje zakochanych w sobie bez pamięci młodych ludzi zdecydowanie wolało spędzić ten czas w inny sposób.

Te lata nauki w Akademii i czas związku z Rodo to jednak nie tylko sztuka i miłość. W Hiszpanii w tym okresie mocno już wrzało, nastroje antyfrankistowskie stawały się coraz bardziej wyczuwalne. Wprawdzie koncentrowałam się głównie na malarstwie i muzeach, ale jako córka korespondenta i dziewczyna radykalnego antyfrankisty przeczuwałam, że coś się święci. Popierałam protestujących w stu procentach, nie tylko z powodu miłosnych uniesień, lecz z początku, kierując się troską o sytuację Taty, starałam się głośno nie manifestować swojego stanowiska, tak by przypadkiem Tata nie musiał za chwilę tłumaczyć się z poglądów córki. W końcu jednak miarka się przebrała – czarę goryczy przelał brutalny wjazd frankistowskiej policji konnej na teren madryckich uczelni wyższych. Strajkujący i okupujący budynki studenci zostali potraktowani niezwykle brutalnie, nie oszczędzano nikogo i niczego. Oddziały konne wjechały po pięknych marmurowych schodach Akademii na piętro, w ruch poszły gumowe pałki, frankistowskie sługusy biły na oślep i bez opamiętania, wdzierały się nawet do damskich toalet, gdzie ukrywały się wystraszone dziewczyny. Wszystko to widziałam na własne oczy – byłam przerażona, po raz pierwszy jednak poczułam też najprawdziwszą nienawiść do dyktatury, która rządziła Hiszpanią.

Represje nie przyniosły oczekiwanego przez władze skutku – po ataku na bezbronnych studentów do strajku dołączyło praktycznie całe miasto. Główną areną demonstracji stało się centrum Madrytu, a epicentrum wydarzeń był plac Hiszpański i znajdujący się przy nim luksusowy hotel, dzisiaj nazywający się Plaza España. A tak się złożyło, że w owym czasie, na drugim roku studiów, dorabiałam sobie jako niańka, opiekując się dzieckiem przyjaciela Taty, Franka Norberta, niemieckiego Żyda, dyrektora i właściciela tego hotelu. Pewnego dnia, widząc nieprzebrany wściekły tłum, w którym dostrzegłam sporo moich kolegów i koleżanek z Akademii, wykorzystałam dobre stosunki z właścicielem hotelu, a przede wszystkim z jego piękną i dystyngowaną żoną, Nancy, która przypominała urodą Raquel Welch, i bez zastanowienia wbiegłam do hotelowej restauracji. A ponieważ zawsze uważałam, że jedzenie jednoczy ludzi, pierwszemu napotkanemu kelnerowi powiedziałam, że pilnie potrzebuję *pistolas*, czyli tamtejszych bagietek, i polędwicy. Spojrzał na mnie wprawdzie jak na wariatkę, ale spełnił moją prośbę, a ja w mgnieniu oka przygotowałam proste kanapki, tak zwane *pepito*. Zanim wybiegłam z nimi przed hotel, zorganizowałam pomoc innych pracowników hotelu, tak że ostatecznie zrobiłam kilkadziesiąt kursów z kanapkami w wiklinowym koszu, częstując nimi protestujących. Mam pewną wrodzoną cechę, która niekiedy okazuje się wadą, a niekiedy zaletą – gdy w coś wierzę, nigdy nie odczuwam lęku i działam bez zastanowienia. Tak było i wówczas – nie bałam się dobijać do zabarykadowanego hotelu, nie bałam się zażądać niezbędnych składników, nie bałam się rozdawać tych kanapek.

Pamiętam nieprzebrany tłum Hiszpanów zebranych tego pięknego i słonecznego dnia na jednym z najładniejszych placów Madrytu. I mimo zaaferowania i kursów z poczęstunkiem jedno w tym widoku wydawało mi się uderzające – ludzie ci mieli smutne, zmęczone twarze, a mimo to przyszli protestować elegancko ubrani. Kobiety w modnych wtedy spodniach z rozszerzanymi nogawkami albo spódnicach, do tego obowiązkowa jasna koszula z przedłużonym wyciągniętym

kołnierzykiem. Mężczyźni zaś w marynarkach, koszulach, popularnych beżowych swetrach. Tłum układał się w warstwy jak w dobrze zrobionym cieście lub torcie. Na samym dole czekoladowy spód – królował tam bowiem brąz, czekolada, czerń. Wyżej robiło się migdałowo, waniliowo, kremowo. A dalej górna warstwa z kolorami kawy, lawendy czy śliwki. Cały ten prostokątny tort polany był czarną, gorzką, połyskującą w jesiennym słońcu czekoladą kruczoczarnych latynoskich czupryn. A na samym środku stał najznamienitszy lokator placu Hiszpańskiego – kamienny Cervantes w towarzystwie gwarantujących mu nieśmiertelność postaci Don Kichota z La Manchy i Sancho Pansy, wielki pisarz, który w imieniu tysięcy madrytczyków zadawał nieme pytanie: ile jeszcze czasu musi minąć, nim dyktatura upadnie?

Na strajki chodziła też moja Mama, Tata jednak nie mógł w nich uczestniczyć; wielokrotnie też prosił nas, żebyśmy się od tego powstrzymały. Cóż, nie udało mu się nas przekonać.

Mimo jego usilnych starań byłyśmy razem z Mamą zbyt nie-zależne, by jego namowy mogły zakończyć się powodzeniem. Ale o historii z kanapkami nie miał pojęcia i pewnie dowie się o niej z tej książki. A żeby było ciekawiej, wszystko odby-ło się w hotelu jego kolegi i na koszt jego kolegi, od którego zresztą wynajmowaliśmy mieszkanie. Wybacz, Tato, ale sy-tuacja wymagała szybkich działań.

Zaraz po tym wydarzeniu stałam się bardzo popularna na uczelni. Proponowano mi, żebym została szefową uczelnianej partii komunistycznej, ale odpowiadałam, że jestem czerwoną burżuazją, a nie komunistką, bo za wiele wiem o tym, jak wy-gląda ten system w praktyce. Gen czynnego oporu przeciwko kiepskiej władzy pozostał mi jednak do dziś.

Po trzech latach sielanki z Rodo coś zaczęło się psuć. Głównie z powodu jego maczystowskiej natury, przez którą wciąż nie mógł przeboleć, że nie jest moim pierwszym facetem. Co gorsza, wraz z upływem czasu problem ten zaczął się nasi-lać, potęgując jego chorobliwą zazdrość. Zachowanie Rodo, które początkowo uznawałam za miłe i rycerskie, stawało się coraz bardziej męczące. Niemal każde nasze spotkanie przeradzało się ostatecznie w klasyczną inwigilację: z kim, jak, gdzie i dlaczego. Sytuacja tylko się pogarszała, w końcu doszło do tego, że Rodo po prostu usiłował ograniczać moją wolność – nie mogłam z nikim rozmawiać, nikogo nowego poznać i oczywiście z nikim się spotykać.

Ilekroć włożyłam buty na obcasach wyższych niż pół centy-metra, tylekroć robił mi karczemną awanturę i pytał, z którym to tak wysokim facet go zdradzam. Wszystkie te sceny koń-czyły się tym, że dumny i urażony Andaluzyjczyk wstawał, trzaskał drzwiami i wybiegał przed siebie. Po takim wybuchu pojawiał się z powrotem po kilku godzinach lub następnego dnia na uczelni jak gdyby nigdy nic.

Jeszcze gorzej było na Akademii. Dosłownie pilnował mnie, żebym przypadkiem nie miała kontaktów z innymi mężczyznami. A jeśli nie dawało się tego uniknąć, mój baczny i czujny stróż zawsze znajdował się nie dalej niż o kilka kroków ode mnie. Robił to nie tylko na korytarzach, ale nawet w trakcie wykładów, do tego chodziło mu o dosłownie wszystkich przedstawicieli męskiego rodzaju. Pewnego razu na przykład na zajęciach podszedł do mnie profesor, a Rodo na ten widok natychmiast do mnie przyskoczył. Na uwagę profesora, że chce porozmawiać ze mną o mojej pracy sam na sam, rzucił tylko chłodno: „Przecież ja panu nie przeszkadzam".

Ta maniakalna zaborczość wraz z niezbyt skrywaną niechęcią rodziców do Rodo sprawiły, że mniej więcej po trzech latach nasz związek się rozpadł. Nie byłam tradycyjną hiszpańską kobietą, której pragnął mój konserwatywnie wychowany chłopak, nie radząc sobie z moim charakterem i moją naturą. Nie byłam mu posłuszna, nie chciałam się podporządkować, miałam własne zdanie i nie bałam się głośno go wyrażać, chyba więc nie byłam kobietą, jakiej potrzebował Andaluzyjczyk z dużymi kompleksami. Dziś myślę, że nie mogło się to skończyć inaczej, bo taka mieszanka charakterów nie sprawdziłaby się w dłuższej perspektywie. Nie udało mu się mnie zmienić, a na koniec poniósł chyba największą życiową porażkę – to ja, dziewczyna, postanowiłam zakończyć nasz związek, co musiało być niezwykle bolesne dla jego dumy.

Z tego fatalnego związku wyprowadził mnie poniekąd Tata, który czuwał nade mną niczym Anioł Stróż – pewnego razu wywiózł mnie do Paryża i dopiero tam złapałam odpowiedni dystans do całej sytuacji, mogłam zastanowić się, w co się wplątałam. Po wszystkim ogarnęła mnie zaś wielka ulga. Nagle minęło mi permanentne poczucie winy, które Rodo we mnie zasiewał, powtarzając raz po raz, że nie kocham go tak mocno jak on mnie. Dopiero z perspektywy czasu i jako wolna już kobieta dostrzegłam, w jak toksycznym związku tkwiłam.

Ale jak z każdego ważnego życiowego doświadczenia wyniosłam z tej lekcji istotną naukę – miłość nie oznacza całkowitego poddania się woli partnera, spełniania jego życzeń, ulegania jego wymaganiom. Nie i jeszcze raz nie. Miłość to wolność, a nie przymus, swoboda, a nie ograniczenie. Historia z Rodo sprawiła, że do dziś jestem bardzo uczulona na wszelkie próby zawłaszczania mnie w całości. Przez kogokolwiek.

rozdział VII

Madryt

trzech tenorów i Wirtuoz

Impreza rozkręciła się już na całego. Delikatnie rzecz ujmując, wokół panował prawdziwie artystyczny nieład: wszędzie sztalugi, pędzle, kieliszki, butelki, muzyka na cały regulator, jacyś obcy faceci, dosyć już podochoceni, w tym przynajmniej jeden rozebrany od pasa w górę. Siedzieliśmy w naszym salonie, oprócz Hiszpanów byli z nami też Piotr i Zosia – wtedy już żona mojego brata – którzy wpadli do nas do Madrytu w odwiedziny. Atmosfera, podlana odpowiednią ilością wina, robiła się coraz bardziej swobodna. I właśnie w tym momencie całkiem niespodziewanie otworzyły się drzwi.

Nie powiem, przez chwilę byłam przekonana, że mam zwidy. Sądzę jednak, że podobnie czuli się niespodziewani goście. O ile można takim mianem określić ludzi, którzy bez zapowiedzi pojawili się w mieszkaniu – moich rodziców. Mieli wyjechać na okrągły miesiąc, więc wykonałam pospieszne obliczenia i wyszło mi, że minęły przecież dopiero trzy tygodnie. O ile czegoś nie pomyliłam... Ja i matematyka to trudna miłość, od zawsze.

Cóż, dzika impreza dwudziestolatków to z pewnością nie jest widok, który pragnęliby ujrzeć jacykolwiek rodzice zaraz po wejściu do własnego domu po dłuższej nieobecności.

Dlatego spodziewałam się nie tyle burzy z piorunami, ile raczej potężnego huraganu, który w jednej chwili wymiecie z salonu wszystkich zebranych. Moi znajomi chyba zresztą też przeczuwali, że przyjdzie im zmierzyć się z furiackimi siłami natury, bo zaczęli nerwowo spoglądać to na mnie, to na siebie. Napięcie było namacalne, czekaliśmy na pierwsze uderzenie nawałnicy.

Ta tymczasem... nie nadeszła. O dziwo Mama, choć – jak przypuszczam – gotowało się w niej okrutnie, nie powiedziała ani słowa. Jeszcze większą klasę zaprezentował Tata, który zamiast przegonić towarzystwo ze swego domu, podszedł do sprawy racjonalnie. Najzwyczajniej w świecie wszedł, przywitał się z moimi znajomymi i jakby nigdy nic zaczął pić z nami wino. Obyło się bez awantury. Nie wiem, czy rodzice zrozumieli, że w ten sposób odbijam sobie towarzyski celibat zarządzony przez Rodo, czy doszli do wniosku, że moje ekscesy z przyjaciółmi, nawet jeśli dochodzi do niech w ich domu, mają wyłącznie malarski charakter. Tak czy siak, do dziś jestem im wdzięczna za to, jak się wtedy zachowali.

Po zakończeniu historii z Rodo odżyłam, zaczęłam spotykać się z innymi ludźmi, dzięki czemu przez ostatnie dwa lata studiów miałam jako kompanów trzech naprawdę genialnych artystów – Federica, Javiera oraz Francesca, studentów mojej Akademii, z którymi w owym czasie bardzo się zbliżyłam. To była prawdziwa przyjaźń na gruncie artystycznym, w grę nie wchodziły żadne wyraźne pożądania. Może i w tym osobliwym układzie sił – w końcu byłam jedna na trzech facetów – pojawiały się od czasu do czasu jakieś fantazje, ale pozostały niewypowiedziane. Były to czasy absolutnego twórczego szaleństwa. Nie rozstawaliśmy się z notatnikami, stworzyliśmy małe imperium, w którym nieprzerwanie ktoś coś rysował czy szkicował. We czworo chodziliśmy na wszelkie możliwe wystawy, we czworo pojechaliśmy pociągiem do Paryża, we czworo nieustannie tworzyliśmy w pracowni Francesca. Stymulowaliśmy się wtedy wzajemnie artystycznie w niebywały sposób. Pamiętam te wielogodzinne posiadówy, cudowne dyskusje ludzi nadających dokładnie na tych samych falach, rozmowy o naszych marzeniach i ambicjach, ale też typowo technicznych kwestiach – warsztacie czy kolorach. To było coś nieprawdopodobnego. Potrafiłam najpierw towarzyszyć sycylijskiej matce Francesca podczas gotowania obiadu, by następnie, już po posiłku, do bladego świtu malować z nim w jego mieszkaniu. Najcudowniej jednak było wtedy, gdy spotykaliśmy się we czworo. Mogliśmy godzinami oglądać jakąś wystawę, by zaraz po wyjściu z galerii przez dwie godziny ganiać się po pobliskim parku, jednocześnie dyskutując o tym, co nas zaskoczyło, czego warto spróbować, co można zrobić lepiej.

Czasami gdy rodzice ruszali realizować swe podróżnicze pasje i wyjeżdżali na dłużej z domu, korzystaliśmy z naszego burżuazyjnego mieszkania. Kiedy tylko mercedes Taty opuszczał naszą cichą i spokojną ulicę, meldowała się u mnie cała ekipa wraz z niezliczoną ilością różnych utensyliów, głównie malarskich. Po kilku godzinach od wyjazdu rodziców całe mieszkanie jak za dotknięciem czarodziejskiej różdżki zmieniało się w pracownię artystyczną. Zaczynało się niewinnie, od zastawiania mojego pokoju, ale z czasem coraz gęściej robiło się też w salonie. Wszędzie walały się trociny ostrzonych precyzyjnie ołówków, pędzle stawały się najpopularniejszymi gośćmi na każdym stole, a całe mieszkanie wypełniały dźwięki puszczanego z winylowej płyty jazzu. Totalna wolność i beztroska. Malowaliśmy, piliśmy, jedliśmy dania, którymi popisywali się przede mną przyjaciele, dyskutowaliśmy całe noce. Za dnia zaś zdarzały nam się czasem wariackie pomysły, choćby obrzucanie z balkonu torbami wypełnionymi wodą nobliwych pań, które zmierzały do mieszczącego się nieopodal klubu bingo. A potężny bałagan, jaki koniec końców tworzyliśmy, idealnie dopełniał atmosferę nieco postrzelonej bohemy artystycznej. Równie dobrzy jak w tworzeniu rozgardiaszu byliśmy jednak także w sprzątaniu – mając w perspektywie powrót rodziców, w mgnieniu oka potrafiliśmy przywrócić mieszkanie i siebie do należytego porządku. Jak się okazało, do czasu...

Muszę jednak powiedzieć, że w czasie studiów rodzice ogromnie mnie wspierali – byli zachwyceni, że chcę zostać malarką, traktowali to jak spełnienie swoich marzeń. Pewnie dlatego z takim spokojem przyjmowali moje wyskoki.

Widzieli, że robię regularne postępy. Cały czas rozwijałam warsztat, udało mi się biegle opanować technikę klasyczną, a więc fundament edukacji akademickiej, i mogłam zacząć malować po swojemu. W efekcie przez ostatnie dwa lata studiów moja pozycja jako malarki wyraźnie się zmieniła. Zresztą już pod koniec trzeciego roku uczelnia zaproponowała mi jedną z sześciu tamtejszych pracowni. Było to olbrzymie wyróżnienie, wręcz nobilitacja, ale i duże wyzwanie. Musiałam udowodnić swoją wartość, ponieważ przyjęcie takiej propozycji oznaczało, że zobowiązuję się do przygotowania wystawy – mojej pierwszej wystawy jako studentki Akademii.

Uczelnia zorganizowała mi wystawę w madryckim Klubie Prasy Zagranicznej, mieszczącym się przy najważniejszej ulicy Madrytu – La Castellana. Na szczęście mój oficjalny artystyczny debiut okazał się absolutnym sukcesem. Największym moim problemem okazało się wcale nie namalowanie obrazów, ale to, że dopiero na dzień przed wernisażem przypomniałam sobie, że nie zorganizowałam fotografa, kogoś, kto uwieczniłby zarówno obrazy, jak i mnie podczas debiutu na hiszpańskich salonach. Szczęśliwie przypomniałam sobie, że pewien kolega Taty, Volkhart Müller, jest przecież

fotografem niemieckich gazet „Stern" i „Der Spiegel". Gdy zadzwoniłam i nieśmiało poprosiłam go o pomoc, zgodził się bez wahania. Pamiętam, że przyjechał na miejsce wyraźnie rozbawiony, a nastrój poprawił mu się jeszcze bardziej po tym, jak wziął się do pracy. Patrząc na moje obrazy i na mnie – a nie wiedzieć czemu, zrobiłam sobie na tę okazję warkocz w stylu charakterystycznym później dla ukraińskiej polityczki Julii Tymoszenko – stwierdził, że nic z nich nie rozumie, a ja jestem kompletną wariatką. Uroczy typ, pomyślałam. I tak to na razie zostawmy...

Na wernisażu pojawiło się wielu fantastycznych gości. Ryszard Kapuściński, przyjaciel Taty, totalnie oszalał i kupił od razu trzy moje prace. Wilhelmina Skulska, wtedy czołowa polska dziennikarka i publicystka, napisała pierwszą, bardzo zresztą pochlebną recenzję mojej wystawy, opublikowaną w tygodniku „Przekrój". Przy La Castellana zebrała się śmietanka towarzyska, nie tylko polska, ale i madrycka. Sprzedałam osiemdziesiąt procent wystawionych prac, w jedno popołudnie zarabiając kosmiczne trzydzieści tysięcy dolarów. Byłam w totalnym szoku, rodzice również nie mogli wyjść z podziwu.

Radziłam sobie już wtedy całkiem nieźle finansowo, zwłaszcza jak na studentkę, bo uwolniona od chorobliwej zazdrości Rodo miałam więcej czasu, aby zarobić kilka pesos. A dzięki biegłemu hiszpańskiemu, doskonałej znajomości miasta, artystycznemu usposobieniu i szerokim kontaktom Taty mogłam podejmować się przeróżnych zajęć, najczęściej z pogranicza kultury i sztuki oraz współpracy polsko-hiszpańskiej w tym zakresie. Obowiązki zawodowe Taty sprawiały, że wiedział o każdej wizycie polskich oficjeli, nie tylko polityków, ale też artystów i ludzi kultury. Bardzo często proszono go również, by zorganizował wsparcie dla przybywających z Warszawy pisarzy, muzyków czy reżyserów. Najczęściej pełniłam wtedy funkcję tłumaczki, ale zdarzało się też, że wcielałam się w rolę przewodnika po Madrycie czy innych częściach Hiszpanii. W ramach tego typu obowiązków miałam okazję towarzyszyć Tadeuszowi Różewiczowi podczas jego wyjazdów na festiwale do Sevilli i Cordoby, poznałam świetnie Tadeusza Kantora i jego najbardziej wówczas wziętych aktorów, bliźniaków Janickich, byłam tłumaczką Andrzeja Wajdy czy też szczególnie wielbionego w owym czasie w Hiszpanii Józefa Szajny.

Nie zawsze były to zadania tak satysfakcjonujące, niekiedy zdarzały mi się przedsięwzięcia mniej wdzięczne, za to dobrze płatne. Jedno z nich okazało się brzemienne w skutkach. Do Madrytu zawitać miał minister kultury Polskiej Rzeczpospolitej Ludowej wraz z jakimś muzykiem, który – prawdę mówiąc – nie prezentował się imponująco na przyniesionej przez Tatę ulotce: w oczy rzucała się bujna blond czupryna, lokowane włosy do ramion, a cała ta burza kłaków uczesana była w jakąś przedpotopową fryzurę z przedziałkiem na boku. Nie bardzo wyobrażałam sobie, jak powinien prezentować się geniusz muzyki, ale ten na takiego nie wyglądał. Za to lista jego sukcesów była naprawdę oszałamiająca.

Na żywo sprawiał niewiele lepsze wrażenie niż na zdjęciu. Gdy dotarłam na koncert, okazało się, że odbywa się on w salce wielkości dużego pokoju. Mimo tych warunków muszę przyznać, że sama muzyka bardzo mi się podobała, dosłownie się zasłuchałam. Najwidoczniej nastrój udzielił się też panu ministrowi, bo w pewnym momencie wpadł na niezwykle romantyczny pomysł i zaczął sunąć ręką po moim udzie. Cóż, nie wiedział, że mam pewną wprawę w tonowaniu takich prób – niemal odruchowo odwinęłam się i potężnie trzepnęłam go w pysk. Uderzenie było tak donośne, że muzyk z miejsca przestał grać. A ja, nie zważając już na nic, wstałam i wyszłam z sali, trzaskając drzwiami. Musiałam wywołać niemałą konsternację, skoro minutę później przez te same drzwi wyszła główna atrakcja wieczoru.

– Co pani najlepszego robi? To mój koncert!

– Pan wybaczy, ale nie miałam innego wyjścia.

To najwidoczniej nieco zbiło go z tropu, bo zupełnie zmienił temat:

– Jest tu jakiś kelner? Potrzebuję whisky.

– Jeśli pan sobie życzy, to go zawołam – odparłam, pomna na swoje obowiązki mimo paskudnego nastroju.

Za chwilę pojawiły się dwie szklaneczki whisky. Muzyk zerknął na tacę, wziął pierwszą i wypił ją duszkiem. Spojrzał na mnie z wyraźnym oczekiwaniem, że zrezygnuję ze swojej porcji, a gdy temu życzeniu stało się zadość, łapczywie sięgnął po kolejną szklaneczkę.

– A właściwie to co pani robi? – zapytał ni stąd, ni zowąd.

– Ja? Jestem tłumaczką ministra.

– No to chyba właśnie straciła pani posadę – wypalił. A potem zapytał: – Jakie ma pani teraz plany?

– Jadę do miasta.

– To ja panią podwiozę.

Wziął mnie pod ramię i wyprowadził przed budynek. W sekundę znalazł mercedesa użyczonego z ambasady i dość przekonująco mnie do niego zaprosił. Trochę mnie to zaniepokoiło.

– Dokąd jedziemy? – chciałam wiedzieć.

– Do mojego hotelu – odpowiedział, nie tracąc pewności siebie.

– Chyba nie, bo ja nigdzie się nie wybieram.

– Bez obaw. Muszę zdjąć smoking, a potem chciałbym, żeby oprowadziła mnie pani po tym cudownym mieście.

Zupełnie zbaraniałam. Był w jakiś uroczy sposób bezczelny i bardzo pewny siebie, a jego bezpośredni styl bycia mnie ujął. Zanim się nad tym wszystkim zastanowiłam, byliśmy już pod hotelem Wirtuoza, jak zaczęłam nazywać go w myślach. Nie kręcił – poprosił, żebym zaczekała na niego w lobby, sam zaś zmienił sceniczny frak na coś wygodniejszego. Trwało to dosłownie kilka minut, a gdy mój muzykalny porywacz ponownie się zjawił, przeprosił mnie za zbójeckie uprowadzenie. W cywilnych ciuchach wyglądał o niebo lepiej. Udało mu się nawet zrobić coś z tą zadziwiającą fryzurą, która podczas występu przypominała raczej źle wypłukanego zużytego mopa niż uczesanie wschodzącej gwiazdy polskiej i światowej muzyki klasycznej.

Była dziesiąta wieczorem, ale Madryt oczywiście nie chodzi spać o tej porze. Za odpowiednie miejsce do zawarcia znajomości i rozmowy uznałam Café Gijón, gdzie od czasów Picassa spotykali się madryccy artyści i malarze. Po dość prozaicznym wstępie, przy kieliszku wina po mojej stronie stołu i czegoś mocniejszego po stronie Wirtuoza, zeszliśmy na temat naszych artystycznych poczynań, inspiracji i planów. Okazał się cudownym rozmówcą, tak że ostatecznie wybraliśmy się jeszcze na kilkukilometrowy spacer, zakończony pod galerią NovaArt. To właśnie tam za kilka dni miałam otwierać swoją pierwszą samodzielnie zorganizowaną komercyjną wystawę. Kiedy pojawiliśmy się pod szklaną witryną na La Castellana, muzyk dosłownie oniemiał. Patrzył na moje prace z niekłamanym podziwem. Miał przed oczami wizualizację mojego trzygodzinnego wykładu, podczas którego przedstawiłam mu swoje artystyczne wyznanie wiary. A że miałam klucze, bo udostępniono mi je, żebym mogła w spokoju wszystko przewieźć, przygotować i zorganizować tak, jak chciałam, to otworzyłam drzwi i weszliśmy do środka. Wirtuoz kompletnie odleciał, gapił się na moje prace jak zaczarowany, zamyślał się, wzdychał. Czuł się chyba, jakby był zaproszony na prywatny koncert, przed którym ktoś dokładnie opowiedział mu o muzyce, którą ma usłyszeć. Co więcej, trafił na występ pod tytułem *Erotyka w sztuce*. Nic dodać, nic ująć – kilkadziesiąt bardzo sensualnych, a jednocześnie subtelnych i dających pole do popisu dla wyobraźni prac idealnie pasowało do tematu wystawy.

Ostatecznie wizyta w galerii przeciągnęła się do drugiej w nocy, więc propozycja, że muzyk odprowadzi mnie do domu,

była całkiem naturalna. Spacer po nocnym Madrycie okazał się szalenie romantyczny, trochę mniej romantycznie zrobiło się, gdy już dotarliśmy pod dom, nie tylko dlatego, że świat zaczęła powoli spowijać szarość świtu. Mój nowy znajomy ruszył do ofensywy:

– Wiesz, jestem padnięty, a przede mną jeszcze droga powrotna. Napiłbym się herbaty i trochę odsapnął.

– To urocze. I mocno dwuznaczne – stwierdziłam i uśmiechnęłam się z pewnym przekąsem, świadoma, co w takich okolicznościach może oznaczać propozycja pójścia na górę, tym bardziej że rodzice akurat wyjechali na dłużej, bo Tata był w Afganistanie, a Mama w Warszawie. – Ale nie ma sprawy. Musisz jednak wiedzieć, że w domu czeka na mnie pies, olbrzymi owczarek węgierski, mój największy obrońca i stróż. Potrafi być naprawdę niebezpieczny, a do tego nikomu nie daje mnie dotknąć. Tak że zapraszam, ale żeby nie było, że cię nie uprzedzałam.

Pewna o własne bezpieczeństwo, a zarazem chcąc ulżyć kubkiem herbaty zmęczonemu Wirtuozowi przed drogą powrotną, wskazałam mu miejsce w salonie, sama zaś pobiegłam do kuchni wstawić wodę. Jakież było więc moje zdumienie, kiedy po tych wszystkich opowieściach, jak to moja psina nienawidzi obcych i jakim jest kilerem, wychodząc z kuchni z dwoma kubkami herbaty w dłoni, zastałam mojego bezwzględnego obrońcę w pozycji horyzontalnej, tarzającego się rozkosznie na plecach przed uśmiechniętym Wirtuozem. Facet potrafił obłaskawić nie tylko instrumenty, ale i mojego zwierzaka. A nawet mnie.

Nie wchodząc w dalsze szczegóły, wyznam jedynie, że Wirtuoz oczywiście wrócił ostatecznie do hotelu, tyle że tydzień później. To było jakieś czyste wariactwo – Amor przycelował tym razem bezbłędnie. Jedynym naszym towarzyszem był alkohol, który mój muzyk pił od samego rana, nigdy się przy tym jednak nie upijając. Byliśmy jak dwa doskonale współbrzmiące instrumenty – wiedzieliśmy, kiedy pójść w zdecydowane staccato, a kiedy wystarczy leniwe i subtelne legato.

Były to czasy bez telefonów komórkowych i tego typu przeszkadzaczy, nikt nie mógł więc Wirtuoza zlokalizować. Gdy po tygodniu, całkiem wykończony, pojawił się w hotelu, ogłosił wszem wobec, że zapadł na jakąś straszliwą chorobę i przeleżał cały ten czas w szpitalu, z wysoką gorączką, za to bez choćby najmniejszej znajomości hiszpańskiego i dostępu do telefonu. Jeden wielki cud, że przeżył, po prostu boskie wstawiennictwo – i nie było to znowu tak dalekie od prawdy.

Był wrzesień, nie miałam jeszcze zajęć na uczelni, mogłam pozwolić sobie na rock and rolla, więc rzuciłam wszystko w cholerę i towarzyszyłam mu w trasie koncertowej po całej Hiszpanii, przedstawiana wszędzie jako kuzynka tłumaczka. Tysiące kilometrów w drodze, najpiękniejsze miejsca w kraju i co noc szalona miłość do rana.

Kończąc tę trzytygodniową sielankę, umówiliśmy się, że musimy jak najszybciej zobaczyć się znowu. Najbliższą sposobnością na powrót do tej gry na cztery ręce okazała się jego kolejna zagraniczna trasa, tym razem w Niemczech. Pod koniec października, konkretnego dnia i o ustalonej godzinie, mieliśmy się spotkać w umówionym miejscu – na dworcu kolejowym w Dortmundzie dokładnie o siedemnastej czterdzieści, na peronie, na który wjedzie pociąg z Warszawy.

W praktyce było to jednak nieco bardziej skomplikowane. Samoloty i pociągi z Madrytu oczywiście docierały do Niemiec, ale legitymowałam się paszportem Polski Ludowej, a do tego pieczę nad nim dzierżył Tata. Jako świadek wielu przewrotów, rewolucji i innych niespodziewanych zwrotów akcji na świecie pilnował go pieczołowicie, a kilka moich wypadów z kolegami artystami do Francji i Włoch jeszcze go w tej czujności utwierdziło. Musiałam więc mocno się nagimnastykować, żeby wydobyć dokument. Na szczęście w tamtym okresie miałam wystawę w Salamance, ponad dwieście kilometrów na zachód od Madrytu, idealnie po drodze do Portugalii, dokąd rodzice mieli jechać na tydzień przed moim spotkaniem z muzykiem, by odwieźć ambasadorową do Lizbony. Wznosząc się na wyżyny strategii, zapowiedziałam im, że pierwszy odcinek trasy pokonam z nimi, a potem zatrzymam się na kilka dni w Salamance, żeby mieć na wszystko oko w związku z wystawą. A ponieważ w tamtych czasach obcokrajowcy musieli zostawiać paszport w hotelach, w których się meldowali, Tata z dużą nieufnością przekazał mi ów drogocenny dokument.

Chwilę po tym, jak tylne światła samochodu rodziców zniknęły za najbliższym zakrętem, pobiegłam ile sił w nogach
do recepcji i poprosiłam o natychmiastowe wymeldowanie.
Poleciałam do pokoju jak na skrzydłach i spakowałam się
w pół minuty. Za chwilę ponownie stałam przed recepcjoni-
stą, uregulowałam rachunek i odebrałam z rąk zaskoczonego
obrotem sprawy mężczyzny moją przepustkę do Dortmundu,
a następnie wystrzeliłam jak z procy w stronę dworca kolejo-
wego. Kupiłam bilet na pierwszy możliwy pociąg do Madrytu
i niewiele ponad dwie godziny później wysiadłam w samym
centrum stolicy Hiszpanii. Kontynuowałam nierówny wyścig
z czasem – jako obywatelka bloku wschodniego musiałam
mieć specjalne zgody i wizy tranzytowe do poszczególnych
krajów. Trafiłam jednak na obowiązkową sjestę, dlatego za-
łatwianie wszystkich niezbędnych formalności zajęło mi całe
popołudnie. Wróciłam do domu styrana, ale przeszczęśliwa,
z kompletem wymaganych w podróży pieczątek, wpisów,
znaczków i innych niezbędnych adnotacji w paszporcie.
Mogłam ruszać w drogę, która miała się zakończyć w ramionach mego Wirtuoza.

W życiu nie odbyłam bardziej skomplikowanej i szalonej
podróży. Zaczęłam od lotu z Madrytu do Warszawy, choć
nie miałam bynajmniej zamiaru wylądować w naszej stolicy. LOT dysponował w owym czasie maszynami, które do
pokonania tak długiej trasy wymagały dotankowania, więc
wykorzystałam międzylądowanie w Luksemburgu, żeby się
urwać i ruszyć we właściwym kierunku – po trzech godzinach lotu wysiadłam po prostu na urokliwie położonym
lotnisku, a tam przejął mnie mój przyjaciel z Belgii, który zawiózł mnie do Dortmundu. Znalazłam się tam jeden
dzień przed terminem. Przespałam się w jakimś hotelu niedaleko dworca i od samego rana niecierpliwie czekałam na
siedemnastą czterdzieści.

Pojawiłam się na stacji oczywiście przed czasem. Nie było wtedy elektronicznych tablic informacyjnych, nie znałam niemal ani słowa po niemiecku, a papierowy rozkład jazdy na peronach, mimo że przecież, do cholery, zachodnioniemiecki, nijak się miał do faktycznego ruchu pociągów. Mieliśmy jedną jedyną szansę – gdyby któreś z nas się nie pojawiło, gdybyśmy minęli się na peronie, gdybyśmy się nie znaleźli, zaprzepaścilibyśmy szansę na spotkanie.

Zrobiła się siedemnasta pięćdziesiąt, tory po obu stronach peronu stały puste, a po niemrawych ruchach garstki znudzonych ludzi wywnioskowałam, że nic się tu chyba szybko nie wydarzy. Zaczęłam się denerwować. Chodziłam w przód i w tył, wyglądając jakichkolwiek świateł w oddali, nadstawiałam uszu na komunikaty, żeby dosłyszeć słówko „Polen" albo „Warschau". Wszystko na nic. Jedynym światełkiem nadziei był dla mnie jakiś facet, który w przeciwieństwie do mnie stał w zupełnym bezruchu, trzymając pod pachą polską gazetę. Ostatecznie postanowiłam do niego podejść i zapytać, czy może wie coś na temat godziny przyjazdu pociągu, na który – jak mi się wydawało – oboje czekaliśmy.

– Pociąg z Warszawy? – zapytał zaskoczony.

– Tak, z Warszawy – odparłam stanowczo.

– Ale że tutaj? Na tę stację?

– Jak najbardziej. Dzisiaj.

Zastanowił się chwilę, po czym poinformował mnie z uśmiechem:

– Miła pani, owszem, pociąg z Warszawy przyjeżdża dziś do Dortmundu, a nawet więcej: nie tyle przyjeżdża, ile całkiem niedawno przyjechał. Problem w tym, że nie na tę stację, lecz na inną, która jest kawałek stąd.

Momentalnie ugięły się pode mną nogi. Myślałam, że oszaleję. Zasuwałam przez trzy czwarte Europy, wykradając podstępnie paszport i odpuszczając naukę, a tu okazuje się, że ten pieprzony Dortmund, którego nienawidziłam w tamtej chwili najbardziej na świecie, ma kilka dworców kolejowych. Świadomość, że mój wysiłek poszedł na marne, że za chwilę czeka mnie równie męcząca droga powrotna i – co najgorsze – nie spotkam się z facetem, w którym zakochałam się na zabój, sprawiła, że usiadłam na peronowej ławce i zaczęłam płakać.

– Niech pani nie płacze, podwiozę panią – zaoferował się nagle mężczyzna, który wtrącił mnie przed chwilą w czeluść rozpaczy.

Już za chwilę siedziałam w małym fikuśnym busie. Mój wybawca okazał się do tego stopnia miły, że gdy tylko dotarliśmy na miejsce, najpierw znalazł właściwy peron, potem pobiegł tam ze mną, wskazując na stojący na nim pociąg z napisem PKP, a następnie otworzył przede mną staroświeckie, ciężkie drzwi pierwszego wagonu za lokomotywą. Zerknęłam na korytarz i serce mi zamarło – pociąg był pusty. Dopiero wtedy zorientowałam się, że nie tylko cały skład, ale i peron już opustoszał.

Mimo to postanowiłam dać sobie ostatnią szansę, zanim rozpadnę się na kawałki – uznałam, że metodycznie sprawdzę przedział po przedziale. Podziękowałam memu niespodziewanemu bohaterowi, który na odchodne życzył mi dużo szczęścia i podał szafirową wizytówkę, mówiąc, że gdybym czegoś potrzebowała, mam do niego walić jak w dym. Schowałam ją i rozpoczęłam rozpaczliwe poszukiwania zaginionego Wirtuoza. Nagle zamykane przedziały, które wraz z kompletem zasłonek dawały tak potrzebną pasażerom intymność, wydały mi się największym idiotyzmem polskiego kolejnictwa. Nie ustawałam jednak w wysiłkach, mimo że z każdym wagonem i przedziałem moja nadzieja malała. Nawet polscy konduktorzy opuścili już pokład – biegałam po widmowym pociągu w poszukiwaniu coraz bardziej widmowego kochanka.

Zupełnie zrezygnowana i pozbawiona nadziei weszłam do ostatniego wagonu. Byłam zmęczona, zniechęcona do granic możliwości, miałam za sobą piętnaście wagonów po dwanaście przedziałów każdy i nigdzie nie spotkałam żywej duszy. I wtedy, w tym ostatnim wagonie, zobaczyłam w przedziale jakiegoś mężczyznę z wciśniętą między kolana głową, wstrząsanego płaczem. Tych gęstych kręconych blond kłaków nie dało się nie rozpoznać...

– To ty? – zapytałam, nie wierząc własnym oczom.

Podniósł głowę, spojrzał na mnie i oszaleliśmy ze szczęścia. W tamtej chwili byłam przekonana, że odnalazłam tego jedynego mężczyznę na całe życie.

Gdy już opanowaliśmy emocje i się sobą nacieszyliśmy, okazało się, że mamy zaledwie godzinę do odjazdu pociągu, który zawiezie nas do Düsseldorfu, gdzie zaczynała się jego trasa koncertowa. W ciągu godzinnej podróży nie zdążyłam nawet opowiedzieć mu, w jak cudownych okolicznościach go odnalazłam, nie wspominając już o tym, jak dostałam się z Hiszpanii do Dortmundu. Później zresztą też nie miałam okazji, bo na dworcu w Düsseldorfie na mojego muzyka czekał cały komitet powitalny. Nie wiem, czy tak liczna ekipa wynikała z jego popularności, czy też ktoś uprzedził niemieckich organizatorów, że Wirtuoz przejawia właściwości kamfory i z powodu niejakiej słabości do trunków często znika. Trzeba było jeszcze tylko wyjaśnić moją obecność u boku muzyka – uznaliśmy, że na potrzeby pobytu w Niemczech zostanę jego polską menedżerką, a jednocześnie towarzyszącą mu kuzynką. Niemcy na szczęście, przynajmniej oficjalnie, nabrali się na ten banalny blef. Najbardziej zadowolony był jednak niemiecki menedżer muzyka, na którego twarzy na widok wysiadającego z pociągu Wirtuoza – i to wysiadającego o własnych siłach! – odmalowała się nie tyle ulga, ile wręcz błogość.

fot: m.makowski

Magdalena Ikonowicz

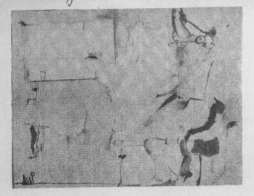

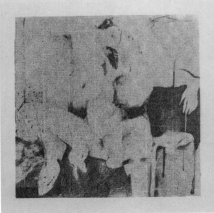

inauguracion de exposicion de pintura 2-x-1979
galeria novart. monte esqinza 46.madrid 4.
tel:4187966

Towarzyszyłam mojej nowej miłości do samego końca trasy, czyli przez... dwa miesiące. Całkowicie odpłynęłam. A że najwidoczniej udzieliły mi się skłonności mojego kochanka do znikania, to przez cały ten czas nie odezwałam się do rodziców. Porwana przez huragan miłości zupełnie zapomniałam, że wypadałoby chociaż potwierdzić, że wszystko u mnie gra. Dlatego też nie wiedzieli, co się ze mną dzieje, gdzie i z kim jestem. Nie wiem, jak to przeżyli – wiem natomiast, że gdyby taki numer wywinęły mi własne dzieci, chybabym je zatłukła.

W Niemczech oddaliśmy się całkowitej beztrosce. Błyskawicznie i konsekwentnie pozbywaliśmy się wszelkich funduszy, które Wirtuoz zarobił danego wieczora, dając koncert. Potrafiliśmy przejechać taksówką pięćdziesiąt kilometrów wzdłuż Renu z Düsseldorfu do polskiej restauracji w Kolonii tylko dlatego, że naszła nas ochota na schabowego. To był jeden wielki obłęd. Fantastyczne hotele, doskonała kuchnia, piękna muzyka, nadmiar gotówki, zupełny high life, w którym nie brakowało latania awionetkami niemieckich milionerów na prywatne koncerty w ich posiadłościach. Ale nie pławiliśmy się tylko w szeroko pojętej rozpuście. Cały czas też się poznawaliśmy, byliśmy siebie niezwykle ciekawi, prowadziliśmy długie rozmowy o sztuce. A kiedy występował, dosłownie zanurzałam się w jego muzyce, dźwięki były jak morze, którego fale mnie ogarniały, świat na zewnątrz przestawał istnieć. Miałam wrażenie, że gra tylko dla mnie, jemu zaś wydawało się, że na sali jestem wyłącznie ja. Jego muzyka była idealnym dopełnieniem naszego uczucia. Gdy zasiadał przy fortepianie, emanował niezwykłą wrażliwością; każdą nutę, a także ułamki ciszy między dźwiękami potrafił nasycić jakąś ulotnością, jakby to, co było w tej muzyce, poza samą muzykę wykraczało. Każde jego wykonanie różniło się od poprzedniego, co wieczór zachwycał wirtuozerską techniką i wyobraźnią, umiejąc niemal na nowo odkryć w granym przez siebie utworze coś, czego wcześniej nikt nie dostrzegał.

Wirtuoz potrafił mnie zaskoczyć, choć nie zawsze pozytywnie. Pewnego razu na przykład zabrał mnie do kina. Tyle że... kina porno. Jednym walorem tej wizyty było to, że na wejściu rozdawali za darmo czekoladki. Nie do końca wiedziałam, czego się spodziewać, zwłaszcza po tak słodkim wstępie, ale wystarczyło pięć minut tej wątpliwej rozrywki, żebym wyrobiła sobie na jej temat zdecydowane zdanie – nie wiedziałam, czy bliżej mi do wymiotów, omdlenia czy awaryjnej ewakuacji. Okropne doświadczenie. W ciągu tych dwóch miesięcy tylko wtedy naprawdę żałowałam, że z nim jestem. No, może nie tylko wtedy...

Z czasem bowiem sytuacja zaczęła przybierać nieco destrukcyjny charakter. Już po jakichś dwóch tygodniach, gdy Wirtuoz oswoił się z tym, że przy nim jestem, i nabrał pewności, że jeszcze długo z nim zostanę, zaczął znikać o szóstej rano. Nie od razu zorientowałam się, dlaczego to robi. Dopiero po pewnym czasie odkryłam, że po prostu musiał się napić. I tak po raz pierwszy w życiu mogłam się przekonać, jak funkcjonuje alkoholik: po zakończonym po północy koncercie mój ukochany potrafił wstać skoro świt tylko po to, żeby pójść na wódkę. Wiedziona miłością przymykałam na to oko.

Nieformalny mecenas i sponsor mojego wybranka, leciwy już pan, dobrze znający kontekst całej sytuacji i obserwujący rozwój wydarzeń, złożył muzykowi dość zdumiewającą propozycję. Oznajmił, że widzi, jak szczęśliwy jest ze mną, dlatego w mojej obecności oświadczył, że jeśli zwiążemy się ze sobą formalnie, przekaże muzycznemu geniuszowi cały swój majątek. Bezdzietny milioner w jesieni życia najwidoczniej stwierdził, że może pomóc swemu podopiecznemu w osiągnięciu szczęścia, a mnie uznał za gwarancję, że tak się właśnie stanie. Wirtuoz, chyba mocno zaskoczony tą hojną propozycją, z miejsca na nią przystał.

Sielanka trwała więc w najlepsze, aż do dnia, kiedy Wirtuoz wpadł jak huragan do naszego pokoju hotelowego w Düsseldorfie, który przez cały ten czas stanowił naszą bazę wypadową. Było wprawdzie wcześnie, ale dało się po nim zauważyć, że zdążył już sobie zafundować poranną wódkę. Kiedy trochę się uspokoił, usiadł na łóżku i oznajmił:

– Nie mamy już ani grosza. Wszystkie pieniądze przebimbaliśmy. Ojciec chce, żebym natychmiast wracał do Polski.

Wiedziałam, że mój ukochany czuje przed ojcem respekt, i to poważny, ale nie sądziłam, że aż tak panicznie się go boi. Szybko jednak się o tym przekonałam: muzyk zaczął się w pośpiechu pakować, opowiadając mi, jakie klęski na niego spadną, jeśli nie podporządkuje się temu poleceniu. Zebrał się i wyjechał jeszcze tego samego dnia, zostawiając mnie samą. Ale nie był to koniec niespodzianek.

Kiedy zeszłam bowiem do recepcji, okazało się, że mój artysta „zapomniał" zapłacić za hotel. Nie tylko za noclegi, ale i serwowane w pokoju śniadania, szampany i inne cuda, na które pozwalaliśmy sobie przez te prawie dwa miesiące czystego szaleństwa. Cóż, dobra zabawa często kończy się solidnym kacem.

Byłam w kropce. Bez grosza przy duszy, za to z potężnym długiem. Obsługa hotelowa wyrzuciła mnie na bruk, ale zatrzymała mój paszport i walizki, dając mi dwa dni na uregulowanie rachunku. Zostałam w tym, co miałam na sobie, bez paszportu i z zerową znajomością niemieckiego. Doprawdy wspaniale. Nic nie przychodziło mi do głowy, aż w akcie desperacji sięgnęłam po wizytówkę, którą na peronie w Dortmundzie wręczył mi mój nieznajomy wybawiciel. Żeby zdobyć dwadzieścia pięć marek na bilet kolejowy do Dortmundu, musiałam wziąć na litość brytyjskich żołnierzy, których poznałam wcześniej z Wirtuozem; ubawili się moją historią po pachy, ale w zamian poratowali mnie bez wahania.

Dotarłam do Dortmundu bladym świtem, pierwszym pociągiem z Düsseldorfu. Wysiadłam na dworcu, na którym dwa miesiące wcześniej zaczął się ten karnawał, za który teraz los wystawił mi słony rachunek. Całą moją nadzieją był kawałek tekturki z bardzo ograniczoną treścią – jedyna pogrubiona linijka na wizytówce układała się w napis KLUB NOCNY. Nie brzmiało to zachęcająco dla młodej atrakcyjnej dziewczyny bez paszportu, ale nie miałam wyjścia. Nie mogłam zadzwonić do rodziców – byłam cholernie ambitna i nie chciałam prosić ich o pomoc, tym bardziej zaś przyznać się, gdzie jestem i jak znalazłam się w Niemczech.

Z dortmundzkiego dworca udałam się wprost pod adres z wizytówki. Był wczesny i mroźny poranek w środku tygodnia. Przed drzwiami mieszkania pojawiłam się chwilę przed ósmą rano. Zapukałam z pewnym wahaniem. Po dziesięciu sekundach usłyszałam jakieś głosy po drugiej stronie i drzwi się otworzyły. W wejściu stała około czterdziestoletnia kobieta w typie Violetty Villas, której jedynym odzieniem była bardzo przezroczysta szafirowa koszula nocna do samej ziemi, praktycznie niewidzialne majtki i złote klapki. Nie było już jednak odwrotu.

Przywitałam się po polsku i o dziwo usłyszałam odpowiedź w tym samym języku. Co jeszcze dziwniejsze, kobieta bez wahania zaprosiła mnie do środka, tak jakby codziennie o ósmej rano pod ich domem stała zmarznięta Polka bez grosza przy duszy. Czułam jedynie ulgę, że po paskudnej podróży porannym pociągiem i spacerze na mroźnym powietrzu wchodzę do ciepłego pomieszczenia. Szybko przekonałam się, że nie było to zwykłe wnętrze mieszkania – na szafirowym suficie wymalowano złote gwiazdy. Zaraz potem pojawił się gospodarz – ów poznany przeze mnie na dworcu mężczyzna, który wydawał się wprost zachwycony, że mnie widzi.

Przyjęto mnie obfitym śniadaniem, z kawiorem i szampanem jako jego głównymi składnikami. Siedząc przy stole, opowiedziałam im moją historię. Gdy zamilkłam, nie wiedząc, jak poprosić ich o pomoc, usłyszałam:

– Chyba możemy coś dla ciebie zrobić, ale musisz jechać z nami do pracy. Kochanie, wykąp się. Powinnaś się też przebrać.

Cóż, nawet jeśli ich nalegania, bym wzięła prysznic i włożyła na siebie pożyczoną kieckę, sprawiły, że naszły mnie wątpliwości, czy na pewno postępuję rozsądnie, nie miałam specjalnego wyboru. Zrobiło się jeszcze dziwniej, gdy pachnąca i wylaszczona wsiadłam do znajomego mi już busika. Usiadłam z przodu, a przez boczne tylne drzwi zaczęły wchodzić wyzywająco ubrane młode dziewczyny z Polski, którym zostałam przedstawiona jako rodzina gospodarza. Była tam dentystka ze Szczecina, studentka prawa z Wrocławia, jakieś poznanianki... Wygląd tych pań dosadnie zdradzał charakter ich pracy, a jeśli miałam co do tego jakiekolwiek wątpliwości, to pozbyłam się ich, przysłuchując się rozmowom kobiet w trakcie jazdy. W ciągu czterdziestu minut brałam udział w rozpisanym na kilka głosów wykładzie na temat wszelkich możliwych odmian seksu. Dowiedziałam się, co jest teraz modne, co ile kosztuje, od czego warto zaczynać, a czego unikać. Tata byłby ze mnie dumny jak cholera.

Wreszcie dojechaliśmy na miejsce – okazało się, że mój wielkoduszny wybawca wraz ze swoją ukochaną prowadzą klub w jakiejś mieścinie przy autostradzie. Chyba mocno zbladłam, wyobrażając sobie, jak odpracuję hotelowy dług. Na szczęście okazało się, że kierownictwo przybytku nie narzeka na brak personelu i nie musi uzupełniać pogłowia pracownic. Już w środku szef całego interesu oznajmił mi dwie rzeczy:

po pierwsze – musiał iść spać, a dowodzenie przejmowała „Violetta"; po drugie – doradził mi, żebym nikomu się nie pokazywała, bo tego dnia odbywa się tu „impreza" i dla własnego spokoju powinnam trzymać się z dala od jej uczestników.

Jak się okazało, z tych szumnych zapowiedzi niewiele wynikło – było akurat Świętego Józefa, czyli Dzień Ojca, i w przybytku pojawił się dosłownie jeden starszy facet. Tak naprawdę więcej działo się na tyłach. Widząc mizerny ruch, dziewczyny poprzykrywały się swetrami i siedziały w pobliżu kuchni, kontynuując dyskusje z busa. Byłam w burdelu tylko tę jedną noc, ale przez ten czas dowiedziałam się o seksie tysiąc razy więcej niż w całym dotychczasowym życiu.

Nazajutrz gospodarz pojawił się wcześnie rano i zdenerwowany poinformował mnie, że śnił mu się węgiel, a to bardzo zły znak, dlatego natychmiast musimy wracać do Dortmundu. Zagonił dziewczyny do busika i ruszyliśmy w drogę powrotną. W domu gospodarze znowu zafundowali mi obfite śniadanie, lecz w trakcie posiłku zapukał listonosz z depeszą, która przynosiła smutne wieści o śmierci babci mojego dobroczyńcy. Przybiło go to strasznie. Razem ze swoją partnerką zaczął mnie przepraszać, że nie mogą mnie dłużej gościć, bo muszą pilnie pojechać do Szczecina. Mimo własnej tragedii ci cudowni ludzie nie zostawili mnie jednak na lodzie – nie wiem dlaczego, ale nie tylko postanowili odwieźć mnie do hotelu w Düsseldorfie i spłacić mój dług, ale na koniec zaskoczyli mnie jeszcze pytaniem, dokąd mają kupić mi bilet. Chciałam pojechać do Brukseli, głównie dlatego, że bałam się wracać do domu.

Nie wiem, jak nazywał się ten człowiek, kim był w Polsce, zanim został właścicielem przyautostradowego burdeliku i busika, którym woził tam kilka dziewczyn. Nigdy potem nie miałam z nim żadnego kontaktu. Ale na zawsze zapamiętałam, że bezinteresownie uratował mi tyłek, honor, a może i życie. I chciałabym mu za to w tym miejscu serdecznie podziękować.

Moja podróż powrotna do Madrytu nieco się przeciągnęła. Najpierw wylądowałam w Brukseli, gdzie mój przyjaciel Boguś zameldował mnie u swoich przyjaciół. Spędziłam tam kolejny tydzień, rysując, jedząc, pijąc i korzystając z życia. Boguś pomógł mi też sprzedać jakieś dwa obrazki, które tam namalowałam, dzięki czemu było mnie stać na dalszą podróż.

Nie byłabym jednak sobą, gdybym od razu kupiła bilet do Madrytu. Nie spieszyło mi się do spotkania z rodzicami, choć poszłam po rozum do głowy choć na tyle, żeby przed wyjazdem z Belgii skontaktować się z kolegą Taty, korespondentem PAP w Paryżu. Poprosiłam go o dwie rzeczy: żeby pozwolił mi pomieszkać w swoim służbowym mieszkaniu w stolicy Francji, a przede wszystkim – żeby skontaktował się z Tatą. Chciałam w ten sposób stopniowo oswoić rodziców z myślą, że ich córka żyje i niedługo, zaraz po wycieczce do Paryża, wróci do domu. Wolałam jednak, by ten komunikat dotarł do Taty, zanim jeszcze ruszę w kierunku wieży Eiffla. Chciałam zawczasu uspokoić rodziców, żeby nie podejmowali żadnych gwałtownych działań. Byłam bowiem przekonana, że gdyby otrzymali wiadomość, że już w Paryżu jestem, Tata zmusiłby swego kolegę do uwięzienia mnie w mieszkaniu, a sam minutę potem pędziłby samochodem przez Pireneje ku Francji.

Paryż był moim ostatnim przystankiem w tej szalonej podróży za szczęściem, miłością i wolnością. Postanowiłam więc wykorzystać tę okazję do maksimum i urządziłam sobie karnawał przed czekającym mnie postem – zostałam tam przez tydzień, odwiedzając galerie, muzea, kosztując doskonałych win i wspaniałej kuchni oraz beztrosko spacerując. Prawie beztrosko...

Spodziewałam się bowiem, że po powrocie do domu czekają mnie ciężkie chwile, i mocno się tego obawiałam.

Dlatego zupełnie zaskoczyło mnie to, jak zostałam przywitana. Dopiero po latach dowiedziałam się, jaką mądrością wykazała się wtedy Mama. Widząc targające Tatą emocje, rozkazała mu po prostu, żeby się nie odzywał, gdy już mnie zobaczy. Ostrzegła go, że jeśli na mnie wsiądzie i zaleje mnie pretensjami, jeśli podkopie moją potrzebę wolności i autonomii, będzie to miało opłakane skutki i straci mnie na zawsze. To dzięki Mamie uniknęłam awantur, pretensji i żalów. Po prostu mnie powitali, a w domu poprosili, żebym opowiedziała, gdzie byłam, jak sobie radziłam i czy było mi dobrze. Nie wydawali się wścibscy czy wściekli, po prostu usiłowali mnie zrozumieć. Tego dnia poczułam, że stałam się dla rodziców partnerką, że przestali mnie traktować jak zwariowaną nastolatkę wymagającą sterowania i nadzoru.

To nie był jednak koniec mojej znajomości z Wirtuozem. Spotykaliśmy się w miarę regularnie przez niemal kolejne dwa lata. On chodził na żebry do Ministerstwa Kultury, żeby urzędnicy wysyłali go na występy jak najbliżej Hiszpanii, ja natomiast uciekałam do Polski, kiedy tylko się dało. Naszym złym duchem był jego ojciec, generał, który robił doprawdy wszystko, aby utrudnić nam życie: śledził syna, wypytywał o niego i o mnie, wymyślał przeróżne, czasem wręcz absurdalne powody, żeby podczas moich rzadkich wizyt w Polsce syn był zajęty odwiedzinami u rodziny czy koniecznością zagrania charytatywnego koncertu w jakimś klubie garnizonowym.

Nie wiedział jednak – i pewnie nie dowiedział się nigdy – że nasza miłość miała też dobrego anioła stróża, nauczycielkę ze szkoły muzycznej, która spędzała z moim Wirtuozem mnóstwo godzin na sali ćwiczeń. Musiała mieć naprawdę romantyczną duszę, ponieważ i ona uwierzyła, że jej podopiecznego i mnie łączy najprawdziwsza miłość ponad wszystko. Postanowiła więc, że będzie sprzyjać naszemu uczuciu i w razie potrzeby dostarczy mojemu ukochanemu alibi, a do tego użyczyła nam swego drugiego, pustego mieszkania na Bemowie. Było to dla nas prawdziwe błogosławieństwo, ponieważ generał, niesiony obsesją kontroli, wszczynał szaleńcze poszukiwania, ilekroć syn zniknął mu z radaru. W kompletnym szale jeździł wtedy po całym mieście, od szkoły muzycznej przez filharmonię po sale ćwiczeń kilku warszawskich orkiestr, i gdyby nie pomoc sędziwej pani profesor, nie mielibyśmy się przed nim gdzie schować.

W swej detektywistycznej pasji ojciec Wirtuoza potrafił posunąć się naprawdę daleko. Przekonała się o tym Marcysia Rejman, moja przyjaciółka, siostra żony mojego brata. Podczas jednej z moich wizyt w Polsce, gdy zaszyliśmy się z Wirtuozem na Bemowie, pan generał wykonał prawdziwą szarżę i z zaskoczenia wpadł do Rejmanów (ojciec Marcysi, Stanisław, był sędzią Sądu Najwyższego, a matka, Genowefa Rejman, kierownikiem Zakładu Prawa Karnego) przed siódmą rano, wykrzykując furiacko od progu, że przyszedł zabrać syna. A że w progu stanęła młoda dziewczyna, która nie bardzo wiedziała, co się dzieje, więc wparował do mieszkania, żądając, by wydano mu pierworodnego. Na nic zdały się zaprzeczenia – przeprowadził prawdziwie wojskową inspekcję, dokładnie przeszukując wszystkie pomieszczenia. Moja bratowa, Zosia, do dzisiaj wspomina, jak to jakiś zapieniony facet w mundurze wpadł do jej pokoju, zajrzał pod łóżko, a potem zaryczał wściekle: „Gdzie jest, kurwa, mój syn?".

W końcu generał sięgnął po środki ostateczne – postanowił zamknąć syna w ośrodku wojskowym, a żeby odsunąć go jak najdalej od wszelkich uciech oferowanych przez stolicę, jako lokalizację wybrał Zakopane. Był listopad, miesiąc, w którym to centrum zimowych rozrywek faktycznie zamieniało się w pustelnię. Generał nie przewidział jednak, jak zdeterminowani potrafią być ludzie, którzy kochają się do szaleństwa.

Gdy tylko dotarła do mnie informacja o tatrzańskim areszcie mojego ukochanego, nie zastanawiając się zbyt długo, wsiadłam do samolotu, potem pociągu i już kilka dni później zameldowałam się w zakopiańskim hotelu Giewont. Na ostatnim roku studiów byłam po kilku komercyjnych wystawach i mogłam pozwolić sobie na komfort podróży lotniczej, a także całkiem dobry hotel. Kiedy więc zainstalowałam się na miejscu i przekazałam muzykowi moje współrzędne, pozostało mi tylko tęsknie go wyglądać. Nigdy nie wiedziałam, kiedy uda mu się do mnie urwać, nie znałam dnia ani godziny, a pikanterii całej sytuacji dodawał fakt, że zawsze istniało niebezpieczeństwo, że w czasie gdy będziemy się kochali, do pokoju wpadnie szwadron żandarmerii wojskowej. Zdarzyło się nawet, że mimo zamieci Wirtuoz pojawił się u mnie bez... butów, bo ktoś, pewnie na rozkaz generała, skonfiskował mojemu ukochanemu obuwie. Wieczorny spacer przypłacił więc prawie odmrożeniem placów u stóp, ale miłość skłania ludzi nie do takich wyczynów jak przechytrzenie kilku smutnych panów w mundurach.

Te dwa lata związku na raty, dwa lata uciekania przed dominującym ojcem, dwa lata ukrywania się po obcych mieszkaniach, a do tego postępujące uzależnienie Wirtuoza od alkoholu to było jednak dla mnie za wiele. Kochałam mojego muzyka na zabój, ale po pewnym czasie to wszystko zanadto zaczęło przypominać jakiś obłęd.

Rozstanie przeżyłam okropnie. Dużo płakałam i wydawało mi się, że już nigdy nie spotkam podobnego faceta. Czy to jednak takie dziwne w przypadku zakochanej do obłędu dwudziestokilkulatki? Dziś, po latach i wielu innych doświadczeniach, rozumiem, że mimo smutnego zakończenia ten związek był dla mnie niezwykle istotny. Przede wszystkim ukształtował mnie jako dojrzałą kobietę. Mnóstwo w tym czasie przeżyłam i wiele zrozumiałam, poznałam prawdziwą miłość. Pierwszy raz czułam się autentycznie kochana, potrzebna, akceptowana, a przy tym cieszyłam się pełną wolnością, mogłam być całkowicie sobą. Miałam w końcu okazję pofrunąć w swoją stronę – jak płatek śniegu korzystałam z każdego podmuchu, żeby tylko ulecieć jak najdalej, jak najwyżej, szybować jak najpiękniej. Te dwa lata zawiodły mnie na zupełnie nowe, cudowne obszary – w życiu, miłości, malarstwie. Byłam w oku cyklonu, a wokół mnie szaleńczo wirowały wielka miłość, przyjaźń, moje malowanie czy muzyka Wirtuoza, ale też choroba alkoholowa i dramat jego rodziny.

Nie żałuję ani jednego dnia, ani jednej sekundy. Łączyło nas wielkie, zniewalające uczucie, byłam wreszcie kochana bezwarunkowo. Sama również tak kochałam. Czułam miłość dosłownie w każdej komórce ciała. Ale miałam w końcu dość toksycznych związków Wirtuoza: z jednej strony z rodziną, z drugiej – z gorzałą. Wiele wówczas przeżyłam, wiele zrozumiałam, wiele się nauczyłam. Musiałam się ratować. I się uratowałam.

Volkhart

Auto ryczało i dymiło niczym ranny smok, chmura ołowianego dymu za nami świadczyła o tym, że pojazd daje z siebie absolutnie wszystko, choć niewiele zostało w nim już duszy. Wracaliśmy z Salamanki (miasto to, jak widać, odgrywało w moim życiu istotną rolę), dokąd zawiozłam tym wysłużonym gratem swoje dzieła na planowaną wystawę. Spoglądaliśmy na siebie z Gregorem zaniepokojeni – nie wiem, czy bardziej stanem pojazdu, czy perspektywą uduszenia się w kłębach dymu i spalin. Nagle, jakieś pięćdziesiąt kilometrów przed Madrytem, samochód zgasł i po serii rozpaczliwych rzężeń i drgawek przeszedł w stan spoczynku. Jak się okazało – wiecznego. Dosłownie go zamordowaliśmy, choć ja byłam jedynie nieświadomą wspólniczką tej zbrodni, bo to Gregor zapomniał dolać oleju, wskutek czego zatarliśmy silnik. I tak oto wylądowaliśmy na poboczu drogi prowadzącej do stolicy Hiszpanii, wbijając wzrok w horyzont, nad którym zbierały się ciemne chmury. Było w tym coś symbolicznego – choć uświadomiłam to sobie dopiero po jakimś czasie...

Niełatwo było mi dojść do siebie po rozstaniu z Wirtuozem. Na szczęście miałam w Madrycie sprawdzonych i oddanych przyjaciół, a także mnóstwo obowiązków. Kończyłam studia, przygotowywałam więc kolejne wystawy, w tym tę najważniejszą, która miała zostać moją pracą dyplomową. Ale to nie koniec, bo znalazłam też sobie zajęcie jako menedżer w Tijo Pepe, restauracyjce na placu 2 Maja, która swą nazwę zawdzięczała alkoholowym maratonom brata samego Napoleona Bonaparte, zwanego „wujkiem Pepe". Nie był to wybitnie ekskluzywny lokal, za to bardzo tradycyjny i z zasadami. A mnie pasował tym bardziej, że odwiedzali go głównie mieszkańcy placu, na którym w owym czasie lokowała się głównie artystyczna bohema: muzycy, malarze czy ludzie pióra.

Radziłam też sobie z rozpaczą po Wirtuozie w inny, bardziej tradycyjny dla mnie sposób. Poznałam pewną niemiecką artystkę, Tilly, kobietę sporo ode mnie starszą, która wypalała ceramikę i namawiała mnie, żebym w ten sposób zarabiała. Zaprzyjaźniłam się z nią i tak poznałam również jej syna, Gregora. Okazało się, że Tilly bardzo nie podoba się jego obecna dziewczyna, głównie dlatego, że popalała z Gregorem haszysz, więc moje pojawienie się było jej bardzo na rękę. A że moje serce nie znosi pustki, więc już po kilku miesiącach ostatnie łzy po Wirtuozie ocierał mi z policzka właśnie Gregor. Okazał się ucieleśnieniem dobrego wychowania, świetnych manier i wysokiej kultury. Zawsze wiedział, co włożyć, jak i kiedy się odezwać i jakie wino zamówić do kolacji. Był niczym klasyczny niemiecki samochód: solidny, bezawaryjny i całkiem nieźle się prezentował. Koił mą tęsknotę za Wirtuozem tak skutecznie, że po kilku miesiącach przeprowadziłam się do przepięknego domu (zaprojektowanego oczywiście przez ojca Gregora) w najbardziej snobistycznej dzielnicy Madrytu, El Viso, gdzie mieszkali całą trójką. Rodzice Gregora przywitali mnie z otwartymi ramionami. Do tego stopnia, że doskonale znająca potrzeby młodej artystki Tilly przeznaczyła jeden z pokoi na moją pracownię. Miałam więc komfortowe warunki do malowania i mogłam przypomnieć sobie, jak bardzo to kocham. A jeśli robi się coś z prawdziwą miłością, wcześniej czy później przynosi to efekty.

I tak było też w moim przypadku: zaczęłam odnosić pierwsze większe sukcesy, a kolejne wernisaże, wystawy i wyróżnienia utwierdzały mnie tylko w przekonaniu, że moim przeznaczeniem jest malarstwo. Ponieważ osiągnęłam już wiek, w którym trzeba podjąć jakieś decyzje dotyczące tak zwanego życia, wybrać, mówiąc brutalnym językiem dojrzałości, z czego będzie się płacić rachunki, postanowiłam ułożyć metodyczny plan działania w niemieckim duchu. W tym celu musiałam wbrew swej naturze mocno ograniczyć przyrodzone porywy. I tak właśnie zrobiłam – skoro siłą woli i dzięki rozsądkowi potrafiłam zrezygnować ze swojego muzyka, to chyba mogłam też spróbować ułożyć sobie życie zawodowe, prawda? Mieszkając w domu, w którym każda trawka była przycięta co do milimetra, każda koszula złożona w kosteczkę, każdy pies idealnie bawarski, a każdy samochód pucowany co sobotę, popadłam wręcz w obłęd porządku i planowania.

To nie był czas wielkich ekstrawagancji, ale potrzebowałam wtedy emocjonalnej flauty. Kolejne dni i tygodnie upływały mi w błogim spokoju, a Gregor mocno dbał, by niczego mi nie brakowało. Nasze życie okazało się bardzo poprawne i tak spokojne, że aż jednostajne, ale po emocjonalnej kolejce górskiej z Wirtuozem nic nie mogło mi zrobić lepiej niż niemiecki *Ordnung*, także w wydaniu uczuciowym.

Tata nie od razu przekonał się do Gregora – początkowo był mocno przeciwny temu związkowi i zdarzało mu się jeździć po mieście, żeby mnie znaleźć i sprowadzić do domu. Ale że kilka razy wykazałam się poważną determinacją, kiedy stanowczo oświadczyłam, że przenoszę się do Gregora, zrobiło to chyba na nim pewne wrażenie i zanadto nie protestował. Po części wynikało to, myślę, z faktu, że moje dotychczasowe bitwy o wolność i samodzielność dały mu do myślenia, ale nie mniej istotny był tu też chyba status familii mojego nowego wybranka. Tak czy siak, obojgu moim rodzicom spodobało się to, że ich roztrzepana, a czasami po prostu szalona córka znalazła sobie kawalera z zacnej, a na dodatek majętnej rodziny, przy którym zrezygnowała z wyskoków, wróciła do nauki i malarstwa, przede wszystkim zaś przestała niespodziewanie znikać. Wszystkie elementy tej układanki pasowały do siebie tak dobrze, że już po kilku miesiącach wspólnego mieszkania dorobiłam się oficjalnego statusu narzeczonej, a w kolejnej garderobie za chwilę miała zawisnąć kolejna suknia ślubna.

Los jednak nie zawsze układa się tak, jak to sobie planowaliśmy, zwykle ma ludzkie zamierzenia w głębokim poważaniu i rzuca nami jak liśćmi na wietrze. Tak też było w moim przypadku. Choć gdy pod koniec roku 1979 jechałam z własnymi obrazami do Salamanki, nie sądziłam, że wyprawa zdezolowanym bmw będzie miała tak doniosłe skutki dla całego mojego życia.

Od jakiegoś czasu było wiadomo, że tego dnia Gregor nie będzie mógł skorzystać z samochodu rodziców, więc należało ten problem jakoś rozwiązać. Na szczęście wiedziałam, do kogo mogę się zwrócić w potrzebie. Volkhart Müller – niemiecki kolega Taty, korespondent gazety „Der Spiegel", którego swego czasu poprosiłam o sfotografowanie mojej wystawy, okazał się bardzo miły i pożyczył mi na trzy dni swoje białe bmw. Nie było to – delikatnie rzecz ujmując – auto pierwszej świeżości, już na pierwszy rzut oka wyglądało na bardzo wymęczone życiem, ale nie narzekałam.

Jak ta wyprawa skończyła się dla samochodu Volkharta (na szczęście miał jeszcze jeden wóz, w nieco lepszym stanie), wspominałam na wstępie rozdziału. I pewnie łatwo się domyślić, że równie gwałtowny, choć na szczęście mniej śmiertelny wpływ podróż ta wywarła na zaangażowane w nią osoby. A wszystko przez nękające mnie potężne wyrzuty sumienia. Ostatecznie pamiętałam Volkharta z wizyt w naszym domu, a jeszcze lepiej ze względu na nasze dyskusje podczas mojej wystawy. Wiedziałam, że to skromny facet, który mało dba o własne wygody i lubi proste życie, ale miałam też świadomość, że samochód w fachu korespondenta i fotografa jest równie niezbędny co aparat fotograficzny czy maszyna do pisania. Poczucie winy męczyło mnie do tego stopnia, że postanowiłam przeprosić go za utratę wozu, zapraszając go na kolację. Zrobiłam to z autentycznej potrzeby choćby symbolicznego odwdzięczenia się za to, jakie wsparcie i gotowość do pomocy mi zawsze okazywał. Gregor twierdził zresztą, że to bardzo dobry pomysł, i sam podwiózł mnie na spotkanie. Ciekawe, czy uważał tak również jakiś czas później?

Umówiliśmy się w słynnej Café Gijón, centrum spotkań madryckiej inteligencji i arystokracji. Nauczona niemieckiej punktualności byłam na miejscu chwilę przed czasem, mimo to Volkhart już na mnie czekał. Stał przy barze, a gdy w końcu mnie dostrzegł, na jego twarzy odmalowało się kompletne zaskoczenie i... dosłownie zalał się szkarłatem. Miał mnie chyba za ekstrawagancką, nieco postrzeloną dziewczynę o ambicjach artystycznych, która najchętniej nosi spodnie i swetry albo jakieś kolorowe ciuchy i kierpce, a włosy zaplata w warkocze. I chyba takiego widoku się spodziewał. Tymczasem okazało się, że ma spotkać się z niezłą, mocno wystrojoną na tę okoliczność laską. Fakt, wyglądałam całkiem nieźle. Miałam na sobie bardzo obcisłą i krótką sukienkę w kolorze amarantowym, byłam opalona, a na głowie falowała mi burza rudych loków. Brzydkie kaczątko sprzed kilku lat zamieniło się w zgrabną kobietę, a ta transformacja nie umknęła uwadze mojego towarzysza. Opanował się jednak wkrótce i prowadząc przez kilka godzin przemiłą rozmowę, wypiliśmy przy barze

Volkhart Müller

butelkę wina. Uznaliśmy, że to nam nie wystarczy, dlatego zaraz potem przenieśliśmy się do mojego Tijo Pepe. Bardzo interesowało go wszystko, co opowiadałam, śmiał się przez kilka godzin – w jego oczach moje życie przypominało film przygodowy, było niczym wytwór jakiejś nieujarzmionej fantazji. Nie mógł wprost uwierzyć, że można w ten sposób żyć, że w tak młodym wieku da się zebrać już tyle doświadczeń i wrażeń. Nie był to jednak podziw kogoś, kto by mi zazdrościł, lecz raczej typowo dziennikarska ciekawość. Widać było, że doskonale wie, jak należy prowadzić rozmowę. Okazał się doskonałym słuchaczem, zadawał właściwe pytania we właściwym czasie, dzięki czemu otwierał kolejne rozdziały mojej biografii. Nigdy wcześniej nic takiego mi się nie przytrafiło – całkowicie się przed nim otworzyłam, poczułam do niego olbrzymie zaufanie. To było zadziwiające – najwidoczniej nie tylko dla mnie, bo gdy w końcu uznaliśmy, że czas się rozstać,

Zachwycona wystawą Sławomira Ratajskiego w Warszawie

i Volkhart odprowadził mnie do taksówki, ów bardzo poprawny, taktowny, a momentami wręcz nieśmiały mężczyzna na do widzenia poprosił: „Napisz do mnie".

Całą drogę z centrum miasta aż na jego obrzeża, gdzie mieszkałam z Gregorem, zastanawiałam się nad naturą tej propozycji. Przecież wiedział o moim narzeczonym i doskonale znał jego rodziców. Ale zamiast wątpliwości ogarnął mnie jakiś niezrozumiały spokój, jakbym nagle uświadomiła sobie, że oto znalazłam coś, czego szukałam. Nie byłam do końca pewna, co to jest, i nie umiałam tego nazwać, ale siedząc tej nocy w taksówce, czułam, że miniony wieczór spowijała magiczna aura, miałam jakieś niejasne przeczucie, że mogłabym związać się z tym mężczyzną na całe życie.

Wkrótce jednak musiałam wrócić do Polski, żeby załatwić jakieś formalności z paszportem, więc przestałam myśleć o tym spotkaniu. Tym bardziej że sytuacja w Warszawie, gdzie zamieszkałam u mojej przyjaciółki Marcysi, rozwinęła się –

jak to często bywało w moim życiu – dość niespodziewanie i nagle moją uwagę pochłonęło coś zupełnie innego.

Miałam w Warszawie sporo do nadrobienia, przede wszystkim musiałam nadrobić zaległości towarzyskie i pospotykać się ze znajomymi, opracowałam też ambitny plan podboju knajp, barów i parkietów Warszawy. Moje zamierzenia spaliły na panewce dość szybko, bo już na pierwszej prywatce, na którą zabrała mnie moja przyjaciółka Marcysia Rejman. Odbywała się skądinąd u Władysława Szpilmana, genialnego pianisty, którego walkę o życie w czasie drugiej wojny światowej doskonale sportretował Roman Polański w nagrodzonym trzema Oskarami *Pianiście*.

Wszystkie dziewczyny w Polsce nosiły wtedy jeansy, miały tlenione proste włosy i ostry makijaż à la Małgorzata Braunek. Ja natomiast pojawiłam się tam ubrana jak Calineczka – w zakończonej koronką fioletowej spódnicy przed kolano, kremowej bluzce z okrągłym kołnierzem, z ramionami przykrytymi cieniusieńkim wiśniowym sweterkiem z brylancikami i w wiśniowych butkach zakończonych aksamitną kokardą. A do tego do malowania nie zużyłam nawet jednej dwudziestej ilości kosmetyków, których potrzebowały inne obecne tam dziewczyny. Wyglądałam w ich towarzystwie jak ktoś z zupełnie innej bajki.

Nic dziwnego, że wkrótce pojawił się przy mnie książę – był wyższy ode mnie o głowę i bardzo przystojny. Miał na imię Waldemar, pracował jako lekarz i jak się okazało, znał się nie tylko na medycynie, ale i na tańcu. Tańczyliśmy z pięć godzin i doprawdy nie wiem, jak sfinalizowalibyśmy tę noc, gdyby nie jego przyjaciele, którzy wkroczyli do akcji i nas w końcu rozdzielili. Zanim jednak do tego doszło, umówiliśmy się na następny dzień.

Zgodził się towarzyszyć mi podczas wizyty u ambasadorowej Hiszpanii, choć nie obyło się przy tym bez pewnego

Jedno z pierwszych spotkań z Waldkiem. Nasza radość nie ma końca

zabawnego zgrzytu. Wiedziałam, że pani ambasador ma raczej luźne nastawienie do takich nieformalnych spotkań, więc zdecydowałam się podejść do tego wydarzenia z pominięciem protokołu dyplomatycznego. W przeciwieństwie do mojego nowego kolegi. Zdążyłam już rozpowiedzieć, że dzień wcześniej poznałam najlepiej ubranego i tańczącego mężczyznę świata, więc gdy pojawił się u Marcysi, wszystkich obecnych najpierw dosłownie zatkało, a później zaczęliśmy razem pokładać się ze śmiechu – w drzwiach mieszkania stanęła bowiem przerysowana podróbka Humphreya Bogarta w sięgającym do kostek trenczu Burberry, zwieńczonym równie absurdalnym kapeluszem.

Mimo to kolacja u ambasadorowej przebiegła w cudnej atmosferze. Choć trzeba powiedzieć, że w pewnym stopniu związane to było z konsumpcją wina, które sprawiło, że wychodziłam z tego spotkania z potwornym bólem głowy i w stanie ogólnej dezorientacji. Dość powiedzieć, że kiedy Waldek w chwili niezwykłej jak na siebie odwagi zaproponował mi, że da mi jakieś remedium na tę bolączkę, tyle że musimy udać się w tym celu do jego mieszkania, za cholerę nie zorientowałam się, że była to lekarska wersja klasycznego tekstu w stylu: „Mam na górze kolekcję płyt gramofonowych, może chcesz je sobie obejrzeć?".

Waldek okazał się jednak cudownym fachowcem od uśmierzania bólu, choć rozpocząwszy terapię, skończyłam ją dopiero po... trzech miesiącach. Cóż, znowu do tego doszło – między wrześniem a listopadem kompletnie odleciałam, więc zadzwoniłam do Gregora i przekazałam mu, że sprawy wizowe się przedłużają i chyba jednak nie wrócę tak szybko, jakbym chciała.

Tak naprawdę, jak mi się wydawało, najchętniej nie wracałabym do Hiszpanii już nigdy. Uwiliśmy sobie z Waldkiem gniazdko w jego jednopokojowym mieszkaniu na ostatnim, jedenastym piętrze brzydkiego jak noc bloku zaraz za domami Centrum i nad niegdyś słynnym sklepem Junior oraz sklepem Małgośka. Aż trudno uwierzyć, że w tak skromnych warunkach przez te trzy miesiące namalowałam obrazy, które pokazałam na mojej wystawie dyplomowej. Czasu, jak się okazało, miałam dużo więcej niż miejsca, Waldek bowiem każdego poranka wyjeżdżał do pracy do szpitala w Otwocku, a ja do jego powrotu miałam kilkanaście godzin tylko dla siebie. Był moim rówieśnikiem, ale okazał się niezwykle dojrzały. Mieszkał sam, zarabiał na siebie i miał już w tak młodym wieku bardzo szanowany zawód oraz jeszcze lepsze perspektywy przed sobą. Do tego był niezwykle męski: dobrze się ubierał, jeździł niezłym samochodem i nigdy nie pozwalał płacić mi rachunków.

Niestety, i w tym przypadku pojawiły się w końcu komplikacje. Sielankę ostatecznie popsuła... niełatwa sytuacja rodzinna Waldka. Taki już chyba mój los, że mężczyźni, których poznaję, często zapadają na coś w rodzaju amnezji. Także mój doktor na prywatce u Szpilmana zapomniał wspomnieć, że jest ojcem trzymiesięcznej dziewczynki. I to ojcem samotnym. Jego żona, Kanadyjka, wyleciała do ojczyzny nostryfikować dyplom lekarski i Waldek niemal stracił z nią kontakt. W opiece nad córką Waldkowi pomagała – a w zasadzie wyręczała go – matka. Zamierzał wyjechać za ocean, by córka miała matkę, ale wyznał mi, że od kiedy mnie poznał, perspektywa wyjazdu do mroźnej Kanady nie wydaje mu się już tak nęcąca i nieodparta.

Był to trzymiesięczny okres szału dusz, serc i ciał, ale wiedziałam, że donikąd mnie nie zaprowadzi. Znowu musiałam postąpić wbrew temu, co podpowiadało mi uczucie, i mimo wielkiego bólu, jaki miało mi to sprawić, postanowiłam wszystko zakończyć. To nie miało sensu: musiał zawieźć córkę do Kanady, a gdyby został ze mną, skazałby dziecko na brak matki i wychowywanie przez babcię. Uznałam, że nawet w imię największej miłości nie wolno robić takich rzeczy własnemu potomstwu, i zwolniłam Waldka z okrutnego obowiązku podjęcia decyzji odnośnie do tego, co dalej. Zdałam sobie sprawę, że nasz romans to zupełnie absurdalna afera, w której biorą udział dwie osoby będące de facto jedną nogą w samolocie, tyle że każda w innym.

Po trzech miesiącach wróciłam do Madrytu i choć w tym czasie w ogóle nie odzywałam się do Gregora, na lotnisku czekał na mnie solidny komitet powitalny, który składał się nie tylko z mojego radosnego niemieckiego narzeczonego, ale i rodziców.

Powrót do codziennej rutyny okazał się trudniejszy, niż myślałam. Podczas pobytu w Polsce przekonałam się, że na dłuższą metę cały ten niemiecki ład, porządek i przewidywalność mnie nie kręcą. Kolejny raz miałam okazję żyć w jakimś bajkowym świecie pełnym stabilizacji oraz dostatku i kolejny raz czułam, że to nie dla mnie. Miałam wrażenie, że wszyscy ci amanci z żurnala, idealni zięciowie mego Taty, są tak naprawdę niezwykle niedojrzali. Nie wiem, czy chodziło o majętność, pochodzenie czy spowodowane tymi czynnikami muchy w nosie, ale coś wyraźnie zaburzało im percepcję: skupiali się na rzeczach błahych, nie chcieli wiedzieć, lecz mieć, nie pragnęli poznać i zrozumieć świata, woleli go kupić. Miałam wrażenie, że ich apetyt na życie jest dużo mniejszy niż mój, że nie chcą i nie potrafią czuć, widzieć i przeżywać tyle samo co ja.

Rola narzeczonej zupełnie mi nie pasowała, więc w swoim stylu się zbuntowałam. Pewnego dnia wybrałam się na prywatkę z moimi trzema przyjaciółmi, lecz nie mówiąc nikomu ani słowa, zniknęłam z niej. Nikt nie wiedział, co się ze mną stało, tymczasem ja przez dwa miesiące żyłam z pewnym katalońskim architektem, asystentem słynnego architekta Juana Navarra Baldewega, którego poznałam na wspomnianej imprezie. Był to dla mnie czas nieograniczonej wolności, przy czym nie korzystałam z niej wyłącznie z pobudek hedonistycznych – kierowało mną raczej pragnienie nowych doznań, poznawania nowych rzeczy. Nie szukałam wtedy komfortu, lecz prawdziwego życia. Chciałam posmakować go w całej jego pełni, bez żadnych hamulców czy zobowiązań,

Na torcie pojawi się Gunilla von Bismarck.
Tworzymy go z moim przyjacielem malarzem Juanem Gomilą

bez opieki rodziców. Mogłam w końcu tańczyć do upadłego,
chodzić spać nad ranem albo wcale. Ale mój architekt zaczął
w końcu zachowywać się jak Rodo, stał się zazdrosny i za-
borczy, a na dodatek infantylny. Nie zamierzałam wchodzić
w taką historię po raz drugi, więc uznałam, że ten związek
nie ma przyszłości.

Nie zapomniałam o Volkharcie, właśnie wtedy bardzo mocno
zatęskniłam za jego dojrzałością i znajomością świata. Kiedy
więc przygoda z katalońskim architektem dobiegła końca
i wróciłam do Madrytu, postanowiłam się do niego odezwać.
Umówiliśmy się na kolację i było... okropnie. Naprzeciw
mnie siedział inny człowiek, ktoś, kogo nie znałam – nie
tylko bardzo osłabiony po przebytym niedawno zapaleniu

płuc, ale też przybity po rozstaniu ze swoją partnerką. Mimo że od tego momentu minął już rok, wciąż odczuwał jakieś wyrzuty sumienia wobec niej i miał potrzebę pomagania swojej eks czy przeżywania jej problemów. Po kolacji, na której nasłuchałam się przede wszystkim o tej nieznanej mi kobiecie, byłam mocno rozczarowana. Wróciłam więc na uporządkowane i nudne przedmieścia Madrytu, do Gregora, a ten o dziwo przyjął mnie ponownie z otwartymi ramionami. Sama czułam zdumienie – potrafiłam zniknąć prawie bez słowa na dwa lub trzy miesiące, a gdy wracałam, witał mnie jak ósmy cud świata.

Wróciłam na chwilę do uporządkowanego życia narzeczonej i artystki, tym bardziej że musiałam przygotować pracę dyplomową. Ostatecznie okazała się sukcesem i weszłam w malarski świat Madrytu. Pewnego razu mój przyjaciel Juan Gomila poprosił mnie, bym przygotowała wielki tort na jego wystawę *Dla demokracji*, na której prezentował zbiór portretów najważniejszych przywódców hiszpańskich i europejskich. Wydarzenie to stało się naprawdę głośne. Oficjalnym patronem wystawy został Juan Carlos, ówczesny król Hiszpanii, z racji wieku i niedawnej koronacji zwany potocznie „Młodym Królem". Na jego zaproszenie na wernisażu pojawił się cały hiszpański rząd i przedstawiciele największych mediów, hiszpańskich i zagranicznych. W tym między innymi Volkhart Müller.

Wystawa okazała się wielkim sukcesem, powodzeniem cieszył się też ogromny tort, który na nią przygotowałam. Był gigantyczny – trzy metry na metr, a zrobiłam go na... słono, z kanapek i kawioru. Kiedy tak staliśmy w towarzystwie, wszyscy bardzo rozbawieni i wyluzowani, także dzięki wypitemu winu, coś mi strzeliło do głowy i zapytałam:

– Mili państwo, czy patrząc na tę wystawę, zmiany w tym kraju i obalenie Franco, możemy już mówić, że w Hiszpanii panuje demokracja?

– Oczywiście! – przyznano mi chóralnie rację.

– A zatem kobiety mają takie same prawa jak mężczyźni?

– Jak najbardziej – usłyszałam potwierdzenie.

– Rozumiem. Pozwólcie więc, że z nich skorzystam – odpowiedziałam i patrząc już tylko w oczy Volkharta, dodałam: – Volkhart, a zatem tej nocy będziesz mój, prawda? Spiekł raka aż po uszy, ale się uśmiechnął.

– Będę zachwycony – odparł półgłosem, zawstydzony pytaniem, swoją odpowiedzią i towarzystwem, w jakim przyszło mu jej udzielić.

Zabrzmiało to niemalże jak publiczne oświadczyny i od tego wieczora byliśmy już nierozłączni. Bałam się, że skończy się na jednej nocy, na szczęście niepotrzebnie. To pierwsze nocowanie u Volkharta zapamiętałam bardzo dobrze, bo była to wprost magiczna noc. Po której nastał równie magiczny dzień. Volkhart zadbał o mnie jak o księżniczkę: w mieszkaniu było cholernie zimno, więc nagrzał grube ręczniki w specjalnej parownicy, po czym część z nich rozłożył na podłodze, a reszta grzała się w oczekiwaniu, aż wyjdę spod prysznica. W skromnej łazience czekał na mnie nawet przygotowany szlafrok. Ale prawdziwe cuda działy się w kuchni. Na stole stał wyśmienity chleb z Galicji, masło pochodziło z Andory, szynka z Portugalii – mogłabym tak wymieniać bez końca. Kupował te produkty u najlepszych lokalnych producentów, trzymał na specjalne okazje i uznał, że tego ranka wszystkie skrupulatnie gromadzone rarytasy mogą w końcu znaleźć się na stole. Jego starania strasznie mnie ujęły, dokładał maksymalnych starań, by odpowiednio mnie ugościć i dopieścić.

A po śniadaniu pojechaliśmy na przejażdżkę w góry niedaleko Madrytu. W pewnej chwili zatrzymał samochód nad jakąś przełęczą i ni z tego, ni z owego oznajmił:

– Wiesz, moim marzeniem jest założenie rodziny i cały autobus dzieci...

Felipe González w grudniu 1982 roku ogłasza zwycięstwo i koniec rządów frankistów. Uczestniczymy w tym z Volkhartem, moim przyszłym mężem

Wracając do domu, postanowiliśmy zrobić jeszcze zakupy, bo Volkhart chciał przygotować kolację. Wtedy pomyślałam, że jeżeli przyrządzi *pasta ai quattro formaggi*, to będzie mój już na zawsze. No i stało się – nagle mieliśmy wspólne marzenia i wspólny świat.

Gdy jednak szykowałam się w myślach na ciąg dalszy poprzedniej nocy, obowiązkowy niemiecki korespondent z iście germańską fantazją oświadczył mi, że musi nazajutrz z samego rana napisać jakiś niezwykle ważny artykuł, więc mogę zostać w jego mieszkaniu i łóżku, o ile... nie będę się ruszała. Musiał bowiem wstać o czwartej nad ranem, a każdy ruch mojego tyłka mógł go skutecznie pozbawić koniecznego snu. Cóż, była to jedna z oryginalniejszych propozycji łóżkowych, jakie w życiu usłyszałam. Ale cóż było robić? Przystałam na te niecodzienne warunki.

Był styczeń 1981 roku, a ja właśnie zamieszkałam z najcudowniejszym i najskromniejszym facetem świata. Był ode mnie jedenaście lat starszy, ale nadawaliśmy na tych samych falach. Miał kilka centymetrów więcej i urodę typowego intelektualisty. Nosił okulary, sztruksowe spodnie, golfy i marynarki. Za grosz fantazji, za to strój ten świetnie współgrał z jego podejściem do życia i statusem. Wiedziałam, że to interesujący człowiek, ale dopiero gdy się do niego przeprowadziłam, zrozumiałam, jak wiele miał w sobie klasy, mądrości i talentu. Jednocześnie – w bardzo protestanckim duchu – minimalizował własne przyjemności, bo zawsze dużo ważniejsze niż doznania zmysłowe było dla niego to, by coś wiedzieć, umieć czy rozumieć. Symbolem takiego podejścia do życia było to nieszczęsne bmw, którego świadkiem zgonu zostałam. Według Volkharta samochód służył do jeżdżenia, a nie wyglądania i dopóki jeździł, nie należało go zmieniać. Ubrania miały być ciepłe i czyste, buty wytrzymałe, a zegarek po prostu punktualny. Volkhart nie miał w sobie za grosz charakterystycznej dla mężczyzn potrzeby imponowania światu, kolegom, a zwłaszcza udowadniania samemu sobie własnej wartości.

Spotkanie lubiącej luksus i koloryt artystki o naturze księżniczki z nieśmiałym protestanckim intelektualistą teoretycznie zapowiadało wielkie zderzenie całkiem różnych światów. Ale to właśnie wtedy zaczął się najwspanialszy okres w moim życiu.

Jest wiele prawdy w tym, że córki szukają partnerów przypominających im ojca. Chodzi głównie o cechy osobowościowe, ale ja miałam jeszcze więcej szczęścia. Volkhart nie tylko był charakterologicznym bliźniakiem mojego Taty i wyznawał w życiu te same wartości, lecz też stanowił jego niemieckojęzyczną kopię pod względem zawodowym. Pracowali tak samo szaleńczo dużo, tak samo dobrze i skrupulatnie, a także identycznie, jeśli chodzi o warsztat i organizację pracy. Gdy więc wprowadziłam się do Volkharta, przed oczyma stawały mi obrazki z dzieciństwa, a nasza madrycka codzienność, mieszkanie, nawet obowiązki i rytuały przypominały mi mój dom rodzinny. Znałam w końcu życie korespondenta i je lubiłam, nie dziwiły mnie długie narady, kilkudniowe wyjazdy czy bezsenne noce przy biurku. Nic mnie nie zaskakiwało i niczego nie musiałam wbrew sobie akceptować. Kiedy Volkhart siadał do maszyny i marszczył czoło nad kolejnym zdaniem, przypominał mi się pracujący Tata. Był równie skupiony, zafrasowany tematem i otoczony masą gazet i magazynów. W pokoju, do którego przez okno nieśmiało zaglądało poranne słońce, panowała absolutna cisza, przerywana klekotem energicznego pisania na maszynie. Stworzyliśmy układ idealny – on robił notatki do artykułów, które pisał potem w biurze, a ja brałam się do malowania. Wiedliśmy cudowne życie.

Nasza bajka – jak to z bajkami zazwyczaj bywa – nie trwała zbyt długo, bo sielanka skończyła się po sześciu miesiącach, w czerwcu. Volkhart musiał jechać do Barcelony, ponieważ doszło tam do spektakularnego napadu na bank, wielogodzinnej obławy i wzięcia zakładników, a wszystko miało dodatkowo podłoże polityczne. A że negocjacje z rabusiami toczyły się bez wielkich postępów, więc mój ukochany siedział głównie w hotelowym pokoju i czekał na rozwój wypadków. Któregoś dnia jednak zadzwonił do mnie i nasz świat wywrócił się do góry nogami.

– Witaj, Magdalina – przywitał się jak zwykle, tym razem jednak usłyszałam w jego głosie jakąś irytację czy podenerwowanie.

– Cześć, kochanie, co słychać? W tym banku coś nowego?

– Jak na razie nie bardzo. Za to ze mną dzieje się coś śmiesznego... Wyobraź sobie, że pół godziny temu zaczęła mi lecieć spod pachy krew. Ale nie martw się, to pewnie nic wielkiego. Jakaś malutka ranka, ale strasznie upierdliwa. Krwi jest niedużo, jak po drobnym skaleczeniu, tylko za cholerę nie mogę jej zatamować. Wyobraź sobie, że zużyłem już ze dwie paczki papieru higienicznego i nic – powiedział charakterystycznym dla siebie beztroskim tonem.

Poprosiłam, żeby dokładnie obejrzał to miejsce, a gdy usłyszałam, że źródłem całego ambarasu jest krwawiące znamię, wiedziałam, że jest bardzo źle. Kazałam mu natychmiast się spakować i wracać do domu, a najlepiej jechać od razu do doktora Ledo, najlepszego madryckiego dermatologa.

Nie spałam wtedy całą noc, wyobrażając sobie wszystkie najgorsze scenariusze. Niestety, przeczucia mnie nie myliły – to była melanoma, czyli czerniak, najgroźniejszy rodzaj raka skóry, zawsze złośliwy. Volkhart musiał poddać się natychmiastowej interwencji chirurgicznej. Nie było to laserowe usuwanie pieprzyka, lecz kilkugodzinna operacja pod narkozą. Wycięto mu gruczoły spod jednej z pach, a po wszystkim był bardzo osłabiony. Do tego bardzo niespokojny, bo nie wiedział, co się tak naprawdę dzieje. Za to tuż po operacji musiałam zmierzyć się z diagnozą doktora Ledo, który powiedział mi, że wycięte węzły chłonne były w bardzo kiepskim stanie.

Miałam dwadzieścia osiem lat i jeszcze trzy dni wcześniej byłam najszczęśliwszą kobietą na świecie. Tymczasem tego czerwcowego poranka usłyszałam, że mężczyzna, z którym pragnęłam spędzić całe życie, ma pięćdziesiąt procent szans, że wyjdzie z tego cało. I nikt nie mógł przewidzieć, jak długo Volkhart pożyje. W jednej chwili świat zawalił mi się na głowę.

Na szczęście Volkhart szybko odzyskał siły i po kilku dniach wrócił do domu. Jedynym zaleceniem, jakie otrzymał, wychodząc ze szpitala, były rutynowe badania raz na pół roku. Nie poddano go chemioterapii czy radioterapii, po prostu wycięto górne węzły chłonne i na tym zakończono leczenie. Nie wiem, czy lekarz wyjaśnił mu, z jak groźną chorobą się mierzy, czy

Pierwsze spojrzenie... podczas spotkania ambasadorów

usłyszałam to tylko ja, ale prawdą jest, że o tym nie rozmawialiśmy. Stałam się najlepszą aktorką świata, oboje zresztą udawaliśmy, że nic nie dzieje, żeby nie zaburzyć naszego szczęścia. Volkhart nigdy przy mnie nie wspomniał, że jest ciężko chory, a ja nigdy mu nie powiedziałam, że o tym wiem. W ogóle nie poruszaliśmy tego tematu. Pragnęliśmy być po prostu razem i wierzyłam – być może w naiwności zakochanej młodej kobiety – że jeśli między nami będzie dobrze, to nasza miłość zwycięży dosłownie wszystko. W pierwszych tygodniach widziałam, że niekiedy Volkhart robi się smutny i popada w zadumę, ale dość szybko wróciliśmy do naszego pięknego życia. Wyjechaliśmy na Ibizę, gdzie mój ukochany wypoczywał, czytał i pisał.

W końcu wrócił też do pracy, więc dużo przebywał poza domem, na wyjazdach albo w swoim biurze. I to tam w listopadzie 1981 roku zastała go pewna zaskakująca nowina.

Postanowiłam przekazać mu ją osobiście, więc pofatygowałam się do redakcji, gdzie dowiedział się, że zostanie tatą. Omal nie oszalał z radości. Chyba nigdy wcześniej nie widziałam go tak szczęśliwego – porwał mnie do góry i zakręcił wkoło. Od razu urwał się z pracy i poszliśmy na obiad do wprost obłędnej restauracji Edelweiss, gdzie serwowano klasyczną niemiecką kuchnię. W czasie obiadu Volkhart nie umilkł chyba na sekundę, jakby otrzymał potężną dawkę endorfin i energii. Nie było w nim ani grama strachu, jedynie czysta i nieskończona radość.

Wraz z nastaniem wiosny zaczęliśmy przy lada okazji uciekać za miasto. Volkhart kupił swego czasu trzynastowieczną grotę wykutą w zboczu jednej z gór, oddaloną godzinę drogi od Madrytu. Nie wiedliśmy jednak życia jaskiniowców, ponieważ tak naprawdę był to... apartament składający się z kilku pomieszczeń, w których znajdowały się między innymi kuchnia, palenisko i trzy łóżka. Z dobrodziejstw cywilizacji była tam jeszcze tylko zimna woda, ale dla pary zakochanych największym luksusem jest przebywanie ze sobą – i tak też było z nami. Co więcej, wiele wskazywało na to, że moja ciąża była efektem właśnie jednej z takich eskapad.

Z grotą tą wiąże się jeszcze jedna doniosła historia. Otóż pewnego dnia, jakoś podczas drugiego trymestru, Volkhart zaczął mocno nalegać, żebyśmy pojechali do naszej jaskini, i skłonił mnie w końcu do tego, mimo że byłam osłabiona i czułam się naprawdę kiepsko. Zaraz po dotarciu na miejsce położyłam się więc do łóżka, ale nie mogłam zmrużyć oka, ponieważ Volkhart przeprowadzał w kuchni jakieś hałaśliwe manewry. Kiedy go zawołałam, by poprosić o trochę ciszy, pojawił się w sypialni z kiełbasą chorizo w jednej dłoni i bardzo drogimi kotlecikami jagnięcymi oraz butelką oliwy z oliwek w drugiej. Jeszcze dziwniejsza niż jego wygląd okazała się rozmowa, która się między nami wywiązała:

Niezapomniane weekendy w naszej grocie

– Volkhart, kochanie, czy mógłbyś być trochę ciszej? Fatalnie się czuję i boli mnie gardło.

– A czy akurat dzisiaj mogłoby cię nie boleć? – zapytał zupełnie poważnie, co niepomiernie mnie zaskoczyło, przywykłam bowiem, że w ułamku sekundy spełniał każde moje życzenie.

– Słucham?

– Kochanie, byłoby miło, gdyby akurat dzisiaj gardło cię nie bolało – stwierdził z niejakim naciskiem.

– Zrozum, to nie ja wybieram, czy mnie boli, czy nie. A uwierz mi, że dzisiaj boli mnie nie tylko gardło, ale też cała krtań, szczęka, a nawet uszy.

– Błagam... Co mogę zrobić, żeby ci przeszło? – zapytał z determinacją.

– Może na początek zajrzyj mi do gardła...

Samozwańczy doktor Müller zbadał mnie dokładnie, a w wyniku tej inspekcji po chwili pakował do samochodu swoje chorizo, wino i pieczywo, a na koniec mnie z moimi czterdziestoma stopniami gorączki i policzkami jak chomik. Po wizycie na ostrym dyżurze w madryckim szpitalu okazało się, że jego ciężarna żona jest chora na... świnkę. W efekcie przez następne dwa tygodnie prowadziłam zażartą i bolesną walkę z bólem gardła, uszu i gorączką. Któregoś dnia mojej wegetacji Volkhart przysiadł obok mnie i bez specjalnych wstępów zapytał:

– Pamiętasz ten wieczór w grocie, kiedy okazało się, że jesteś chora?

– Nie bardzo, prawdę mówiąc – odpowiedziałam szczerze.

– Muszę ci coś wyznać: chciałem ci się wtedy oświadczyć. A że wyszło, jak wyszło, to pozwól, że zapytam cię o to teraz: zostaniesz moją żoną?

W końcu jego zachowanie tamtego dnia się wyjaśniło: chciał to zrobić wedle wszelkich klasycznych reguł, tyle że chyba nie zdawał sobie sprawy, że w moim życiu zasady rzadko kiedy obowiązują, więc wyszło – jak zazwyczaj – po mojemu. Zamiast więc celebrować tę chwilę kieliszkiem najlepszej rioji z Ribera del Duero, uczciłam to wydarzenie kolejną tabletką przeciwbólową i drzemką. Co za chichot losu – wcześniej kilku kawalerów oświadczało mi się w bajkowy i romantyczny sposób, ale przyjęłam taką propozycję akurat w chwili, gdy wyglądałam i czułam się wprost fatalnie.

Maj w Madrycie jest zawsze piękny, ale w roku 1982 było gorąco aż do przesady. W dniu naszego ślubu, a więc 20 maja, termometr wskazywał trzydzieści cztery stopnie, a że znajdowałam się w zaawansowanej ciąży, to bardzo ciężko było mi funkcjonować w takim upale. Nie przytyłam specjalnie, o moim błogosławionym stanie informował około dwustu gości wyłącznie spory brzuch – nie przybrałam bowiem ani w tyłku, ani w biodrach, a i nogi miałam chude jak patyki, tak że gdy ktoś popatrzyłby na mnie od tyłu, nie mógłby zgadnąć, że urodzę za zaledwie trzy miesiące – ale i tak męczyłam się potwornie.

Muszę zresztą przyznać, że nie tylko z powodu gorąca. Mimo bezgranicznej miłości do Volkharta i pragnienia, by spędzić z nim resztę życia, w trakcie samej ceremonii i wesela czułam się dość dziwnie, jakby nie na miejscu, i zdarzały mi się momenty, że zastanawiałam się, co ja tam właściwie robię. To wrażenie nie było bynajmniej spowodowane tym, że z tej okazji ściągnęli chyba wszyscy żyjący członkowie rodziny pana młodego, a moją familię reprezentowali wyłącznie rodzice. Nie chodziło też o to, że byłam chyba najmłodsza w tym zbiorowisku, więc towarzystwo okazało się dość sztywne i hermetyczne. Po prostu chwilami ogarniało mnie wrażenie, że uczestniczę w jakimś przedstawieniu, że wszystko to nie dzieje się naprawdę, że zaraz się obudzę i będzie tak jak wcześniej. Tym bardziej że nie było mowy o jakiejś wystawnej ceremonii – wszystko odbyło się w urzędzie stanu cywilnego, najzwyczajniej w świecie, a świadkami zostali Walter Haubrich, przyjaciel Volkharta, oraz Jonas, syn Ute, siostry Volkharta.

Być może dlatego emocjonalnie przeszłam trochę obok całej imprezy. Uroczystość miała jednak pewien wymierny skutek, ponieważ dzięki niej, a w zasadzie dzięki długiemu językowi jednej z cioć mojego męża dowiedziałam się pewnej ciekawej rzeczy. Otóż okazało się, że zanim Volkhart zdecydował się poprosić mnie o rękę, musiał wcześniej uzyskać zgodę całej rodziny na ślub... z Polką. Müllerowie bowiem szczerze Polaków nienawidzili i ich zdaniem mieli ku temu zasadne powody. Tak się złożyło, że pod koniec wojny, kiedy Niemcy już wiali przed Armią Czerwoną gdzie pieprz rośnie, matka Volkharta, Mutsch, mieszkała w okolicach Jeleniej Góry. Jako rodzicielka sześciorga dzieci (siódme było w drodze, jej mąż zaś został wysłany na front) uznała, że nie zdoła uciec na zachód z taką gromadką, dlatego w odruchu przetrwania wysłała troje najmłodszego potomstwa pierwszym możliwym transportem jadącym w kierunku Niemiec. Przekazała najmłodszą trójkę – Reihnharda, Anke i zaledwie rocznego Volkharta – w ręce obcych ludzi, którzy jechali na zachód, w kierunku Stuttgartu. To musiał być dla niej dramat; opowiadała mi potem, że każdego dnia budziła się z myślą o swoich trzech małych dzieciach i obiecywała sobie, że gdy tylko pożoga wojenna ustanie, zrobi wszystko, aby je odnaleźć. Z pozostałą, starszą trójką potomstwa, Ute, Joem i Ekhardem, Mutsch podjęła nieudaną próbę ucieczki powozem konnym. Niestety, złapano ich i osadzono w obozie, w którym polscy strażnicy bez litości rewanżowali się za krzywdy, jakich ich naród zaznał od Niemców w ostatnich latach. To tam urodziła się najmłodsza Müllerówna, która zmarła jednak z głodu. Kilkumiesięczny pobyt w obozie zakończył się dla całej czwórki wyrokiem skazującym na karne roboty w jakimś gospodarstwie.

Polska gospodyni, do której trafili, szybko się zorientowała, że nie ma do czynienia z prostą babą ze wsi, lecz z bardzo wykształconą i elokwentną kobietą. Mutsch potrafiła grać z pamięci Chopina, znała kilka języków obcych (jej ukochanym pisarzem był Dostojewski), a o medycynie wiedziała dużo więcej niż lokalny doktor. Mimo to Müllerowie musieli przez kilka miesięcy tyrać na rzecz polskich gospodarzy, wykonując bardzo często prace ponad ich siły i nie otrzymując za to żadnego wynagrodzenia. Po prawie roku niewolniczego żywota Mutsch zaczęła przerzucać dzieci do Niemiec. Pomogła jej w tym... żona gospodarza, który zaczął czynić wobec Niemki niedwuznaczne awanse. Matka Volkharta transportowała dzieciaki pojedynczo, a prowadząc ostatnie z nich, czyli Ekharda, została znowu złapana, tym razem jednak przez niemieckich pograniczników. Odsiedziała kilka miesięcy w więzieniu i dopiero wtedy mogła zająć się poszukiwaniami dzieci. Minęło jednak aż dziewięć długich lat, nim zgromadziła całą szóstkę pod jednym dachem. Jako ostatni do rodziny dołączył właśnie Volkhart.

Reakcję Polaków po wyzwoleniu z niemieckiej okupacji można oczywiście zrozumieć, ale gdy poznałam historię rodziny Volkharta, przestałam się dziwić, że cała familia odnosiła się do Polaków z rezerwą. Całe szczęście, bliscy mego męża jakoś pogodzili się z perspektywą przyjęcia do swego grona Polki i niemal w komplecie zjawili się na ślubie.

Volkhart różnił się zdecydowanie od swojej rodziny w kwestii poglądów na historię, dlatego szczerze nie znosił przede wszystkim... Niemców. Naprawdę wstydził się za to, co zrobili jego rodacy w pierwszej połowie dwudziestego stulecia, i właśnie dlatego – choć w wieku zaledwie dwudziestu sześciu lat otrzymał bardzo prestiżową propozycję objęcia stanowiska redaktora naczelnego „Süddeutsche Zeitung" – postanowił ruszyć z samym aparatem fotograficznym jak najdalej od ojczyzny i ostatecznie wylądował w Hiszpanii. Wcześniej jednak skończył wydział fotograficzny w Lozannie oraz ekonomię w Berlinie. Genialnymi zdjęciami i reportażami utorował sobie drogę do największych niemieckich redakcji, a że kochał to, co robił, nigdy nie przyszło mu do głowy, żeby porzucić pracę w terenie na rzecz lepszych pieniędzy i stabilniejszej posady.

Zaraz po ślubie Volkhart postanowił wywieźć mnie nad morze. Wiedział, że męczę się niemiłosiernie, i pewnego poranka obudził mnie spontanicznym krzykiem: „Wstawaj, pakuj się, jedziemy!". A że uwielbiałam – i nadal zresztą uwielbiam – takie spontaniczne akcje, to ekspresowo się spakowałam i za pół godziny siedzieliśmy już w naszej zdezelowanej alfie romeo i pędziliśmy na północ, w kierunku oceanu.

Był to jeden z wielu naszych wspólnych wypadów, ale pierwszy, na który zdecydowaliśmy się jako mąż i żona. Po prawie półtora roku znajomości wiedział już doskonale, jaki hotel zarezerwować, i idealnie trafiał w moje gusta. Niełatwo było mi wprawdzie nauczyć Volkharta, jak cieszyć się z życia i korzystać z jego dobrodziejstw, bo jego protestancka natura broniła się przed wszelkimi zbytkami, ale ostatecznie nie należę do osób, które by odpuszczały, natknąwszy się na taką przeszkodę. Trzeba jednak powiedzieć, że pierwsze nasze wyjazdy bywały dla niego szokiem.

Od urodzenia byłam rozpieszczana i uczona tego, co najlepsze: najpierw przez Babcię i Dziadka, potem rodziców, a w końcu przez tuzin narzeczonych w Warszawie i Hiszpanii. Ale luksusy nigdy nie smakowały mi bardziej niż z Volkhartem. Dla tego genialnego faceta, wiedzącego

Absolutnie zakochani w sobie zapomnieliśmy o sesji ślubnej
i zrobiliśmy ją dwa tygodnie po uroczystości. Ślub z Volkhartem
w już opiętej sukni, z Tadeuszem pod sercem

mnóstwo o świecie i rządzących nim mechanizmach, zostałam przewodnikiem po obszarze, którego akurat nie znał – krainie przyjemności. Starałam się w nim zaszczepić apetyt na życie i rozsznurować go z protestanckiego gorsetu. Zastanawiałam się, jak go otworzyć i rozpakować, żeby znajdował w takich uciechach tyle samo radości co ja. Chciałam dzielić z nim moją pasję do życia, smaku, zapachu i wszelkich doznań, jakie oferuje świat.

Gdy mówił, że musi wyjechać, to jeśli tylko mogłam mu towarzyszyć, rezerwowałam hotel, a w tych szczęśliwych czasach bez internetu mogłam utrzymać niespodziankę do ostatnich chwil. Obserwowałam, jak początkowe zdziwienie na wieść, że znowu śpimy w jakimś wyjątkowym zamku, zaczęło ustępować w nim ciekawości, co jeszcze wymyślę. Otwierał się, choć ostrożnie i z wolna, na coraz bardziej wykwintne jedzenie, wyrafinowane wnętrza i wysokie standardy. Początkowo czuł się w takich ekskluzywnych okolicznościach nieswojo, rozglądał się podejrzliwie po miejscu, które wybrałam, i pewnie nieraz się zastanawiał, co on tam w ogóle robi. Za każdym kolejnym razem było w nim jednak tej nieśmiałości mniej, aż w końcu ustąpiła zupełnie.

Uczyłam go przyjemności zmysłowych, delektowania się dobrym jedzeniem, pięknymi wnętrzami i tradycjami. Na nasze pierwsze święta wielkanocne, w 1981 roku, wyjechaliśmy na południe Portugalii, gdzie nasi znajomi mieli mały dom. Wylądowaliśmy we wsi z kilkoma domkami, kościółkiem i sklepem, w którym można było kupić tylko jakieś lokalne sery, wino i szynkę. Zjeździłam dziesiątki takich miejsc, wiedziałam, czego mogę się spodziewać, i dlatego zanim wyruszyliśmy w drogę, ukręciłam sernik i przygotowałam ciasto na chleb. W domku naszych przyjaciół był tylko jeden palnik gazowy, ale i na takie ograniczenia Portugalczycy mieli rozwiązanie – lokalny sklepik wyposażony był po prostu w trzy piece chlebowe i każda gospodyni mogła tam pójść i upiec, co tylko chciała. Kiedy wróciłam do naszego domku z dwiema blachami – w jednej znajdował się puszysty sernik, a w drugiej pachnący chleb – Volkhart autentycznie się wzruszył. Był oczarowany nie tylko smakiem moich wypieków, lecz przede wszystkim mną, moją zaradnością oraz pomysłowością, a także troską, żeby na święta było miło i pięknie.

Jego reakcja tak mnie rozochociła, że na następny dzień postanowiłam przyrządzić mazurki. W końcu była Wielkanoc. Ponieważ był to spontaniczny pomysł, nie zabrałam z Madrytu migdałów czy kakao. Musiałam improwizować i wpadłam na inne, dość oryginalne rozwiązanie. Otóż podczas podróży sprzed dwóch dni zatrzymaliśmy się na sjestę pod olbrzymią, rozłożystą kwitnącą mimozą. Sprawiała wrażenie wielkiego puszystego kurczaka wielkanocnego. A wyglądała tym obłędniej, że wokół rozpościerała się fioletowa tafla łąki wprost usianej fiołkami. Co za sceneria: jaskrawożółty puch w koronie drzewa, wszystkie odcienie pomiędzy ciemnoniebieskim a fioletowym u naszych stóp, a widok ten uzupełniał soczysty błękit nieba oraz szumiący niedaleko ruczaj. Na pamiątkę zebrałam stamtąd wielki bukiet kwiatów, choć wtedy nawet nie przypuszczałam, że w niedalekiej przyszłości mogą przydać mi się w kuchni. Ale sytuacja zmusiła mnie do wprowadzenia innowacji, wybrałam więc najładniejsze fiołki i przez kilka godzin jeden po drugim konfitowałam je w syropie cukrowym. Kajmak zrobiłam z mleka skondensowanego, przyprawiając go genialnym miejscowy trunkiem Aguardente. To mocno męcząca i delikatna robota, było jednak warto, bo dwa spośród czterech mazurków, które ostatecznie upiekłam, mogłam przystroić pięknymi fioletowymi i jadalnymi kwiatkami. Wyglądały niczym kawałek łąki, na której przed dwoma dniami wylegiwaliśmy się z Volkhartem, i tak też pachniały. A że do tego, zgodnie z polską tradycją, ugotowałam w łupinach cebuli jajka i je pomalowałam oraz wyfaszerowałam, mój mąż i jego niemieccy znajomi wprost odlecieli. Byli pod wielkim wrażeniem tego, co udało mi się wyczarować, i magicznej aury tych świąt.

To podczas tej Wielkanocy pan Müller zrozumiał chyba po raz pierwszy, że świat ma kolor, smak, a tradycja jest czymś niezwykle istotnym. Przekonał się, jak bardzo ją kocham i jak sprytnie i twórczo potrafię ją zastosować zależnie od okoliczności. Nasze śniadanie trwało od dziewiątej rano do północy i jak potem mi wyznał, była to najpiękniejsza Wielkanoc w jego życiu.

Być może Volkhart musiał nauczyć się czerpać nieco więcej z życia, za to nigdy nie zgłaszałam absolutnie żadnych uwag do jego zachowania. Miałam okazję przekonać się, jak bardzo ceni kulturę osobistą, takt i szacunek do drugiego człowieka, wkrótce po tym, jak się do niego przeprowadziłam. Zajmował duże – bo aż studwudziestometrowe – mieszkanie na poddaszu kamienicy w centrum Madrytu; było urządzone skromnie, ale bardzo schludnie. Jako wzięty fotograf jeden pokój przerobił na ciemnię do wywoływania zdjęć i małą pracownię. Nie przeszkadzała mi ani ona, ani nawet smród odczynników, problemem okazało się jednak co innego – to, co w tej ciemni wywoływał, zanim jeszcze mnie poznał. Volkhart robił przepiękne zdjęcia i porozwieszał je po całym mieszkaniu, rzecz jednak w tym, że była na nich jego była partnerka, Zee, przepiękna mulatka z Wysp Zielonego Przylądka. Co więcej, fotografie te nie zniknęły nawet wówczas, gdy się do niego przeniosłam. Kiedy znikał w redakcji, zostawałam w mieszkaniu sama, żeby malować, i przyznam, że czułam się dość nieswojo, gdy ze wszystkich stron przyglądały mi się podobizny dawnej miłości mojego faceta. Postanowiłam więc działać – ale nie nerwowo, lecz metodycznie. Dlatego nie urządziłam Volkhartowi sceny, nie przeprowadziłam też bezwzględnej rewolucji, lecz uznałam, że będę przejmowała teren powoli. Każdego dnia dyskretnymi sposobami sprawiałam, że Zee było w naszym domu coraz mniej, czy to zasłaniając jej portret kwiatkiem, czy zmieniając lokalizację danego zdjęcia. Naprawdę niewiele było trzeba, żeby po jakimś czasie te fotografie stały się praktycznie niewidoczne.

Wyprowadzanie Zee z naszego mieszkania zajęło mi prawie cztery miesiące i dopiero gdy proces ten dobiegł niemal końca, Volkhart dał mi do zrozumienia, że doskonale dostrzega moje partyzanckie wysiłki. Nie miał jednak do mnie żadnych pretensji, przeciwnie – niezwykle doceniał, że nie robiłam afery i powstrzymałam się przed jakimiś nerwowymi ruchami. Bo tak właśnie odbiłam go ostatecznie z rąk Zee – odbyło się to naprawdę płynnie, bez niepotrzebnych emocji i przymusu, by radykalnie wyrzekł się przeszłości.

Życie z Volkhartem nie oznaczało tylko spokoju, sielskich widoków i idyllicznych podróży. Było w nim też sporo adrenaliny, niepewności i strachu, które wiązały się z charakterem pracy mojego ukochanego. A że zajmowałam się wtedy głównie malowaniem, dorabiając niekiedy usługami cateringowymi, miałam sporo czasu, by towarzyszyć mu w zawodowych wojażach. O tym, że zajęcie Volkharta może narażać go na niebezpieczeństwo, miałam okazję przekonać się podczas wspólnego wyjazdu już na początku naszej znajomości, kiedy zamiast budzika w hotelu Arcidi w Bilbao ze snu wyrwała nas... eksplozja. Początek lat osiemdziesiątych to okres wzmożonej aktywności bojówek ETA, baskijscy separatyści przyjęli bowiem w tamtym okresie czysto terrorystyczną strategię i ich ataki dotykały bardzo często całkowicie niewinnych ludzi.

Chyba nigdy nie bałam się o Volkharta bardziej niż w drugim lub trzecim miesiącu ciąży. Musiał wtedy udać się do

Kraju Basków, a i mnie, miłośniczki tamtejszej kuchni, nie trzeba było namawiać na taką wyprawę. Tym bardziej że mój wybranek specjalnie dla mnie wybrał hotel we Francji, kilka kilometrów za granicą z Hiszpanią; serwowano tam genialną kaczkę, a szef kuchni był podobno absolutnym mistrzem świata w robieniu foie gras.

Mimo tych sielskich okoliczności nie wszystko odbyło się zgodnie z oczekiwaniami. Choć kolacja bynajmniej nie zapowiadała nadciągających kłopotów. Na przystawkę podano nam mus z foie gras, a następnie na stole pojawiło się foie gras na gorąco, chwilę później zaś smażona pierś kaczki, *magret de canard*. Kiedy po tym wszystkim zaserwowano nam deser – nugat z orzechów włoskich z masłem i kakao – wiedziałam, że zjedzenie go będzie błędem. Ale że nie chciałam robić przykrości gospodarzom, przede wszystkim zaś Volkhartowi, więc bohatersko wcisnęłam w siebie ostatnią pozycję w menu. Jakoś dotelepałam się do pokoju, ale gdy tylko tam dotarłam, porwały mnie mdłości.

– Volkhart, kochanie, fatalnie się czuję, zaraz nie wytrzymam – wystękałam ciężko.

– Ale co ci jest?

– Zjadłam za dużo tłustego. Chyba będę rzygać.

– Nie możesz zwymiotować – zaprotestował. – Przecież ta kolacja kosztowała sto marek...

Nie wiem, co jeszcze powiedział, bo chwilę później byłam już w łazience, z której nie wychodziłam przez dwie godziny.

Kiedy obudziłam się następnego dnia, znajdowałam się w zdecydowanie lepszej formie, gotowa sycić się naszym szczęściem: byliśmy w końcu w pięknym hotelu, nosiłam pod sercem nasze upragnione dziecko, a obok leżał facet mojego życia. Lecz Volkhart postanowił ponownie mnie zaskoczyć. W pewnym momencie wstał i oświadczył bez jakichkolwiek emocji:

– Magda, muszę jechać. Mam bardzo ważne spotkanie.

– O tej porze? Tak z rana? Dla kogo mnie zostawiasz? – spytałam lekko dramatycznym tonem.

– Mam spotkanie z kierownictwem ETA – powiedział tak spokojnie, jak gdyby szedł porozmawiać z przedstawicielem lokalnego stowarzyszenia działkowców.

– Przecież to jakieś szaleństwo! Oni porywają ludzi, zabili premiera Hiszpanii, zorganizowali atak na króla, wysadzili pół Madrytu! A ty jedziesz się z nimi spotkać?!

– Magda, to moja praca – stwierdził spokojnie.

– A dokąd jedziesz i kiedy wrócisz?

– Nie wiem, naprawdę nie wiem. Ale nie martw się, będzie dobrze – oznajmił i po prostu wyszedł.

A ja zostałam sama, jedynie w towarzystwie swoich lęków. Przez pierwsze kilka godzin jakoś trzymałam je w ryzach, ale gdy nie zjawił się do szóstej po południu, zaczęłam się naprawdę martwić. W końcu to nie było spotkanie z grupą harcerzy, tylko z bezwzględnymi terrorystami. W moim stanie nie powinnam się denerwować, ale o dziesiątej wieczorem byłam na skraju obłędu. Około drugiej w nocy miałam już przekonanie, że mój ukochany nigdy nie wróci, wyłam jak bóbr i przeklinałam samą siebie, że pozwoliłam mu na to szaleństwo. Nie spałam całą noc.

Kiedy o wpół do piątej nad ranem drzwi naszego pokoju się otworzyły, byłam pewna, że mam zwidy. Nawet jednak wtedy, gdy się przekonałam, że Volkhart wrócił cały i zdrowy, zostało mi tylko tyle siły, by poprosić go słabym głosem, żeby nie robił mi tego nigdy więcej. Tymczasem mój mężczyzna wrócił wprawdzie strasznie zmęczony, ale też niezwykle szczęśliwy. Udało mu się nie tylko porozmawiać z szefami ETA, lecz również zdobyć ich zaufanie, tak że od tamtej pory był jedynym zagranicznym dziennikarzem, którego do siebie dopuszczali.

W czasie ciąży z Tadeuszem czułam się cudownie – nie miałam mdłości, komplikacji ani humorów. W przeciwieństwie do mojego ginekologa. Był wybitnym fachowcem, jednym z najlepszych w Madrycie, ale okazał się też niestety wędkarzem. Choć dopiero po jakimś czasie uświadomiłam sobie, że wybierając lekarza prowadzącego ciążę, trzeba zwracać uwagę nie tylko na jego kompetencje lekarskie, ale też hobby. Mój doktor bowiem już na pierwszej wizycie przeanalizował skrupulatnie kalendarz i stwierdził, że trudno o gorszą porę na zajście w ciążę niż listopad. Cóż, akurat o takim przesądzie w życiu nie słyszałam. Przede wszystkim dlatego, że hołdował mu jedynie mój ginekolog. Listopadowe poczęcie oznaczało bowiem rozwiązanie w sierpniu, a właśnie wtedy wyjeżdżał z kolegami na wakacje, by przez bity miesiąc łowić łososie w Szkocji.

Nie był to jedyny oryginalny rys osobowości tego specjalisty, o czym przekonałam się podczas comiesięcznych wizyt. Już po drugiej z nich wróciłam do domu z zaleceniem, że ze względu na konieczność regularnych spacerów na czwarte piętro powinniśmy zmienić mieszkanie. Volkhart, syn kobiety, która w zaawansowanej ciąży przerzucała snopy widłami, uznał tę sugestię za totalne wariactwo. Dbał o mnie bardzo i kochał na zabój, ale mieszkania nie zmieniliśmy. Zwłaszcza że czułam się naprawdę świetnie i te cztery piętra traktowałam jako przydatną gimnastykę, a nie jakąś niedogodność.

W trakcie tych dziewięciu miesięcy doktor nie ustawał w podsuwaniu mi wytycznych dotyczących mojej diety i wagi. Byłam wątła i przed ciążą ważyłam mniej niż pięćdziesiąt kilogramów, więc lekarz wpadł na pomysł, że każdego miesiąca mogę przytyć co najwyżej... kilogram. Miało to według niego ochronić moje nerki i inne organy przed nadmierną eksploatacją. Żeby zrealizować ten ambitny program, wymyślił mi dietę składającą się z tysiąca kalorii dziennie i podczas każdej wizyty dokładnie sprawdzał, czy realizuję jego absurdalne – o czym dowiedziałam się jednak dopiero po fakcie – pomysły. Wtedy bowiem starałam się trzymać tych wskazówek, a w każdym razie trzymać wagę. Efekt zaleceń był taki, że trzy dni przed każdą wizytą się głodziłam, a po wyjściu z gabinetu doktora biegłam bezpośrednio do cukierni i w minutę zjadałam trzy kawałki tortu bezowego.

Przetrwałam jakoś ten reżim dietetyczny i ciążę wspominam bardzo dobrze, w przeciwieństwie do porodu. To była totalna katastrofa. Kiedy trzynastego sierpnia o czwartej nad ranem zaczęłam rodzić, mój doktor ganiał akurat za łososiami, a mną zajmował się jego asystent. Na moje nieszczęście facet hołdował konserwatywnym przekonaniom i mimo wyraźnych wskazówek przełożonego, który sugerował cesarskie cięcie, uznał, że wszystko powinno odbyć się naturalnie. Ostatecznie więc od czwartej rano do dwunastej w południe rodziłam siłami natury w przyzakonnym szpitalu Santa Maria de la Paz tylko po to, żeby w południe zabrano mnie do sali operacyjnej.

Rozcięto mi brzuch, wyjęto ze mnie dziecko i podano je Volkhartowi, nie informując go ani słowem, jak się czuję. Stał na korytarzu z małym Tadeuszem i płakał. Najpierw ze wzruszenia, że ma na rękach syna, potem z rozpaczy, że został z nim sam. Brutalna cisza po drugiej stronie drzwi wskazywała jednoznacznie, że trzynasty sierpnia 1982 roku będzie nie tylko dniem narodzin jego upragnionego dziecka, ale i śmierci ukochanej żony. Spacerując z noworodkiem po klasztorze przez prawie cztery godziny, nie dostał żadnej informacji, co dzieje się z matką małego człowieka. Dopiero po tym czasie jakaś pielęgniarka zabrała małego Tadka do karmienia i wytłumaczyła Volkhartowi, że wszystko ze mną w porządku i będzie mógł mnie zobaczyć wieczorem.

Doskonale pamiętam poranek czternastego sierpnia. Obudziłam się obolała, otworzyłam oczy i zobaczyłam obok łóżka kołyskę, w której leżał mały człowiek. Patrzył na mnie swoimi dużymi oczami i sprawiał wrażenie, jakby wszystko już wiedział. Miał wyjątkowo dojrzały wyraz twarzy, na której malował się niezmiernie uroczy rodzaj oburzenia i niedowierzania jednocześnie. Miał niesamowity wzrok, dogłębny i analityczny. Żadnego maślanego spojrzenia – rozglądał się równie przenikliwie i spokojnie jak Volkhart, jakby chciał mnie zapytać, po jaką cholerę znalazł się na tym świecie.

Czas po urodzeniu Tadeusza był zupełnie niezwykły. Tworzyliśmy bardzo zgraną drużynę, w której – nie wstydzę się tego przyznać – Volkhart grał pierwsze skrzypce. Był dla mnie prawdziwym autorytetem i darzyłam go olbrzymim szacunkiem, dlatego w pełni świadomie zostałam żoną, która nie zamierza przeszkadzać mężowi w jego świecie, myśleniu, pracy. Byłam w niego wpatrzona jak w obrazek, podziwiałam jego intelekt i znajomość świata, więc czułam do niego zaufanie i niesamowitą radość, że w moim życiu pojawił się ktoś taki. Traktowałam go jak dar niebios. Zresztą nie była to relacja jednostronna – Volkhart mnie uwielbiał i szanował pod każdym względem, zawsze uwzględniał moje potrzeby i uznawał moją autonomię.

Gdy nasz synek skończył dwa tygodnie, wyjechaliśmy we troje do La Alberki, średniowiecznej osady w pobliżu granicy z Portugalią, gdzie czas się właściwie zatrzymał. Był to zaczarowany świat, w którym obok znajdującego się w centrum stoiska, na którym odrąbywano siekierą kawały najlepszej na świecie chałwy i nugatu, mijały się stada czarnych świń i osłów targających pięćdziesięciokilogramowe wory prawdziwków z okolicznych gór. Spędziliśmy tam trzy tygodnie, podczas których mogliśmy w stu procentach skupić się na synku i na sobie.

Maleńki Tadeusz okazał się cudownym noworodkiem – nakarmiony około godziny dwudziestej potrafił spać bez jednego

Karmienie piersią Tadeusza z dala od wszystkich

kwęknięcia do siódmej rano. Dlatego zabieraliśmy go ze sobą dosłownie wszędzie. Odwiedziliśmy z nim Gibraltar, Lizbonę i Maroko, a kiedy nasz synek miał dokładnie rok, wyprawiliśmy się w samochodową podróż do... Polski. Najpierw odwiedziliśmy znajomych w Paryżu, następną stacją był Stuttgart, gdzie zatrzymaliśmy się u siostry mojego męża, a stamtąd pojechaliśmy do Wrocławia. Miała to być pierwsza wizyta Volkharta w mieście, w którym się urodził, od czasów pamiętnej ucieczki. Byłam przekonana, że podróż do Polski Ludowej będzie dla niego bolesna, ale okazało się, że zareagował na nią zupełnie inaczej. Owszem, droga z Berlina Wschodniego do granicy Polski robiła bardzo nieprzyjemne wrażenie – co chwilę napotykaliśmy patrole smutnych panów w burych mundurach z nieufnie rozglądającymi się owczarkami niemieckimi. Na tych kilkudziesięciu kilometrach z Berlina do Świecka napatrzyłam się na nie na całe życie, wyglądało to niczym ciągnąca się w nieskończoność wystawa psów tylko tej rasy, z wielkim finałem i główną sceną na przejściu granicznym. Polska jednak ujęła Volkharta od pierwszej chwili. Nie przeszkadzało mu to, że po przejechaniu Odry autostrada zmieniła się w dudniące pod kołami betonowe płyty. Dużo więcej uwagi poświęcał przydrożnym handlarzom, którzy sprzedawali a to jagody, a to grzyby, a to miód; ciągle się zatrzymywał i kupował różne frykasy. Zanim doturlaliśmy się do Wrocławia, zdążył już spróbować jabłek, miodu i zjeść wszystkie jagody. Podczas drogi mieliśmy jeszcze jedną przygodę, która z lekka zaszokowała Volkharta. Otóż w pewnym momencie na drodze pojawiło się stado koni. Mój mąż uznał, że zwierzęta na drodze to taka polska specyfika – musiał jednak zweryfikować te sądy, gdy w końcu okazało się, że konie po prostu się zerwały.

Wizyta w stolicy Dolnego Śląska również okazała się bardzo udana – w jej trakcie pojawił się zresztą wątek historyczno-humorystyczny. Zamieszkaliśmy w hotelu Monopol w samym centrum miasta i to tam Volkhart omal nie umarł z powodu nadmiernych emocji. A wszystko przez pewnego bardzo miłego i rozmownego windziarza, który zagadnął nas, kiedy po pierwszej nocy zjeżdżaliśmy rano na śniadanie. Rezolutny operator windy odezwał się do Volkharta po niemiecku:

– Czy dobrze zgaduję, że szanowny pan jest Niemcem?

– *Jawohl* – odpowiedział Volkhart niczym najczystszej krwi Niemiec.

– No to ma szanowny pan niezwykłe szczęście: śpi pan w pokoju, w którym przez kilka dni mieszkał sam Adolf Hitler. I właśnie z tego balkonu wygłosił przemówienie – przekazał nam radosną nowinę windziarz.

Biedak nie wiedział, co go czeka.

– Niech się pan ode mnie odpierdoli! – zagrzmiał Volkhart (pierwszy raz w życiu usłyszałam, jak przeklina). – Jestem Niemcem, ale to tylko pochodzenie. Wstydzę się za Niemców, za ich historię i bardzo mi z nimi nie po drodze, więc niechże się pan łaskawie zamknie i nie wymienia tego nazwiska!

Mój mąż przybrał przy tym prawdziwie wojenne barwy – zrobił się dosłownie purpurowy na twarzy. Sytuacja byłaby nawet zabawna, gdyby nie to, że naprawdę wydawał się bliski apopleksji, a przynajmniej rękoczynów na rozmownym windziarzu.

Ostatnim punktem naszego wojażu po Europie była wizyta u moich rodziców, którzy w sierpniu mieszkali w swoim letnim domu. Pech chciał, że już pierwszego wieczora, kiedy usypiałam rocznego Tadeusza na leżaku, spotkała mnie nieprzyjemna przygoda – sklecony prowizorycznie przez Tatę mebel załamał się pod nami i walnęłam z synem na ziemię. Na szczęście Tadkowi nic się nie stało, ja jednak uderzyłam potylicą o podłoże, w efekcie czego rano obudziłam się z potworną migreną. Kiedy Volkhart zszedł na dół i zapytał napotkanych w kuchni rodziców o śniadanie dla swojej obolałej żony, usłyszał odpowiedź, jakiej zapewne się nie spodziewał.

– Nie uważasz, że najwyższy czas, żeby panienka zeszła na dół i raczej sama przygotowała śniadanie rodzicom?

Mój mąż wszedł z powrotem na górę i oświadczył, że wyjeżdżamy. Spakowaliśmy się błyskawicznie. Tata zorientował się, że coś się dzieje, dopiero gdy przenosiliśmy wszystkie graty do samochodu. Chciał się dowiedzieć, o co chodzi, i zażądał od Volkharta wyjaśnień.

Jeden z najpiękniejszych momentów życiaz Volkhartem – kąpiemy Tadeusza

— Mirek, moja żona urodziła rok temu dziecko. Od tej pory zajmuje się nim bez przerwy i jest zmęczona. Dodatkowo wczorajsza podróż ją wykończyła, a wieczorem się poturbowała. Tymczasem twoja żona zamiast się ruszyć, od bladego świtu wygaduje tylko niestworzone rzeczy na własną córkę. Chyba więc nie znajdziemy wspólnego języka i kierujemy się innymi zasadami. Przepraszam was bardzo, ale Magda musi odpocząć.

Zapakował mnie z Tadkiem, a także Piotrem i Zosią do samochodu i pojechaliśmy na Mazury. Znaleźliśmy leśniczówkę z pokojami do wynajęcia i przeżyliśmy tam idylliczne chwile: cudowni gospodarze, cudowna dziczyzna, spacery po lesie, kąpiele w lazurowym jeziorze. A bajkową scenerię uzupełniały jelenie, które podchodziły pod naszą leśniczówkę, by podkradać jabłka. Tak więc mimo incydentu z rodzicami Volkhart totalnie się w Polsce zakochał.

Półtora roku po narodzinach Tadeusza zaszłam ponownie w ciążę. Okazało się, że tym razem będzie to upragniona przez Volkharta córka, nasza radość była więc ogromna. Ale czułam się nie najlepiej, a badania nie wypadły zbyt optymistycznie. Już w trzecim miesiącu dowiedzieliśmy się, że obok płodu jest dość spory skrzep i aby utrzymać ciążę, powinnam jak najwięcej odpoczywać, unikać zbyt długich wędrówek i podnoszenia ciężarów.

Volkhart jednak, chyba impregnowany na złe wiadomości uczuciem szczęścia, z jakiegoś powodu nie brał ostrzeżeń lekarzy na poważnie. Być może miał ciągle przed oczami obraz swojej matki przerzucającej pod koniec ciąży snopy siana, a być może uważał, że postęp w medycynie, jaki dokonał się w ciągu ostatnich dziesięcioleci, gwarantuje, że wszystko zakończy się szczęśliwie. Ja jednak czułam, że coś jest nie tak – byłam bardzo ospała, ciągle zmęczona i nie miałam apetytu. Nagle zapachy, które dotychczas uwielbiałam, stały się dla mnie nie do zniesienia, nie mogłam patrzeć na ciasta, torty i kremy, a przecież niecałe dwa lata wcześniej, na tym samym etapie ciąży, nie marzyłam o niczym innym.

Mój mąż był gotowy przychylić mi nieba, a wobec coraz bardziej radykalnych zaleceń lekarza i ze względu na fakt, że mały Tadeusz mocniej dokazywał w domu, zgodził się na przyjazd do nas jednej z moich przyjaciółek z Warszawy.

Jako że ginekolog kazał mi się oszczędzać i najlepiej cały dzień spędzać w pozycji horyzontalnej, miała mnie przede wszystkim odciążyć od obowiązków związanych z opieką nad małym dzieckiem.

Wsparcie z Warszawy okazało się bezcenne. Z tygodnia na tydzień czułam się coraz gorzej, a przyjaciółka wyręczała mnie w takich zadaniach jak kąpanie małego Tadka, przebieranie go czy po prostu ganianie po chałupie. Ale ta idealna symbioza trwała tylko do czasu, po trzech miesiącach bowiem moja koleżanka postanowiła sobie dorobić. Znalazła świetnie płatne zajęcie opiekunki pary bardzo wiekowych madryckich arystokratów. Pracowała wprawdzie ledwie cztery godziny dziennie, lecz w pracy musiała stawiać się o szóstej po południu. Ta drobna z pozoru zmiana spowodowała, że w momencie gdy Tadeusz miał półtora roku i ważył już około piętnastu kilogramów, a ja, będąc w szóstym miesiącu zagrożonej ciąży, czułam się z dnia na dzień gorzej, zostałam ze wszystkimi wieczornymi obowiązkami sama.

Efekty tego stanu rzeczy przyszły nadspodziewanie szybko. Już następnego dnia, po mojej pierwszej samodzielnej kąpieli Tadka i związanej z tym półgodzinnej gimnastyce w łazience, podczas wizyty w sklepie spożywczym poczułam mocny skurcz i ukłucie w podbrzuszu. Zaraz potem gorący strumień zalał mi uda i kolana – odeszły mi wody płodowe. Natychmiast popędziłam taksówką do domu i czekałam na powrót Volkharta.

Hiszpańska służba zdrowia w sytuacji zagrożenia życia matki i dziecka za priorytet uznawała wtedy uratowanie dziecka. Ryzyko było ogromne, wręcz śmiertelne – z powodu braku wód płodowych łatwo mogło dojść do zakażenia krwi, mimo to na sześć tygodni wylądowałam pod kroplówką z antybiotykami. Świadoma, że w każdej chwili mogę umrzeć, przeżywałam przez ten czas psychiczne katusze. Bałam się bez

Na łąkach w Portugalii podczas drugiej ciąży, z Anną Wandą.
A razem ze mną półtoraroczny Tadeusz

przerwy – kto zresztą nie boi się śmierci w tak młodym wieku? Lęk towarzyszył mi przez cały czas: za dnia, gdy leżąc nieruchomo, wpatrywałam się przerażona w pustynię białego sufitu, i w nocy, kiedy ze snu wyrywały mnie regularnie koszmary. Wciąż czułam ruchy dziecka i potwornie się bałam o nas obydwie.

Nie wiem, jak przetrwałam te półtora miesiąca. Ale zrobiłam to i nie oszalałam. A co więcej – urodziłam naturalnie, bo z racji wszystkich komplikacji i narodzin w szóstym miesiącu życia mała była sporo mniejsza od Tadeusza. Zaraz po porodzie musiała znaleźć się w inkubatorze, ale zanim lekarze ją zabrali, miałam okazję doświadczyć, czym jest dla matki pierwszy świadomie przeżyty krzyk dziecka, które jakby chciało oznajmić światu: „Już jestem!". Tadeusz urodził się przez cesarskie cięcie, a ponieważ znajdowałam się pod pełną narkozą, nie miałam okazji poczuć, czym jest ten cud – pierwsze dźwięki wydawane przez własne potomstwo. Tym razem byłam w pełni świadoma i zapamiętałam tę cudowną chwilę ze wszystkimi szczegółami.

Potem jednak nasza córeczka została natychmiast zabrana karetką na oddział intensywnej terapii dla noworodków w specjalistycznym szpitalu w drugiej części miasta. Błagałam lekarzy, aby wysłali ją tam samą i nie pozwolili jechać w karetce Volkhartowi. Nie chciałam, żeby mój mąż patrzył na cierpiące maleństwo, ale lekarze pozostali głusi na moje prośby. Volkhart przez całą podróż trzymał naszą znajdującą się w inkubatorze córeczkę, Annę Wandę Müller, na kolanach. Nigdy nie zapomniał o tej godzinie. Wryła mu się w pamięć i została z nim na zawsze. I na zawsze go zmieniła. A dwa tygodnie później zmieniło się całe nasze życie...

Anna Wanda Müller przeżyła dwa tygodnie.

Jej śmierć kompletnie nas zdruzgotała. Świat wokół przestał istnieć, znaleźliśmy się w jakimś ciemnym lochu cierpienia, dokąd nie docierało żadne światło, żadna nadzieja, skąd nie widać było żadnego wyjścia. Pogrążyliśmy się w mroku – i ten mrok wypełnił nas całych.

Utraciliśmy dziecko. Ale utraciliśmy też w pewien sposób samych siebie. Bo pojawiła się między nami jakaś rysa. Gdy w końcu wróciłam ze szpitala do domu, między mną a Volkhartem rozpoczął się bardzo dziwny i smutny czas. Kłębiło się w nas tak wiele złych emocji, że nasze niedawne życie wydawało mi się tylko pięknym snem, a nie czymś rzeczywistym. Mój mąż nie potrafił poradzić sobie z tą stratą – odcisnęła ona ogromne piętno na jego dalszym życiu i chyba nigdy się z nią tak naprawdę nie uporał.

Śmierć Anny Wandy wywołała w nim olbrzymie poczucie niesprawiedliwości. Nie umiał pogodzić się z tym, że niewinne maleństwo może tak po prostu umrzeć. Dlatego zaczął szukać winnych. A ja byłam najbliżej... To był obłęd. Patrzył na mnie w milczeniu, z ogromnym smutkiem i żalem, a ja odnosiłam wrażenie, że oskarża mnie, że nie dość zawzięcie walczyłam o życie naszego dziecka. Tak strasznie pragnął córki, tak bardzo przywiązał się do niej podczas jazdy do szpitala, że uwierzył idiotycznej katolickiej propagandzie, która obciążała odpowiedzialnością za życie dziecka matkę. Nie trafiały do niego nawet argumenty lekarzy, jakby całkiem zapomniał, jak czułam się od samego początku ciąży. Z biegiem czasu urosło w nim przekonanie, że mała zmarła, bo bardziej dbałam o swoje życie niż jej. To nic, że hiszpańscy doktorzy przez sześć tygodni utrzymywali przy życiu dziecko w moim łonie pozbawionym wód płodowych. To nic, że z racji tego przeklętego zakrzepu nasza córka była po prostu nie do uratowania. Volkhart nigdy wprawdzie nie zarzucił mi tego głośno, ale chyba uwierzył, że winę za tę tragedię ponoszę tylko ja, mimo że przez półtora miesiąca balansowałam przecież na granicy życia i śmierci.

Volkhart postąpił wobec mnie bardzo niesprawiedliwie, ale mimo wszystko nie potrafiłam mieć do niego żalu. Był autentycznie załamany, całkowicie zrozpaczony, nie potrafił ocenić tego, co się stało, w racjonalny sposób. Widziałam, że bardzo cierpi, i żadne wyjaśnienia czy argumenty po prostu nie mogły do niego trafić. Oddaliliśmy się od siebie, byliśmy dwojgiem ludzi, którzy karmią się tylko swoim bólem i nie umieją dostrzec niczego poza nim.

Miałam w sobie nieznośne poczucie, że zawiodłam męża. Nie kłóciliśmy się, nie było między nami awantur czy nieporozumień, za to ogromnie dużo smutku. A czas leczył rany bardzo powoli, mimo że staraliśmy się, aby nasze życie wróciło do rytmu sprzed tej tragedii. W końcu zaczęliśmy znowu podróżować i zwiedzać, ale nie zdążyliśmy wydobrzeć jako małżeństwo, gdy na horyzoncie znów pojawiły się ciemne, zwiastujące burzę chmury.

Podczas wyjazdu do Paryża ni stąd, ni zowąd Volkhart dostał wysokiej gorączki. Dla mnie był to jednoznaczny sygnał, że dzieje się z nim coś niedobrego. Pamiętam, że pierwszy i ostatni raz poszłam wtedy z własnej inicjatywy do katolickiego kościoła, katedry Notre Dame, i modliłam się czy wręcz błagałam – choć sama nie wiedziałam kogo – żeby złe przeczucia mnie myliły. Na szczęście po kilku godzinach i kilku tabletkach wszystko ustało, ale był to dla mnie sygnał ostrzegawczy.

Parę miesięcy po tym dziwnym paryskim incydencie Volkhart zaczął nalegać na kolejny ślub, tym razem kościelny, w obrządku protestanckim. Uroczystość odbyła się w Hayingen, a ślubu udzieliła nam kobieta pastor. Niezwykłe było też to, że w trakcie mszy na organach przepięknie grała mama Volkharta. Msza była naprawdę cudowna i wyjątkowa, ale zanim mogłam zostać protestancką żoną Volkharta, musiałam się wcześniej ochrzcić, przy okazji ten sam los spotkał również Tadeusza. I tak oto trzynastego lipca 1985 roku zostałam protestancką żoną redaktora Volkharta Müllera.

Euforia nie trwała długo. Następnego dnia mojego męża dopadła taka gorączka, że wracając do domu matki z jakiejś wizyty u znajomych, nie był w stanie odnaleźć drogi. Przez kilka godzin krążył po okolicy, nie mogąc trafić w dobrze znane sobie miejsce. W głowie znowu zapaliła mi się czerwona lampka, ale tym razem zaczęła już ostrzegawczo mrugać. Dlatego jeszcze przed powrotem do Madrytu udało mi się umówić męża na wizytę u onkologa w klinice w Ulm.

Pojechaliśmy tam razem i towarzyszyłam mu w trakcie całego badania. Lekarz zrobił prześwietlenie i po odebraniu

Ślubu udzielała
nam kobieta pastor
w kościele protestanckim
w Hayingen (Niemcy)

zestawu ciemnych klisz z obrazem węzłów chłonnych zaprosił Volkharta do gabinetu. Siedziałam w pokoju obok i przez otwarte drzwi wyraźnie widziałam ich obu. Nie musiałam ich słyszeć, żeby poznać diagnozę – wszystko powiedziała mi blada twarz Volkharta, na której rysował się nerwowy uśmieszek. Znałam go zbyt dobrze, od razu zrozumiałam, że jest źle. A w momencie gdy lekarz otwartą dłonią pokazywał, o jakiej wielkości guzie mowa, oblał mnie zimny pot, a ręce zaczęły mi drżeć. Sytuacja była bardzo poważna – wystarczyło sześć miesięcy, żeby w płucach Volkharta urósł olbrzymi, kilkucentymetrowy guz. Należało przeprowadzić natychmiastową operację. Mimo to Volkhart się uparł, że najpierw odwiezie mnie i Tadeusza do Madrytu, a dopiero potem sam wróci do Ulm.

Oczekiwanie na wieści z kliniki to był horror. Godzinami siedziałam jak odrętwiała, gapiąc się w telefon. Minuty zamieniały się w godziny, dzień przechodził w noc, a niepokój coraz głębiej zapuszczał we mnie śliskie i lepkie macki. Wreszcie otrzymałam wiadomość – operacja się powiodła. Mój mąż po kilku tygodniach rehabilitacji w okolicach Konstancji, podczas których codziennie pisał do mnie długie listy, by mnie w ten sposób pokrzepić, wrócił do Madrytu. Prosił, abym się nie martwiła, zapewniał, że wszystko będzie dobrze i damy sobie radę, ale ten czas coś we mnie definitywnie zmienił. Zrozumiałam, że może nadejść taka chwila, kiedy będę mogła liczyć wyłącznie na samą siebie.

To wtedy zdałam sobie sprawę, że muszę zacząć samodzielnie zarabiać pieniądze. Dotarło do mnie bowiem, że w przypadku kolejnego nawrotu choroby czy przedłużającej się rehabilitacji Volkharta redakcja „Der Spiegel" może po prostu zrezygnować z jego usług i znajdziemy się w bardzo trudnym położeniu. Dlatego – choć wiele mnie to kosztowało – zrezygnowałam na jakiś czas z malarstwa, żeby rozkręcić mały dotychczas biznes cateringowy. Wymagało to kilku miesięcy intensywnych zabiegów, ale w końcu wraz z Marią, nianią Tadeusza, zaczęłyśmy dostarczać jedzenie najbogatszym mieszkańcom Madrytu.

To, że mogłam zacząć gotować innym dla pieniędzy, a nie tylko dla przyjemności, jak to było na studiach, w dużym stopniu zawdzięczałam Volkhartowi, który zapraszał do naszego domu wielu znakomitych gości: polityków, dygnitarzy i dyplomatów. Dzięki dziesiątkom przygotowanych kolacji i kulinarnym popisom mój talent stał się znany w wyższych sferach Madrytu. Zresztą nawet podczas zwyczajnych, codziennych obiadów Volkhart przekonywał mnie, że powinnam ze swoim gotowaniem „wyjść do ludzi", że muszę podzielić się tym kunsztem z innymi. Moje nauki nie poszły w las – w ciągu kilku lat facet, którego potrzeby kulinarne ograniczały się do napełnienia brzucha, nie tylko polubił dobrze zjeść i zaczął się tym delektować, ale też poczuł potrzebę dzielenia się tą radością z innymi.

Dla mojej kariery kulinarnej przełomem stało się bardzo prestiżowe przyjęcie, które odbyło się w ogrodzie domu właściciela największej hiszpańskiej gazety „El País". Samo zlecenie zawdzięczałam Volkhartowi, jego rekomendacji, doskonałej znajomości z gospodarzem oraz temu, że ich rezydencja znajdowała się w tej samej dzielnicy co nasz dom. Tak się zatem złożyło, że robiąc catering dla ponad dwustu osób w jednym z piękniejszych prywatnych ogrodów Madrytu, tak naprawdę gotowałam dla sąsiadów. Ale nie była to sama przyjemność – zasuwałyśmy z Marią przez trzy doby, niemal się nie kładąc, żeby udowodnić dziennikarskiej śmietance, ile jesteśmy warte.

Nie było to jednak takie proste. Zmanierowana kochanka gospodarza, która czuła jakąś tajemniczą potrzebę pokazania nam naszego miejsca w szeregu, zainstalowała mnie z Marią w maleńkiej kuchni. Do tego jeszcze przed pojawieniem się gości przyszła z bratem na inspekcję i popatrzywszy na przygotowane menu, uznała, że nie będzie co jeść. Wtedy jednak przybył ambasador Stanów Zjednoczonych w Hiszpanii, który popróbowawszy potraw, poprosił o możliwość rozmowy ze mną. Gdy podeszłam, szeroko się uśmiechnął i serdecznie mi pogratulował. Konsternacja kochanki właściciela „El País" była tak potężna, że sama zaczęła mnie wychwalać pod niebiosa, a ja nie roześmiałam się jej w twarz tylko dzięki odebranej w domu kindersztubie.

To nie był bynajmniej koniec niespodzianek. Oczarowany doznaniami kulinarnymi dyplomata stwierdził, że chyba tego wieczora już się napracowałam i powinnam odpocząć, po czym zaprosił mnie na resztę wieczoru do swego stolika.

W ten oto sposób w ciągu dosłownie minuty przestałam być Kopciuszkiem i zyskałam miano najlepszej kucharki Madrytu, amerykański ambasador nie tylko bowiem nie ustawał w komplementowaniu mnie przy wszystkich znakomitych gościach, ale też poprosił, żebym przygotowała posiłek na najbliższe przyjęcie, które organizował na cześć króla Hiszpanii.

Od tej chwili moja kariera kulinarna nabrała rozpędu, choć nie znaczyło to bynajmniej, że zwiększył mi się komfort pracy. Wręcz przeciwnie – choć często gotowałam dla naprawdę znakomitego towarzystwa, niekiedy spotykałam się z traktowaniem bardzo przypominającym to, jak zachowywała się wobec mnie kochanka właściciela największej hiszpańskiej gazety. Co ciekawe – a może zrozumiałe, zważywszy na fakt, że od większości z nich byłam dużo młodsza, a tym samym pewnie bardziej atrakcyjna – afrontów doznawałam głównie ze strony kobiet. Panie zwykle starały się udowodnić zarówno sobie, jak i mnie, że jestem od nich gorsza, biedniejsza, a z racji pochodzenia można mną pomiatać. Tyle że na jedno nic nie mogły poradzić – potrafiłam gotować. I to całkiem nieźle.

Choć zaliczyłam też kilka wpadek. Kiedyś na przykład postanowiłam na jedną z imprez przygotować gulasz. Wszystko wydawało się w najlepszym porządku: gulasz nazajutrz smakował nawet lepiej niż wieczorem, bezpośrednio po zrobieniu, więc byłam pewna sukcesu. Gdy jednak na kwadrans przed zaserwowaniem posiłku gościom podniosłam pokrywkę jednego z pięciu garnków, o mało nie zemdlałam. Postawiony na kilka godzin gdzieś na zapleczu gulasz zaczął w madryckich upałach fermentować – im bardziej go podgrzewałam, tym bardziej szumiał, im więcej mieszałam, tym bardziej się pienił, im dłużej na to patrzyłam, tym większa ogarniała mnie rozpacz i ochota, by zapaść się pod ziemię. Zawartość wszystkich pięciu garnków nadawała się do spuszczenia w toalecie. I gdyby nie pewien kelner, wszystko zapewne by tam wylądowało.

Na szczęście o pomoc w tym przedsięwzięciu poprosiłam starszego kelnera, który podniósł pokrywkę i... szeroko się uśmiechnął. Wrócił po chwili z kilkoma butelkami koniaku. Cóż, ja też uważałam, że zapijanie smutków to niezła terapia, ale to chyba nie miejsce i czas na takie remedium. On tymczasem otworzył butelkę i wlał całą jej zawartość do garnka z gulaszem. Tak oto poznałam tradycyjny sposób powstrzymywania fermentacji, odzyskałam dobry humor i właściwe ciśnienie, a węgierski gulasz, uratowany na hiszpański sposób, cieszył się niezwykłą popularnością wśród gości.

Aby ugruntować swoją pozycję na rynku, obsługiwałam tyle imprez i przyjęć, ile tylko mogłam. Zaczął się dla mnie intensywny czas. To była prawdziwa harówa, a wszystkie te cuda wyczyniałyśmy z niezwykle pracowitą Marią, mając do dyspozycji kuchnię o wielkości ośmiu metrów kwadratowych, cztery palniki gazowe i jeden piekarnik. Za ten tytaniczny wysiłek często płaciłyśmy obrzękiem nóg spowodowanym wielogodzinnym wystawaniem przy garach, bólami kręgosłupa wywołanymi targaniem ciężkich zakupów i niezliczoną ilością oparzeń i skaleczeń.

Im ważniejsze pojawiały się zlecenia, tym więcej kosztowały mnie zresztą nerwów, bo te rosły proporcjonalnie do rangi nowych zadań. Wydarzeniem, które kosztowało mnie niemal zawał i z pewnością sprawiło, że na mojej głowie pojawiło się trochę siwych włosów, było organizowane przez agencję prasową EFE śniadanie dla dziennikarzy z całego świata po spotkaniu najwyższego szczebla między prezydentem USA a królem Hiszpanii. Stało się tak głównie z powodu dorabiających sobie studentów, których zaczęłam zatrudniać do przygotowywania śniadań, tak bym sama mogła skupić się tylko na poczęstunku. W przypadku wspomnianej imprezy wszystko miało zacząć się o dziewiątej rano, a kawa powinna pojawić jakieś dwadzieścia minut wcześniej, w Hiszpanii bowiem nikt nie wyobraża sobie śniadania bez tego napoju. Tymczasem jeszcze dziesięć minut przed dziewiątą, gdy na sali konferencyjnej kłębił się już tłum wygłodniałych dziennikarzy z całego świata, nie było widać ani studentów, ani kawy. Gdy znalazłam się na skraju załamania nerwowego, gotowa niemal odwołać cały posiłek, wbiegli nagle do kuchni z termosami pod pachą, wyglądając przy tym, jakby właśnie pokonali dystans maratoński. Poczułam taką ulgę, że chyba nie powiedziałam młodym ludziom nic nieprzyjemnego, choć jeszcze chwilę wcześniej gotowa byłam ich zamordować. Zresztą nie było czasu na żadne tego typu gwałtowne zachowania; chwyciłam termosy i pobiegłam postawić je na stole. Na szczęście – także dla zatrudnianych przeze mnie studentów – w środku faktycznie znajdowała się kawa, a całe śniadanie okazało się sukcesem.

Oczywiście w końcu zaczęłam przyzwyczajać się do tej sytuacji i nawet gdy miałam w perspektywie przygotowanie przyjęcia dla najbardziej nobliwego towarzystwa, nie czułam już wielkiej presji. Coraz mniej rzeczy mnie zaskakiwało, więc i nerwów było znacznie mniej, a ja i Maria nabyłyśmy sporej wprawy. W końcu zaczęłam się gotowaniem po prostu bawić. Jeśli na przyjęciu nie obowiązywał sztywny protokół dyplomatyczny, pozwalałam sobie na eksperymenty, niespodzianki, a nawet kulinarne szaleństwa. Gotowałam kolorowo, aromatycznie i z rozmachem. Nie tylko bawiłam się smakami i ich połączeniami, zaskakiwałam też gości sposobem prezentacji jedzenia, ustawieniem stołów czy tym, jak je dekorowaliśmy.

Pamiętam, że potężny rezonans wywołało to, na co się zdecydowałam, przygotowując przyjęcie dla dworu królewskiego. Odbywało się w przepięknej zabytkowej dorożkarni, do której Juan Carlos zaprosił około setki znakomitych gości. Nie było tam kuchni, więc całe jedzenie przyjechało na miejsce gotowe. Ale nie to okazało się takie niezwykłe, lecz fakt, że zdecydowałam się tym razem ugotować... po polsku. Na środku ustawiłam wielki stół z barszczem, kulebiakami i kilkoma rodzajami chłodnika, do tego zaserwowałam gościom różne cuda naszej kuchni, z faszerowaną gęsią na czele. Najważniejsze jednak nie było samo menu, a sposób podania. Kiedy pojawili się goście, na stole można było dostrzec tylko jajka. Cały blat zakryty był cieniutką białą tkaniną, a pomieszczenie oświetlały tylko ultrafioletowe lampy. Na widok ciemnego jak bunkier pomieszczenia ze świecącą białą szmatą przykrywającą, jak się wydawało, niemal pusty stół gościom wyraźnie zrzedły miny. Dopiero gdy wszyscy już weszli, nagle rozbłysło światło, biała tkanina została podciągnięta niczym kurtyna w teatrze i oczom obecnych ukazały się prawdziwe cuda. A że był to jeden z najbardziej kolorowych stołów, jakie w życiu przygotowałam, goście w jednej chwili dosłownie oszaleli. Chyba w życiu nie otrzymałam większej owacji.

Pierwsze miesiące obfitowały w wiele przygód, ale przede wszystkim był to dla mnie czas ciągłego rozwoju. Dzięki Volkhartowi poznałam mnóstwo ustosunkowanych osób z towarzystwa, ale kto wie, czy nie najważniejszą z nich była Clara María de A'Mesua, szefowa Królewskiej Akademii Gastronomicznej, najlepszej szkoły gotowania w całej Hiszpanii. Jak na wielki autorytet przystało, niełatwo było ją do siebie przekonać i wkraść się w jej łaski. Kiedy się poznałyśmy, słyszała już o organizowanych przeze mnie przyjęciach i chyba dlatego zaproponowała mi udział w tak zwanym Królewskim Obiedzie, dorocznym czterodaniowym posiłku, który dla rodziny królewskiej przygotowywały cztery najznakomitsze restauracje w mieście. Był to swego rodzaju konkurs, w którym koronowana głowa pełniła funkcję jurora, ponieważ po spróbowaniu wszystkich dań król wybierał najlepszą potrawę. Oczywiście zwycięzca zyskiwał ogromny prestiż i powód do dumy. Już zresztą samo zaproszenie do tej rywalizacji wydawało mi się nie lada wyróżnieniem. Nie znaczyło to jednak, że chciałam na tym poprzestać. Uznałam, że mogę z podniesioną głową stanąć w szranki i w swej ośmiometrowej, dwuosobowej i czteropalnikowej kuchni przygotować pełen obiad, czyli przystawkę, pierwsze i drugie danie oraz deser. Choć założę się, ze gdyby Clara María de A'Mesua miała świadomość, w jakich warunkach pracuję, nigdy nie złożyłaby mi takiej propozycji.

Przygotowałyśmy z Marią prawdziwe cudeńka. Na początek podałyśmy czereśnie faszerowane czarnuszką i twarożkiem, które ułożone były na świeżych liściach czereśni. Potem na stół wjechał *labraks,* a więc surowy łosoś w sosie miodowo--musztardowym. Udało mi się wtedy kupić wyjątkowo świeżą i delikatną rybę, która po kilku godzinach w marynacie rozpływała się gościom w ustach. Nie wiem, ile w tym prawdy, ale powiedziano mi, że właśnie wtedy po raz pierwszy podano w Madrycie surowego łososia. Przygotowałam też coś tradycyjnego – kulebiak z barszczem i serduszka z pumpernikla na miodzie. Posmarowałam je masłem z chrzanem, a na górze leżał śledź z kawałkami selera i lubczykiem. Dla mięsożerców zrobiłam własną kiełbasę; jej małe kawałki nadziane były na wykałaczki razem z grzybkami w occie, marynowaną cebulką i śliwką.

Kiedy król skosztował wszystkich czterech dań, przyszedł czas na werdykt. Przeżyłam niezwykłe chwile przed jego ogłoszeniem, mając świadomość, co oznacza ewentualna wygrana. Ale gdy usłyszałam, że przedstawiciele dworu królewskiego uznali mój posiłek za najlepszy, nagle wydało mi się to najzwyklejszą rzeczą pod słońcem. Miałam przecież świadomość, jakie cuda potrafię wyczyniać w kuchni, znałam swoją wartość – i po prostu potwierdziło się to, co wiedziałam. Już wtedy przecierałam nowe szlaki, bo można uznać tę rywalizację za królewski odpowiednik programu *MasterChef* tamtych czasów – brałam udział w zawodach kulinarnych, zanim stało się to modne.

Na konkursie u króla obecna była również pewna hiszpańska krytyk kulinarna, znana z ostrości sądów i tego, że nie patyczkuje się z ocenianymi lokalami. Po ogłoszeniu werdyktu podeszła do mnie i rzuciła:

– Świetnie pani gotuje, muszę przyjść do pani restauracji.

– Ale ja nie mam restauracji – odpowiedziałam szczerze.

– Chyba pani żartuje, to po prostu niemożliwe! Ale to nic. Kiedyś będzie ją pani miała – stwierdziła stanowczo i odeszła.

Przyznam, że wtedy, gotując na czterech palnikach w przydomowej kuchni, uznałam to co najwyżej za kurtuazję z jej strony. Nie przypuszczałam nawet, że po kilku latach ta przepowiednia się spełni, a rzeczywistość okaże się nawet jeszcze bardziej bajkowa.

Po tym zupełnie niespodziewanym sukcesie Clara María de A'Mesua zaprosiła mnie do Królewskiej Akademii Gastronomicznej. Miałam prowadzić tam autorskie zajęcia, co było tym większym zaszczytem, że placówka mieściła się przy samym pałacu króla, wykładali w niej najznakomitsi kucharze hiszpańscy i europejscy, a studentami – choć trudno to miano traktować jako adekwatne – byli najczęściej bardzo doświadczeni kucharze z całego kraju. Zaproponowano mi prowadzenie zajęć z kuchni wschodnioeuropejskiej, co dla Hiszpanów oznaczało kuchnię polską, rosyjską, czeską, niemiecką, austriacką i węgierską. Przyjęłam rzecz jasna tę zaszczytną propozycję, ale nie bardzo wierzyłam, że to się uda, ponieważ żeby kurs się rozpoczął, musiało znaleźć się na niego przynajmniej szesnastu chętnych. Jakież było więc moje zaskoczenie, gdy po tygodniu od rozpoczęcia rekrutacji Clara María zadzwoniła do Volkharta i przekazała mu, że na mój kurs zapisało się już ponad czterdzieści osób.

Ale to nie tak, że te miesiące były dla mnie pasmem samych sukcesów i ekscytacji. W tym czasie, kiedy krok po kroku podbijałam kulinarnie Madryt, toczyła się znacznie poważniejsza walka – o zdrowie Volkharta. W ramach leczenia co kilka miesięcy latał do Wangen, najlepszej niemieckiej kliniki leczenia chorób płuc, bo właśnie je, jak się okazało, zajął nowotwór. Mój mąż musiał regularnie podróżować do Niemiec, gdyż hiszpańscy lekarze mieli w zasadzie jeden pomysł, jak poradzić sobie z problemem – chcieli wyciąć Volkhartowi całe płuco. A ja byłam przekonana, że jeśli do tego dojdzie, mój ukochany po prostu umrze. Skontaktowałam się więc z jego siostrą, która zorganizowała mu w Niemczech fachową opiekę niedaleko rodzinnego miasta. Na dwie pierwsze wizyty, które zakończyły się drobnymi zabiegami, Volkhart poleciał beze mnie, głównie dlatego, że chcieliśmy udawać, że nie dzieje się nic naprawdę poważnego. Moja obecność u jego boku nie była konieczna, bo mógł liczyć na opiekę rodziny; w szpitalu odwiedzała go nie tylko mama, ale także kilka sióstr.

Niestety, te dwie operacje nie wystarczyły. Volkhart złapał zapalenie płuc i wylądował w szpitalu, tym samym, w którym rodziłam. Okazało się, że jedno płuco wypełnia woda, a drugie jest zajęte przez nowotwór. Nie zgodziłam się jednak na operację w tym miejscu i załatwiłam przeniesienie mojego męża do kliniki w Ulm, gdzie lekarze doprowadzili go do stabilnego stanu.

Kiedy Volkhart udał się do Wangen po raz trzeci i znowu nie obyło się bez interwencji chirurgicznej, po kilku dniach poleciałam do niego z maleńkim Tadeuszem. Zostawiłam syna z niemiecką babcią – mąż bardzo na to nalegał, bo nie chciał, żeby Tadek widział go w takim stanie: chorego, słabego i przykutego do łóżka. Sama przeniosłam się do Wangen na dobre i spędzałam z bardzo osłabionym mężem całe dnie. Wychodziłam po zakupy, załatwiałam różne sprawy, przynosiłam mu gazety czy po prostu siadałam i rozmawialiśmy. O sprawach bieżących, o Tadeuszu, o naszych planach. Nigdy jednak nie wspominaliśmy o chorobie. Zachowywaliśmy się, jak gdyby nic poważnego się nie działo. Wiedziałam, że Volkhart nie chce poruszać tego tematu, że nawiązywanie do niego może mu tylko sprawić ból. Trudno było jednak nie zauważyć, że gryzie go smutek i niepewność, że niepokoi się nie tylko o siebie, ale i o nas, swoich najbliższych, że zastanawia się, co się z nami stanie, jeśli go zabraknie.

Nie zamierzaliśmy się poddawać. Tym bardziej że po trzeciej operacji Volkhart wyszedł ze szpitala i wyglądał naprawdę nieźle. Nie było po nim widać ubytków sił czy braku energii wywołanych potwornym wyniszczeniem organizmu. Zawdzięczał to chyba obecności naszego syna, z którym tej zimy całymi dniami jeździliśmy na sankach; Volkhart, choć przecież ciężko chory i po operacji, wygłupiał się z Tadkiem na śniegu jak nastolatek. Wydawało się, że wszystko idzie w dobrym kierunku. Po kilku tygodniach, w trakcie których stosowaliśmy między innymi różne alternatywne metody leczenia, w tym zastrzyki z ekstraktu z jemioły, dobrze działającego na płuca, naprawdę poczuł się dużo lepiej. Nauczyłam się sama robić Volkhartowi zastrzyki z tego specyfiku, więc wróciliśmy do Madrytu. Niestety nie na długo.

Po niecałych dwóch miesiącach nagle i bez żadnego ostrzeżenia choroba zaatakowała ponownie, z większą gwałtownością. Stan Volkharta znacznie się pogorszył. Nie zamierzaliśmy zostawiać go w rękach hiszpańskich konowałów i udało nam się przetransportować go specjalnym medycznym samolotem z Madrytu do kliniki w Ulm. Oczywiście towarzyszyliśmy mu z Tadkiem, zatrzymując się u babci, niecałe pięćdziesiąt kilometrów na południe od Ulm. Nie miałam prawa jazdy, więc zostawiałam Tadeusza z niemieckim kuzynostwem, a sama każdego ranka pędziłam podmiejską kolejką do szpitala. Był

Po śmierci Volkharta z jego matką Mutsch. Nasz smutek nie miał granic

to dla mnie jako matki i żony okrutnie ciężki czas. Co rano przeżywałam dramat, rozstając się z niespełna czteroletnim synem, potem spędzałam godzinę w podmiejskim pociągu w drodze do śmiertelnie chorego męża, którego stan się nie poprawiał, co przyprawiało mnie o rozpacz, a następnie wracałam do stęsknionego, niczego nieświadomego Tadeusza. Było to jak jazda szaloną emocjonalną kolejką górską i tylko nocą mogłam nieco zwolnić i po prostu się wypłakać.

Wkrótce miało się jednak okazać, że może zabraknąć mi łez. Gdy dziewiątego lipca, czyli w przeddzień moich urodzin, wychodziłam po południu ze szpitala, jeden z lekarzy poprosił mnie do siebie. Nie zwiastowało to niczego dobrego. Usłyszałam, że u Volkharta doszło do przerzutów i zdiagnozowano właśnie poważne zmiany nowotworowe w jelitach. Konsylium lekarskie rozważało kolejną operację, ale ostatecznie doszło do wniosku, że byłoby to dla organizmu mojego męża zbyt duże obciążenie. Ja także poczułam w tamtym momencie, jak przygniata mnie ciężar nie do uniesienia. To było dla mnie za wiele – mężczyzna mego życia mógł umrzeć, a ja byłam bezradna. Zresztą bezradna byłam nie tylko ja, ale i cała nowoczesna medycyna.

W nocy tego dnia dostałam informację, że z Volkhartem jest bardzo źle. Popędziłam do szpitala jak szalona, niestety pojawiłam się za późno. Mój mąż bez mojej wiedzy i zgody został wprowadzony w śpiączkę farmakologiczną. Potem się dowiedziałam, że zadecydowała o tym jego siostra. Wyrządziła mi w ten sposób okrutną krzywdę. Nie miałam okazji porozmawiać z mężem, nie mogłam zobaczyć po raz ostatni jego uśmiechu, nie mogłam poczuć jego uścisku. Ktoś pozbawił mnie tego jedynego ukojenia, jakiego może zaznać człowiek, któremu umiera najbliższa osoba na świecie. Nie pożegnałam się z Volkhartem, nie powiedziałam mu po raz ostatni, jak bardzo go kocham.

Mój mąż zmarł dziesiątego lipca 1986 roku – w moje urodziny. Od tej pory to dla mnie przeklęta data...

Kiedy kompletnie zrozpaczona wróciłam tego dnia do domu, po południu przyszedł listonosz. Wręczył mi bukiet kwiatów, prezent i przepiękny list nadany dzień wcześniej ze szpitala. Volkhart nie żegnał się w nim ze mną, po prostu dziękował mi za wszystko, co razem przeżyliśmy. Jakby dostał ode mnie więcej, niż sam mi dał. A przecież to ja byłam największą szczęściarą na świecie – poznałam go, uczyłam się od niego, żyłam z tym cudownym człowiekiem i miałam z nim dziecko. A przede wszystkim – byłam przez niego kochana.

Straciłam nie tylko moją największą miłość, ale też mężczyznę, który był dla mnie wzorem, drogowskazem i niezwykłym wsparciem. Volkhart był moim najlepszym przyjacielem, kumplem, najwierniejszym kibicem i największym motywatorem. Czułam się przy nim wartościowa zarówno jako malarka i kucharka, jak i kobieta, żona, człowiek. Był przy tym uosobieniem mojego ideału faceta, chodzącą elegancją – nigdy się nie zdarzyło, żebym musiała sama nieść walizki, zawsze przepuszczał mnie w wejściu i otwierał przede mną drzwi samochodu.

Otworzył przede mną również mnóstwo innych drzwi – w Madrycie i nie tylko. A także sporo szufladek w mojej głowie. To dzięki niemu pozbyłam się wielu lęków, strachów i kompleksów. Z każdym dniem wzmacniał we mnie przekonanie, że jestem piękna, zdolna i zaradna. Nie traktował mnie jako trofeum, lecz największą nagrodę, jaką dostał od życia. Uwielbiał tłumaczyć mi niuanse świata polityki, był ciekaw mego zdania w praktycznie każdej sprawie. Dla niego nie byłam tylko matką, żoną i artystką, lecz także pełnoprawnym partnerem w każdej dyskusji. A przecież należał do czołowych dziennikarzy i fotoreporterów na świecie. Jego zdjęcia do dziś goszczą w najlepszych galeriach, pojawiają się w podręcznikach i encyklopediach. To właśnie on jest autorem największej liczby fotografii generała Franco czy baskijskich separatystów, co zapewniło mu nie tylko sporą sławę i pieniądze, ale też pewnego rodzaju nieśmiertelność.

I choć był sporo starszy i z pewnością dużo mądrzejszy, sam też chętnie uczył się ode mnie. Więcej – pragnął, żebym wprowadzała go w świat doznań, jakich wcześniej nie doświadczył. Moje wykłady na temat smaku, kuchni, sztuki czy architektury uczyniły z niego prawdziwego entuzjastę życia. Z czasem skromny i niewiele potrzebujący redaktor został wytrawnym znawcą i koneserem win, kuchni i tradycji.

Był moim mężem i kochankiem, ale też starszym bratem, którego nigdy nie miałam. Potrafił zapanować nad moimi najbardziej szalonymi pomysłami, nigdy ich nie krytykując. Dawał mi niesłychane poczucie bezpieczeństwa. Z nim u boku nigdy nie zastanawiałam się, co spotka nas w przyszłości, utwierdzał mnie bowiem w przekonaniu, że dopóki jesteśmy razem, wszystko będzie dobrze. Dopiero gdy go zabrakło, zdałam sobie sprawę, jaką opiekę i parasol ochronny nade mną roztaczał, jak bardzo o mnie dbał, ile wysiłku wkładał w to, żebym mogła żyć tak, jak sobie wymarzę, i nie musiała zajmować się troskami dnia codziennego. Do szczęścia jednak wcale nie potrzebowaliśmy pałaców, willi i pięknych basenów. Najlepiej nam było w chłodnej i skromnie urządzonej grocie pod Madrytem, gdy przytuleni i przykryci baranią skórą popijaliśmy lokalne wino.

A przy całej tej pewności, którą mi ofiarował, dawał się też niekiedy ponieść jakiemuś szalonemu kaprysowi czy fantazji. Na przykład wtedy, gdy po niecałych dwóch latach wspólnego mieszkania w kamienicy na czwartym piętrze zabrał mnie pewnego popołudnia do najlepszej dzielnicy Madrytu i zapytał:

– Widzisz tę willę na rogu?

Potwierdziłam, przyglądając się z zachwytem białemu domowi z dużym ogrodem i basenem.

– Podoba ci się?

– Oczywiście, że tak, jest piękna – powiedziałam zupełnie szczerze.

– No to jest twoja. A właściwie nasza – oznajmił spokojnie, jakby mówił o jakimś drobiazgu. W ten właśnie sposób dowiedziałam się, że kupił dla nas nowy dom i przyszedł czas na przeprowadzkę.

Gdy żył, byłam z nim tak szczęśliwa, że nie zwracałam najmniejszej uwagi na stan naszych finansów – tak naprawdę nie miałam pojęcia, czy mamy konto w banku. Kiedy Volkhart zaczął chorować, tego typu sprawy zeszły na jeszcze dalszy plan. Przez cały czas leczenia nie rozmawialiśmy o tym, co będzie, gdy go zabraknie, i jak sobie poradzę. Myślę, że Volkhart nie chciał o tym mówić nie dlatego, że się bał, lecz dlatego, że był przekonany, że świetnie sobie poradzę. Bezgranicznie wierzył we mnie i we wszystko, co robię, a to dodawało mi tylko skrzydeł i nawet jego śmierć ich nie podcięła.

Ale prawdą jest, że gdy odszedł, nie byłam w ogóle świadoma, jak wygląda stan naszego posiadania ani jakie wyzwania mnie czekają. Już następnego dnia po śmierci mojego męża jego siostra Ute bardzo po protestancku, a więc pragmatycznie i bez emocji, powiedziała mi przy śniadaniu: „Magda, nic się nie martw, Volkhart wszystko zabezpieczył". Nie miałam pojęcia, o czym mówi. Sprawy finansowe nie były w orbicie moich zainteresowań nawet wtedy, kiedy żył, więc jak mogłabym myśleć o nich dzień po śmierci ukochanego mężczyzny? Przeżywałam największy dramat w życiu i nie w głowie były mi spadki, ubezpieczenia i majątki.

W tym potwornie trudnym czasie moim jedynym prawdziwym oparciem i jakąś iskierką nadziei na przyszłość okazał się mały Tadeusz. Bardzo dzielnie zniósł tragedię, która nas dotknęła, a jego niektóre uwagi, choć sprawiały, że w oczach stawały mi łzy, ze względu na swą zdroworozsądkowość nasuwały mi na myśl Volkharta. Mam wrażenie, że zdawał sobie z wszystkiego sprawę, ale jakiś odziedziczony po ojcu rozsądek nie pozwalał mu panikować i wariować.

Ciało Volkharta zostało skremowane, a prochy – zgodnie z jego wolą – miały pod żadnym pozorem nie spocząć w niemieckiej ziemi. W Biberach odbyła się tylko symboliczna uroczystość, a raczej spotkanie rodziny i przyjaciół, na którym pięknie go wspominano. Głos zabierały jego siostry, koledzy z pracy, a nawet kumple z dzieciństwa i dawni sąsiedzi. Prochy męża postanowiłam przetransportować do Hiszpanii. Zrobiłam to wbrew wszelkim przepisom sanitarnym, w najbardziej prozaiczny sposób – zapakowałam urnę do torebki i przyleciałam z nią w ten sposób samolotem. W terminalu w jednej ręce trzymałam pięcioletniego syna, a w drugiej prochy męża.

Prawdziwy pochówek Volkharta zorganizowaliśmy na cmentarzu położonym nieopodal naszej podmadryckiej groty, ukochanego miejsca na ziemi mojego męża. To tam uciekał od pracy, najpierw sam, a potem ze mną, i to tam przeżyliśmy nasze najlepsze chwile. Kiedyś, na długo przed chorobą, wyznał mi, że chciałby, aby na jego grobie nie było pomnika, tylko duży kamień, otoczak prosto z Polski. I tak się właśnie stało. Na pogrzeb na cmentarzyku u podnóża góry przybyła cała jego rodzina i wielu przyjaciół. Volkhart spoczął na wieczność w miejscu, gdzie czuł się za życia najszczęśliwszy.

A potem pojawiła się proza codzienności. Mutsch, matka Volkharta, została ze mną i z Tadkiem na prawie półtora miesiąca i nigdy jej nie zapomnę, jakim była dla mnie wsparciem. Nie zwariowałam wtedy głównie dzięki niej. Czułam bowiem ból tak potężny, tak przenikliwy i wszechobecny, że nic nie mogło go uśmierzyć. Zdarzały się momenty, że nie będąc w stanie wytrzymać cierpienia, dostawałam ataków furii. Ukojenie dawała mi tylko muzyka i taniec. Wiem, że nie wydaje się to najwłaściwszym sposobem przeżywania żałoby, ale tak właśnie było. Każdego wieczora ubierałam się w czarny strój i szłam tańczyć. Zatracałam się na parkiecie na całe noce, tańcząc do upadłego sama ze sobą. Nie wiem, co by się ze mną stało, gdyby nie Mutsch i moi trzej muszkieterowie, przyjaciele ze studiów, którzy nie spuszczali mnie z oka.

Kiedy w końcu przeszło mi to taneczne szaleństwo, próbowałam rzucić się w wir pracy. Przyjmowałam bardzo dużo zleceń, traktując kolejne godziny w kuchni jako terapię. Gotowałam od świtu do nocy na przeróżne przyjęcia, wróciłam też do wykładów w szkole gotowania u Clary Maríi. Jeśli chodzi o czas, jaki poświęcałam tym zajęciom, to autentycznie przesadzałam. Na szczęście mogłam sobie na to pozwolić, bo cały czas była przy mnie Maria, a Tadeusz poszedł do przedszkola bardzo blisko domu.

Te dwa lata po śmierci Volkharta to okres moich największych i najbardziej spektakularnych zleceń. Nadal uczyłam hiszpańską arystokrację jeść kulebiaki, barszcz i śledzie, ale podejmowałam się również szczególnych wyzwań. Takie było z pewnością oficjalne otwarcie madryckiej redakcji magazynu „Elle". Tytuł ten cieszył się olbrzymim prestiżem, musiało być więc imponująco, efektownie i widowiskowo. A najważniejszym punktem całej imprezy miał być tort. Zrobiłam prawie naturalnych wymiarów rzeźbę przytulonej pary – mężczyzna stał z tyłu i obejmował partnerkę, zaplatając ręce pod jej ogromnymi piersiami. Całość zrobiona była z sękacza i biszkoptu, których dziesiątki warstw musiałam najpierw misternie ułożyć, a potem, gdy blok się zmroził, spędzić godziny na uformowaniu pożądanych kształtów. Wszystko to pokryłam lukrem. Tort wyszedł kapitalnie, smakował rewelacyjnie, lecz i tak największe wrażenie robiły na wszystkich... sutki. Zrobiłam je z namoczonego w kawie i winie opłatka kuchennego i wyglądały zupełnie jak naturalne. W ogóle piersi kobiety musiały wyjść mi wtedy wybitnie, bo do końca imprezy żaden kelner nie odważył się ich pokroić i podać.

Harowałam do upadłego. Kończąc wirtuozerskie przyjęcie dla bogaczy, potrafiłam od razu popędzić na nocny pociąg, aby po całym dniu nauczania w zamiejscowej filii szkoły Clary Maríi w Leon wracać po nocy do domu ciężarówką złapaną na stopa. Najbardziej spektakularny wjazd na nasze arystokratyczne osiedle zaliczyłam nowoczesnym tirem, który miał na pace dwa i pół tysiąca żywych kurczaków. Co za surrealny widok – wielka brudna ciężarówka, z której niesie się pisk drobiu, lawirująca między bentleyami i jaguarami zaparkowanymi na ciasnych uliczkach.

Moje życie bardzo, bardzo powoli zaczęło odzyskiwać smak. Pamiętam chwilę, kiedy po raz pierwszy od śmierci męża poczułam prawdziwą, niemal nastoletnią radość. Było to w Leon, gdy po skończeniu jednego z kursów poszłam do sklepu Escada i kupiłam sobie krótką wiśniową spódniczkę ze skóry i piękny brązowy kaszmirowy sweterek aż pod szyję. Chyba po raz pierwszy wydałam wtedy zarobione przez siebie pieniądze na coś więcej niż tylko opłaty, jedzenie czy pensję Marii. Miałam ponad trzydzieści lat, a mimo to zachowywałam się jak dziewczyna, która swoje pierwsze zarobione pieniądze może wydać na własne przyjemności.

W końcu zaczęłam umawiać się też z facetami. Nie było to jednak nic takiego, nad czym warto byłoby się, raczej remedium na bieżące potrzeby wciąż przecież młodej i pełnej życia kobiety. Dopiero po jakimś czasie zbliżyłam się nieco z pewnym wyjątkowo majętnym właścicielem i prezesem kilku banków. Nie imponowały mi jednak jego pieniądze, bo byłam już wtedy niezależna finansowo dzięki otrzymaniu sporego spadku. Facet zainteresował mnie głównie dlatego, że sprawiał wrażenie człowieka rozsądnego i bardzo ułożonego. Był ode mnie kilka lat starszy, świetnie wykształcony i mocno zapracowany. Z racji tego ostatniego nasz związek nie należał do intensywnych, aczkolwiek miał potencjał rozwojowy. Kiedy więc sprawy zaczęły nabierać rozpędu i na horyzoncie zarysowało się wspólne zamieszkanie, postanowiłam poddać go testowi i zabrałam go na kilka dni do... Polski.

rozdział IX

Warszawa

po raz trzeci

To była typowo przyjacielska kolacja. Znajomy, z którym od wieków się nie widziałam, zapragnął pokazać mi jakieś nowe miejsce na nędznej w ówczesnym czasie kulinarnej mapie Warszawy. Ostrzyłam sobie zęby na jakieś cuda – oczywiście w granicach peerelowskich możliwości – a tymczasem zabrał mnie do... lodziarni. Ale faktycznie – było warto.

Lokal nazywał się Pałacowa i należał do jakichś braci Gesslerów. Mieścił się w pałacu Zamoyskich i wchodziło się tam przez piękny park, a szalone zapachy unosiły się już kilka metrów przed wejściem. Stał tam ubrany zupełnie absurdalnie jak na owe czasy facet, który na cały głos zapraszał przechodzących ludzi do przybytku. I nie robił tego zwyczajnie – teatralnym głosem i z wyraźną przesadą roztaczał przed słuchaczami wizję nie tyle lodów, ile jakiegoś cukierniczego objawienia. Przy czym wyglądał jak van Gogh – ogólnie rzecz biorąc, niesamowite zjawisko.

Zaciekawiło mnie to, tym bardziej że oferta restauracyjna Warszawy mocno mnie podłamała. Niewiele zostało z tego, co zapamiętałam z lat siedemdziesiątych, w zasadzie nie sposób było znaleźć lokalu, który wybijałby się ponad mizerię. Ostała się jeszcze Wiktoria Świętoszek, Biała Dalia w Konstancinie czy restauracja w hotelu Forum, gdzie jednak tak naprawdę można było zjeść tylko kremówkę, śledzie i soliankę, lecz zniknął cały bogaty wachlarz smaków, który zapamiętałam z przeszłości. W tym zapyziałym mieście barów mlecznych i nieprzyjemnej obsługi lodziarnia Gesslerów jawiła mi się więc jako zjawisko niezwykłe: gwarne stoliki, żydowska muzyka grana na żywo na fortepianie, a w wejściu ten mężczyzna w stroju z innej epoki.

Zwrócił na mnie uwagę już na wejściu. Niedługo potem dosiadł się nawet na chwilę do naszego stolika i się przedstawił – miał na imię Adam. Był właścicielem i niedługo potem, dowiedziawszy się, że pracuję w tej samej branży, zaczął snuć wizję rozbudowy lodziarni, zakupu kolejnego lokalu, a za kilka lat posiadania kilkunastu najlepszych restauracji w mieście. Biła od niego aura przekonania, że wszystko jest możliwe, ale w tamtych warunkach i czasach brzmiał trochę jak nieliczący się z realiami pięknoduch. Owszem, miejsce, w którym właśnie przebywaliśmy, z pięknym tarasem, oranżerią i jeszcze wspanialszym ogrodem, miało potencjał, żeby zostać najlepszą knajpą w mieście, ale właściciel wydał mi się co najmniej dziwny. Tyle że dziwactwo to nie jest coś, co by mnie kiedykolwiek od ludzi odstręczało. Sama wyróżniałam się mocno z tłumu, więc idąc za głosem przekory, dałam mu się zaprosić na następny dzień, aby dokończyć naszą rozmowę i podyskutować niezobowiązująco, co można by zrobić w Warszawie.

Mocno mnie zaskoczyło, gdy na umówione spotkanie przyszedł... jakiś inny mężczyzna. Nazywał się Piotr, wyglądał jak młody Wyspiański, miał długie kręcone włosy, piękne zielone oczy i niezwykle długie rzęsy, nosił rozpiętą flanelową koszulę w kratkę, a na nogach czeskie pepegi. Okazało się, że to brat Adama. Był skromny, wyjątkowo miły i... małomówny, lecz mimo to świetnie nam się rozmawiało. I wtedy, po kilku godzinach, nagle pojawił się Adam. Jeszcze tego oczywiście nie wiedziałam, ale w przyszłości miałam się przekonać, że takie niezapowiedziane i kompletnie niewytłumaczalne akcje to jego znak rozpoznawczy.

Wfrunął do wnętrza lodziarni jak to on – z rozmachem i głośno. Przerwał bezceremonialnie naszą pogawędkę, po czym zabrał mnie na obiad do Victorii. Tam popuścił wodzy fantazji. Roztoczył przede mną wizję kulinarnego imperium – opowiadał o kolejnych lokalach, które przejmuje, restauracjach, które zakłada, i rychłym panowaniu nad gastronomiczną Warszawą. Snuł tak abstrakcyjne plany, że od pewnego momentu zaczęłam przysłuchiwać mu się tak, jakby opowiadał mi bajkę, a w duchu myślałam sobie: „Co ty pieprzysz?".

Pobyt w Polsce z moim hiszpańskim bankierem mógł wypaść lepiej. Nie tylko dlatego, że Warszawa okazała się miastem, w którym w kwestii przyzwoitego karmienia ludzi jest naprawdę sporo do zrobienia. Także ów nieszczęsny test na to, jak arystokratyczny adorator poradzi sobie w siermiężnych peerelowskich warunkach, zakończył się mało spektakularnie. Gdy tylko bowiem wylądowaliśmy w Warszawie, zabrałam go do letniego domu rodziców w Słopsku nad Bugiem, tego samego, z którego pospieszną ewakuację kilka lat wcześniej zarządził Volkhart. Nie było tam rzecz jasna żadnych luksusów czy nawet zwyczajnych dla ludzi Zachodu udogodnień, a dla człowieka z najwyższych sfer madryckiej finansjery musiały to być warunki iście partyzanckie. I właśnie dlatego postanowiłam zostawić go tam z Tadeuszem na jedną noc. Wprawdzie nie samego, bo towarzyszyli mu moi rodzice, ale jednak miał za zadanie przetrwać w tych obcych mu okolicznościach.

Niestety kompletnie nie przeszedł tej próby czterdziestu ośmiu godzin na polskiej wsi. Okazało się, że nie nadawał się do normalnego życia, bez kilku sekretarek, asystentek i szofera, więc mówiąc w wielkim skrócie – odesłałam go z powrotem. Tym bardziej że po przyjeździe do Polski, być może pod wpływem spotkania z Adamem, zaświtała mi pewna karkołomna myśl.

W Hiszpanii żyło mi się świetnie, ale żeby otworzyć własny lokal na poziomie, należało mieć naprawdę pokaźny kapitał albo bogatego inwestora. W Warszawie natomiast sytuacja wyglądała zgoła inaczej – to był niemalże kulinarny odłóg, ziemia, która czekała, żeby ją przejąć i zagospodarować. Polska wydawała się miejscem, w którym trzeba od podstaw odbudować kulturę smaku, jedzenia i towarzyszącej mu estetyki. Poczułam, że można i warto zaoferować tu ludziom wszystko, co charakterystyczne dla porządnej restauracji – świetną obsługę, wykwintne wnętrza i królewską kuchnię. Pragnęłam otworzyć ambasadę smaku i mieć swoje miejsce na kulinarnej mapie Polski.

Nie od razu oczywiście zrealizowałam ten pomysł, musiało minąć kilka miesięcy, zanim dojrzałam do decyzji o opuszczeniu Madrytu. I co może wydawać się nieco dziwne, niczego nie zrobiłam na wariata. Najpierw przygotowałam sobie grunt. Przyleciałam do Warszawy sama, by zorganizować takie podstawowe sprawy jak mieszkanie czy szkoła dla Tadeusza, pozostawionego w Madrycie pod znakomitą opieką Marii. Cóż, najwidoczniej naprawdę dojrzałam.

Dałam sobie na wszystko trzy miesiące, a to wystarczyło, żeby wokół mnie zaczął się jakiś szalony taniec godowy, w którym wzięło udział kilku facetów. Zrobił się z tego totalny groch z kapustą, w pewnym momencie o moje wdzięki dość intensywnie zabiegało pięciu mężczyzn, w tym między innymi dwaj moi dawni narzeczeni, którzy nagle przypomnieli sobie o moim istnieniu. Bardzo chciałabym wierzyć, że wszystkim im zawróciła w głowie moja uroda i osobowość, ale myślę sobie, że poza tymi walorami posiadałam jeszcze jeden, być może najważniejszy dla moich niedoszłych absztyfikantów atut – po powrocie z Hiszpanii dysponowałam po prostu poważnymi jak na ówczesną Polskę funduszami.

W tej talii waletów, królów i asów znalazło się zresztą także dwóch Gesslerów. Starali się o moje względy w całkiem odmienny sposób. Adam był staroświecki, woził mnie dorożkami po warszawskim Starym Mieście, bez przerwy przesiadywał w kawiarni w Victorii i popijał espresso, a po mieście poruszał się tylko taksówkami, bo mimo aparycji i samopoczucia godnego milionera wciąż nie dorobił się samochodu. Piotr miał za to starego, niemożebnie rozklekotanego złotego mercedesa kabrioleta, a charakterologicznie zupełnie nie przypominał brata: miał znacznie skromniejszy sposób bycia, był – zwłaszcza w porównaniu z Adamem – proaktywnie obserwujący i trochę wstydliwy. Obaj mieli sporo uroku, ale też, jak się później okazało, wiele tajemnic.

Tak czy inaczej, bracia Gesslerowie w tandemie dotarli do ostatniego etapu szranków o moje serce. Odbywało się to w zupełnie niecodziennych warunkach, ponieważ zaczęłam im już wtedy pomagać w Pałacowej i przekształcać ją z lodziarni w restaurację o nazwie W Ogrodzie. Pracowaliśmy zatem bardzo często we troje, a obaj panowie robili do mnie jawne podchody. Ten wyścig nie miał faworyta ani – przynajmniej do czasu – zdecydowanego lidera, za to na jego mecie na zwycięzcę czekała nagroda, czyli ja.

O tym, że szala zwycięstwa zaczęła przechylać się na stronę Piotra, zadecydowały nie tylko jego zalety, przyczynił się do tego także sam... Adam. Jego wiarygodność mocno bowiem spadła w moich oczach przy okazji koncertu w Pałacowej pewnego świetnego pianisty jazzowego z Moskwy. Było naprawdę czarująco: goście siedzieli zwróceni twarzami w stronę zaimprowizowanej sceny, a magii całemu wydarzeniu dodawały palące się szabasowe świece. Siedziałam z Adamem, delektując się muzyką i atmosferą, kiedy do naszego stolika podeszła wyjątkowo piękna kobieta, która przed chwilą wyłoniła się z zaplecza. Zbliżyła się do nas na pół metra i powiedziała:

– Dzień dobry, może się przedstawię: mam na imię Joanna i jestem kobietą Adama.

Zbaraniałam, a Adam, jakby nie było to nic nadzwyczajnego, spojrzał na ową damę, wstał, wziął ją szarmancko pod łokieć i bardzo grzecznym tonem oznajmił:

– Joasiu, tam jest stolik. Usiądź sobie.

Kiedy liczba osób przy naszym stoliku wróciła do normy sprzed dwóch minut, a mnie w końcu przeszedł szok i niedowierzanie, zapytałam:

– Adam, kto to był, do cholery? O co chodzi?

– Nikt ważny. Nie przejmuj się, ta kobieta ma jakieś zaburzenia – odparł z taką nonszalancją, jakby spotykał się z tego typu sytuacjami regularnie i nie robiło to na nim żadnego wrażenia.

Musiało minąć sporo czasu, żebym się dowiedziała, że owa Joanna to nie jakaś zakochana w Adamie mitomanka, lecz jego wieloletnia partnerka, z którą zresztą w tamtym momencie miał kilkumiesięczne dziecko. Cóż, wspominałam już, że mężczyźni często dostawali w mojej obecności amnezji.

Nie był to ani pierwszy, ani ostatni przypadek, kiedy przekonałam się, że kłamanie, kręcenie i kombinowanie przychodzi Adamowi z taką łatwością i naturalnością jak innym oddychanie. Rozkręcając restaurację, osobiście robiłam zakupy warzyw na praskim bazarze Różyckiego, a on towarzyszył mi zawsze jako doradca i bagażowy. Podczas jednej z wizyt w tym miejscu ujął mnie tym, że kiedy buszowałam między marchewką, jabłkami i pomidorami, poszedł na krótkie zakupy i wrócił z nich z całym mnóstwem cukierków. Nawet zaimponowało mi to, jak bardzo myśli o swoim dziecku i jak

Z Piotrem Gesslerem
w restauracji W Ogrodzie

się o nie troszczy. Obrazek cudownego ojca nie zaćmił mi na szczęście rozumu, więc postanowiłam poddać Adama pewnemu testowi. Wchodząc na najwyższy poziom aktorstwa, wyjęłam dyskretnie z torebki banknot studolarowy, przełożyłam go do kieszeni i stojąc tylko z Adamem przed jednym ze stoisk, upuściłam go sobie pod nogi. Gdy tylko moja nieprzypadkowa zguba dotknęła ziemi, udając wielkie zdziwienie i zaskoczenie, wskazałam zmięty zielony banknot i zapytałam Adama:

– O rany! Co to jest?

– Aaaa, to moje. Wypadło mi z kieszeni – odpowiedział bez zająknięcia, schylając się momentalnie ku ziemi.

Rzucił się na te sto dolarów jak pirania na mięso. Kiedy niczym rasowy drapieżnik chwycił ofiarę, zapakował ją natychmiast do kieszeni. Nie odezwałam się ani słowem – sto dolarów wydawało mi się niklą ceną, żeby poznać czyjś charakter i stosunek do uczciwości.

Kiedy zaś w drodze powrotnej Adam sam jeden zjadł w taksówce pół reklamówki niedawno kupionych cukierków, a resztę zaraz potem na zapleczu w ogrodzie, ostatecznie wyeliminował się z wyścigu o moje serce, a także wypisał z kręgu moich bliskich i zaufanych znajomych.

W stronę Piotra zwróciłam się oczywiście nie tylko ze względu na wady Adama. Młodszy i spokojniejszy z braci ujął mnie przede wszystkim charakterem. W owym czasie ubierał się i wyglądał skromniej niż Adam, nie robił wokół siebie takiego szumu i nigdy nie gwiazdorzył, miał za to dużo autentycznego ciepła, spokoju i cierpliwości. Nie był wcale mniej przystojny od brata, co najwyżej nieco niedoinwestowany. Adam błyszczał tak, że trzeba było mrużyć oczy, ale dość szybko przekonałam się, że jest zaledwie cyrkonią, za to Piotr miał w sobie coś z diamentu, któremu brak odpowiedniego szlifu.

Krokiem milowym w naszych stosunkach było przyjęcie, które przygotowałam z okazji premiery opery *Czarna maska* Krzysztofa Pendereckiego. Najważniejszym punktem programu był tort, więc przygotowywaliśmy go wspólnie. W pewnym momencie, podczas szykowania czekolady, Piotr zapytał, czy jest już idealna, a ja, niewiele myśląc, podsunęłam mu pod nos unurzany w niej palec. Spróbował i... właśnie wtedy coś się między nami zmieniło. Poczułam jego zapach, przekonałam się, jaki jest delikatny, a czekolada zadziałała jak dobry afrodyzjak...

Tak czy siak, zanim podjęłam decyzję, że wybrankiem mojego serca zostanie Piotr, sytuacja stała się wręcz nieznośna. Skryta rywalizacja między nimi o tę samą kobietę prowadziła do coraz większych napięć, a w końcu atmosfera tak się zagęściła, że postanowiłam zmniejszyć narastające ciśnienie i poinformowałam obu panów, że wyjeżdżam na dwa tygodnie do Madrytu. Nie była to do końca prawda – zamiast na lotnisku Barajas wylądowałam nazajutrz na przystanku PKS w Słopsku. Potrzebowałam tych dwóch tygodni, by móc w ciszy i spokoju pobyć sama ze sobą, swoimi myślami i z uczuciami.

Po tej przerwie wiedziałam już, jakiego wyboru muszę dokonać. Gdy po powrocie „z Hiszpanii" pojawiłam się w ogrodzie pałacu Zamoyskich, krzątał się tam tylko Adam. Dobrze się składało, bo zamierzałam poinformować go o tym, że chcę związać się z jego młodszym bratem, nie robiąc przy okazji afery. A że umówiłam się już tego dnia na kolację z Piotrem, więc wyjaśnienie wszystkiego z Adamem w okolicach obiadu było mi bardzo na rękę. Adam, nie pierwszy raz zresztą, wykazał się ograniczoną zdolnością przyswajania tego, co mu mówiłam. Gdy zasugerowałam, żebyśmy porozmawiali, odpowiedział: „W porządku, ale na kolacji w Victorii". Kiedy stwierdziłam, że na ósmą jestem umówiona z jego bratem, Adam uznał, że z nim spotkam się zatem o dziesiątej. I tak w kółko. Ostatecznie poszliśmy do Victorii na tę kolację, bo chciałam to mieć za sobą. Usiedliśmy, złożyliśmy zamówienie i zaczęłam raz jeszcze od początku. Bardzo uważając, żeby go nie urazić, wyjaśniłam mu, że chcę związać się na poważnie z Piotrem, ale nic to nie zmienia, jeśli chodzi o mój udział w prowadzeniu restauracji. Zbaraniał i zamilkł, chyba nie dowierzając własnym uszom. Przez chwilę miałam wrażenie, że moje słowa w końcu do niego dotarły, ale nagle przerwał mi w połowie zdania, złapał mnie za rękę i powiedział:

– Chodź szybko, coś ci pokażę!

Wyszliśmy przed Victorię, a przyszły samozwańczy imperator Warszawy wykonał szeroki gest i rzekł ze swoją teatralną manierą:

– Nie bądź głupia, podejmij właściwą decyzję. To wszystko, co tu widzisz, będzie przecież kiedyś nasze. Te kamienice, knajpy...

Miałam serdecznie dość jego wizji, planów i innych baśni, a kolejne fantazje o złotych górach, jakieś bzdury na poziomie rychłego przejęcia Belwederu, Pałacu Kultury i Nauki oraz radzieckiej stacji kosmicznej tylko dodatkowo mnie rozdrażniły. „Co ty, człowieku, pierdolisz?" – pomyślałam i szybko się ulotniłam.

Kolacja i noc z Piotrem były bardzo udane, ale moja już wtedy oficjalna sympatia do niego przysporzyła mu początkowo więcej kłopotów niż radości. Nie chodziło wyłącznie o reakcję Adama, ale i ojca braci, bo ten zawsze uważał Piotra za nieco gorszego. Nie mógł więc najpierw uwierzyć, a potem pogodzić się z tym, że to nie Adamowi tak się trafiło. Postanowiliśmy z Piotrem nacieszyć się sobą w nieco przyjaźniejszym klimacie i po kryjomu wyjechać do Madrytu. Zanim tam jednak trafiliśmy, nie obyło się bez przygód. Gessler senior bowiem, zgodnie z najlepszą tradycją ojców despotów, postanowił

przejąć paszport syna. Doświadczenie podpowiedziało mi, że trzeba działać natychmiast i niestandardowo. Zanim ojciec Piotra zdążył interweniować u swojego przyjaciela generała Kiszczaka, zabukowaliśmy bilety na nocny lot i popędziliśmy złotym mercedesem na Okęcie. Zostawiliśmy zamaskowane plandeką auto na parkingu lotniska, a gdy samolot oderwał się od pasa startowego, my oderwaliśmy się od ciężaru, który spoczywał na naszych barkach w Polsce. Byliśmy w takiej euforii, że w trakcie lotu upiliśmy się ginem, zwłaszcza ja, bo nie pijam mocnych trunków – tak więc zaliczyłam po-dwójny odlot.

Po kilku godzinach byliśmy już daleko od tego warszaw-skiego piekiełka. Nie powiem, że wylądowaliśmy w raju, ale wydaje mi się, że momentami Piotr odnosił takie wrażenie. Z ładnego domu na placu Słonecznym, który zajmował ra-zem z bratem, przeniósł się do luksusowej piętrowej willi z basenem, a zamiast zdezelowanym mercedesem zaczął jeździć audi należącym wcześniej do Volkharta. Do tego mieliśmy oczywiście nianię, gosposię, ogrodnika i faceta od czyszczenia basenu, mogliśmy więc skupić się na różnego rodzaju rozrywkach. Zaczęliśmy wizytować galerie, muzea, drogie restauracje i najlepsze sklepy. Spędzaliśmy czas tak, jak chcieliśmy, a ja znowu poczułam się bezpiecznie.

Zresztą nie tylko ja uległam jego urokowi. Bardzo ważna była też dla mnie reakcja Tadeusza, bo niezależnie od swoich zalet Piotr musiał przede wszystkim znaleźć wspólny język z moim synem, inaczej uznałabym taką relację za pozbawioną sensu. Na szczęście Tadek zaakceptował Piotra bardzo szyb-ko. Niemal od początku nawiązali nić porozumienia, które szybko zmieniło się we wzajemną sympatię. I może właśnie to ujęło mnie w Piotrze najbardziej – miał ogromne pokłady czułości, troski i autentycznego zainteresowania dla obcego przecież dziecka. Był po prostu bardzo dobrym człowiekiem.

Z planowanego wyjazdu na tydzień, góra dwa zrobiło się niemal sześć miesięcy. Nie spieszyło mi się jakoś specjalnie z powrotem do Warszawy. Znowu miałam faceta, którego właśnie zaczynałam kochać, byłam u siebie, we własnym domu, w mieście, które znałam i uwielbiałam, a co najistotniejsze – ponownie mieszkałam z najważniejszym mężczyzną w moim życiu, siedmioletnim Tadeuszem, za którym w Polsce okrutnie tęskniłam.

Po jakimś czasie jednak zaczęłam znów dużo myśleć o restauracji W Ogrodzie. Ostatecznie przez te ponad dziesięć tygodni w Warszawie nie zajmowałam się wyłącznie łamaniem serc Gesslerów, lecz nade wszystko wkładałam mnóstwo pracy w rozwijanie ich lokalu: wymyśliłam zupełnie autorskie menu, a co więcej – nauczyłam tamtejszych kucharzy przyrządzania potraw, bo było to zadanie daleko wykraczające poza standardowe wyzwania peerelowskiej kuchni. Uwielbiałam gotować, ale organizacja funkcjonowania całego lokalu to było coś znacznie większego. Nie chodziło tylko o kuchnię, ale też o detale: wystrój wnętrza, wybór zastawy, ubiór kelnerów, zapach i wszystko to, co przy odpowiednim doborze poszczególnych elementów sprawia, że miejsce robi się wykwintne. Kiedy w końcu mi się udało, pasztet był pasztetem, rosół rosołem, krewetka krewetką, a cały lokal miał sznyt, którego brakowało w ówczesnej Warszawie. Stworzenie zupełnie nowej jakości w przepięknych wnętrzach pałacu Zamoyskich dało mi bardzo dużo satysfakcji. Wyjeżdżając z Piotrem do Madrytu, zostawiliśmy więc Adamowi restaurację pełną gości, rezerwacji, odnowioną i świetnie zarabiającą. Z perspektywy czasu mogę śmiało powiedzieć, że była to moja pierwsza rewolucja w nie swojej kuchni. I tylko trochę żal, że nikt tego nie sfilmował.

Przebywając w Madrycie z Piotrem, wiedziałam już zatem, na co mnie stać. A Polska lat dziewięćdziesiątych to

Dwóch braci Gesslerów: z lewej Adam, z prawej Piotr

było prawdziwe eldorado dla ludzi z niebanalnymi pomysłami. Dzięki transformacji ustrojowej prywatny biznes zyskał dojście do niedostępnych dotychczas wnętrz i otworzyły się przed nim bezkresne wręcz możliwości. A ja byłam jak zwykle pełna energii i wiary we własne siły – w końcu błyskawicznie udało mi się w zasadzie od podstaw stworzyć i rozkręcić W Ogrodzie. Wiedziałam, że to najlepszy czas na realizację choćby najbardziej odważnych czy szalonych pomysłów i żal byłoby nie wykorzystać takiej okazji. Zaczęłam więc myśleć o powrocie do Polski na stałe.

Niełatwo było jednak namówić do tego Piotra. Nic dziwnego – w Madrycie cieszył się życiem, jakiego wcześniej nie miał szansy zaznać. Elegancko ubrany w modne ciuchy, pachnący na kilometr i zaczesany do tyłu niczym jakiś De Niro wyglądał bosko. W końcu jednak, po kilku miesiącach beztroskich hiszpańskich wakacji, przyznał mi rację – potrafił zrezygnować z przyjemności, bo udało mi się go przekonać, jaka szansa pojawia się przed nami w Polsce.

W marcu 1989 roku wylądowaliśmy więc na Okęciu we troje: ja, Piotr i Tadeusz. A tak naprawdę... we czworo. Tak skutecznie bowiem zaczęliśmy z moim wybrankiem nadrabiać w Madrycie zaległości, że do czasu powrotu do kraju byłam już w ciąży.

Mimo to z miejsca ruszyliśmy do naszej restauracji, aby ogłosić, że wróciliśmy. Zważywszy na okoliczności, w jakich opuszczaliśmy Polskę, nie spodziewaliśmy się specjalnie serdecznego powitania, ale to, co wydarzyło się tego dnia, przekroczyło nawet moje najgorsze przewidywania. Już na wejściu zauważyliśmy, że nasze pojawienie się wywołało prawdziwy popłoch wśród kelnerek – wszystkie momentalnie się ewakuowały.

Wyjaśnienie tego stanu rzeczy nie zabrało mi dużo czasu. Znacznie dłużej musiałam za to dochodzić do siebie, gdy już dowiedziałam się, w czym rzecz.

Pojawił się Adam i przywitał się z nami dość oziębłe. A potem poznałam całą prawdę o... Piotrze.

– Dlaczego kelnerki na nasz widok uciekły jak poparzone? – zapytałam.

– A tak... To pewnie przez Martę – odpowiedział z rezerwą.

– Martę? A która to? I dlaczego zarządziła ewakuację?

– Marty tu nie było, nie jest kelnerką.

Nic z tego nie rozumiałam. Podobnie jak tego, że Piotr milczy jak zaklęty.

– No dobra, co to za tajemnicza postać, że ma taki wpływ na kelnerki?

– Nazywa się... Marta Gessler. To moja szwagierka...

Nastąpiła dłuższa chwila ciszy, zanim dotarło do mnie, co właśnie usłyszałam. A wtedy dosłownie wybuchnęłam:

– Jak to twoja szwagierka? O co tu, kurwa, chodzi?

– Marta jest moją szwagierką – powtórzył powoli Adam.

Nie wierzyłam w to, co usłyszałam.

– Czyli żoną Piotra?

– Tak. Marta Gessler jest żoną Piotra – zakończył Adam.

Zaraz potem dowiedziałam się też, że owa kobieta jest nie tylko żoną mojego nowego wybranka, ale i matką ich małego syna Mikołaja.

Nie zapomnę tej chwili nigdy. Po tym wszystkim, co przeszłam w minionych latach, wydawało mi się, że szczęście znowu się do mnie uśmiechnęło, i to dość szeroko. A tymczasem dostałam strzał między oczy, choć bardziej w sam środek serca. Przecież odtrąciłam zaloty Adama, bo gardziłam jego krętactwem i oszustwami. I dokładnie to samo spotkało mnie ze strony faceta, któremu zaufałam.

Piotr milczał, wbijając wzrok w ziemię, a Adam patrzył na mnie zmieszany. Obróciłam się na pięcie i totalnie zszokowana ruszyłam przed siebie. Zrobiło mi się ciemno przed oczami, nie wiedziałam, gdzie jestem i dokąd idę. Nie wiedziałam zresztą kompletnie nic. Miałam w głowie absolutną pustkę. A potem pojawiła się furia. Czy to, kurwa, jakaś rodzinna tradycja Gesslerów? Wybiórczy alzheimer, który dopada męskich przedstawicieli tej familii pod wpływem kontaktu ze mną? Najpierw Adam udawał, że nie zna swojej partnerki, a teraz Piotr przypadkiem zapomniał mi powiedzieć – i nie przypomniał sobie o tym w trakcie spędzonego ze mną w Madrycie półrocza – że ma żonę i dziecko! Nazwisko Gessler najwyraźniej zobowiązuje.

Targały mną potężne emocje, miałam ochotę wsiąść następnego dnia do samolotu i wrócić do Madrytu. I w sumie do dziś nie wiem, dlaczego tego nie zrobiłam. Czy chodziło o fakt, że nosiłam pod sercem dziecko Piotra? Czy może jednak moje uczucie do niego było silniejsze niż wściekłość, jaką czułam? Naprawdę nie mam pojęcia. Tak czy owak, z jakiegoś powodu dałam mu następnego dnia szansę, by się wytłumaczył – o ile coś takiego w ogóle dało się wytłumaczyć. Zapomniał jednak wtedy o genetycznych skłonnościach swojej rodziny do kłamstwa i w pełni się przede mną otworzył. Przyznał, że bał się powiedzieć mi o małżeństwie, bo wiedział, że może to oznaczać definitywny koniec jakiegokolwiek uczucia między nami, a liczyło się dla niego najbardziej na świecie. Okazało się też, że Marta była kiedyś partnerką Adama, ale z bliżej nieokreślonych powodów przed ołtarzem stanął z nią właśnie Piotr.

To, co mówił, miało ręce i nogi, w każdym razie dla zakochanej i chcącej uwierzyć w te wyjaśnienia kobiety, więc jakoś udało mu się mnie udobruchać. Decydujące były jednak nie jego słowa, lecz czyny. Przecież poleciał ze mną na bite pół roku do Hiszpanii, zostawił rodzinę w zasadzie bez słowa, a tak nie robi mąż kochający żonę czy ojciec troszczący się o dziecko. Szczęśliwie dla zdrowia Piotra jego żona umiała jednak zachować nerwy na wodzy, za to ja, nie do końca zasłużenie zapracowałam na jej dozgonną nienawiść. Tak czy inaczej, gdyby nie to, że obie miałyśmy odporny układ nerwowy, mogłybyśmy wspólnie skończyć na tym samym oddziale psychiatrycznym lub kardiologicznym, a w rubryce „przyczyna choroby" miałybyśmy wypisaną tę samą diagnozę – „Piotr Gessler".

Wobec takiego rozwoju wypadków sytuacja w restauracji zrobiła się patowa. Właścicielami W Ogrodzie byli bracia Gesslerowie oraz ich wspólnik, pewien prawnik o imieniu Leszek. Lodziarnię, a potem knajpę od samego początku prowadzili Adam z Piotrem, a ten trzeci po prostu w nią zainwestował i nie interesował się niczym poza wynikami finansowymi. Bracia do pracy zaprzęgli również swoje partnerki i dopóki w całym tym ekosystemie nie pojawiłam się ja, układ był dość prosty i czytelny – karty rozdawali bracia ze wsparciem odpowiednio Joasi i Marty. Być może między tymi duetami nie panowała atmosfera wyjątkowego zaufania i rodzinności, ale doskonale przecież wiadomo, że nic nie łączy ludzi tak skutecznie jak wspólny wróg. Na widok Piotra i mnie w ciąży Marta i Adam stali się sobie dużo bliżsi.

Jedno było pewne – nie dało się funkcjonować w takim modelu jak dotychczas. Nie chcieliśmy jednak odpuścić i zostawiać wszystkiego, bo w końcu Piotr też był wspólnikiem oraz założycielem tego lokalu, ja zaś całą tę knajpę wymyśliłam, zorganizowałam, a na dodatek potężnie w nią zainwestowałam. Aby jakoś rozwiązać ten węzeł gordyjski, ustaliliśmy, że nasze na nowo zaaranżowane duety będą pracować na zmianę. W efekcie dwa dni restaurację prowadziliśmy ja z Piotrem, a kolejne dwa Marta i Adam, wspierani gościnnie przez Joannę.

Chyba dobrze, że nie istniały jeszcze wtedy brukowce w obecnym rozumieniu tego słowa, bo z pewnością rzuciłyby się na taki kąsek i nas rozszarpały. Bo faktycznie był to istny cyrk. Mieliśmy swoje obrusy, swoją zastawę, swoje wazony na stołach, a po dwóch dniach wszystko zwijaliśmy, pakowaliśmy w kartony i zamykaliśmy na klucz. Nawet goście po pewnym czasie zorientowali się, że kiedy jedzenie podawane jest na dużych porcelanowych talerzach w kwiaty, wtedy kuchnią zarządzamy my, gdy zaś talerze są jednolicie białe, gotuje żona mojego faceta oraz jej szwagier, czyli jego brat. Łączył nas tylko wspólny lokal, nazwa i kelnerki.

Chociaż trzeba powiedzieć, że te Bogu ducha winne dziewczyny gubiły się w całym tym galimatiasie i wielokrotnie dawały się nabierać Adamowi na jego bajki. On zaś wzbudzał w nas coraz większą nieufność, więc Piotr w nasze dni zaczął dyżurować przy stoliku kelnerskim aż do zamknięcia lokalu. Kiedy ja uwijałam się w kuchni, on siedział i pilnował, żeby jego brat nie wywiódł nas w pole. To było dla mnie coś niepojętego, tym bardziej że sama mogłabym bratu zostawić cały majątek, a on dbałby o niego lepiej niż o swoją

Z Piotrem Gesslerem

własność. Dlatego relacje między braćmi Gesslerami były dla mnie pierwszym prawdziwym zetknięciem z naprawdę chorymi stosunkami rodzinnymi i całkowicie mnie szokowały. Ostatecznie jedynym sposobem na koegzystencję okazało się postawienie wysokiego muru między nami. W obliczu prowadzenia restauracji było to niezwykle uciążliwe, ale kiedy poznaliśmy już wszystkie sztuczki Adama i nauczyliśmy się przed nimi bronić, mogliśmy nawet jako tako funkcjonować w tej toksycznej symbiozie.

Zapewne to zadziwiające grono – rodzina, wspólnicy i konkurenci w jednym – liczyło, że taki stan nie potrwa długo. Byłam przecież w ciąży, a okoliczność ta powinna wyeliminować mnie z gry o restaurację na co najmniej kilka miesięcy. Mieli jednak pecha – akurat w trakcie tej ciąży czułam się wyjątkowo dobrze, a ponieważ wyobrażałam sobie, jak reszta

Piotr Gessler z naszą córką Larą

wykiwa beze mnie Piotra, nie brakowało mi motywacji, żeby pracować niemal do chwili porodu. Jeszcze w przeddzień zaplanowanej cesarki podawałam osobiście do stołu między innymi mojemu ginekologowi, doktorowi Powolnemu, który za kilkanaście godzin miał mnie ciąć.

To, że czułam się w ciąży świetnie, nie oznaczało oczywiście, że i poród przebiegł gładko. Moja wizyta na sali porodowej znowu oznaczała komplikacje i stres, choć tym razem nie byłam tego świadoma. Chwilę bowiem po wspomnianej kolacji, na której usługiwałam mojemu lekarzowi, licząc na rewanż następnego dnia, zgasło mi światło i... obudziłam się w szpitalu. Leżałam sama, a obok mnie dziwne dźwięki wydawał cały park maszynowy stojący obok łóżka.

– Gdzie ja jestem? I gdzie jest moje dziecko? – zapytałam krzątającą się po sali pielęgniarkę.

– Jesteś, kochana, na intensywnej terapii i skoro już się nam w końcu obudziłaś, to zaraz zaczynamy transfuzję.

– Gdzie...? – próbowałam dopytać.

– Tutaj, w tej sali – odpowiedziała.

– Gdzie jest moje dziecko? – W końcu wystarczyło mi tchu, żeby zadać pytanie do końca.

– A jest, jest. Leży na noworodkach. Dwa dni temu urodziłaś piękną zdrową córkę.

Nie wierzyłam własnym uszom.

– Dwa dni temu?

– Tak, dwa dni temu, dziewiętnastego września. Trochę u nas pospałaś – odparła, poprawiając mi poduszkę.

– Muszę ją zobaczyć, zanim zaczniemy. Proszę. – Spojrzałam błagalnie pielęgniarce w duże ciemne oczy. – Muszę.

– Dobra, dostaniesz ją na chwilę, ale nie wolno ci jej podnosić, siadać i tak dalej. Przyniosę ci córkę i położę na chwilę obok.

Starszy brat Tadeusz ze swoją ukochaną siostrą Larą

Po najdłuższych dziesięciu minutach mojego życia wróciła z białym zawiniątkiem. Położyła mi je obok głowy i zobaczyłam śliczną kruszynę z kruczoczarnymi włosami okalającymi jej głowę niczym indiański pióropusz. Ważyła książkowe trzy i pół kilograma, ale za to wyrosła mi w brzuchu na całe sześćdziesiąt trzy centymetry.

Po kilku dniach mogłam wrócić z córką do domu. Cóż to było za wydarzenie! Mimo że świeżo po porodzie, czułam się, jakbym unosiła się nad ziemią, jakby zdarzyła się najbardziej wyczekiwana rzecz na świecie. Wraz z narodzinami Lary nasza rodzina stała się w jednej chwili jakby pełniejsza, jeszcze bardziej scalona. Wszyscy byliśmy przeszczęśliwi, wszyscy mieliśmy wrażenie, że oto pojawił się w niej brakujący dotychczas element. Siedmioletni Tadeusz kompletnie oszalał na punkcie siostry i sam przyznał, że nie mógłby dostać lepszego prezentu. Do dziś pamięta moment, gdy zobaczył Larę po raz pierwszy.

Do pracy musiałam wrócić dość szybko, bo mówiąc szczerze, kiedy zabrakło mnie na naszych zmianach, restauracja zarabiała zdecydowanie mniej. Piotrowi motywacja do zarządzania osłabła, a dodatkowo totalnie odleciał na punkcie małej. Sama chciałam być dobrą, oddaną matką, ale miałam wrażenie, że Piotr może być wymanewrowany przez naszych wspólników. Wyszliśmy więc przed szereg i porzuciliśmy tradycyjny oraz – jak się wtedy wydawało – nienaruszalny podział ról małżeńskich: dzięki wsparciu męża, który potrafił opiekować się dzieckiem nie gorzej niż niejedna matka, i zatrudnieniu niani mogłam bardzo szybko wrócić do pełnej aktywności zawodowej i ratowania sytuacji w lokalu.

Za sprawą takiego niestandardowego podejścia wkrótce nabraliśmy wiatru w żagle. Szło nam całkiem nieźle, więc wynajęte pół roku wcześniej mieszkanie na Bemowie zamieniliśmy na dom w Sulejówku, a potem w Konstancinie. Nie zarabialiśmy nie wiadomo jakich kokosów, ale uznaliśmy, że nie będziemy odkładać wszystkiego na kupkę, lecz część kapitału przeznaczymy na uciechy. Bo co byłoby warte życie, w którym istnieje tylko praca, choćby uwielbiało się ją jak nic innego pod słońcem?

Stabilizacja nigdy jednak na dłuższą metę mnie nie pociągała. Nie lubiłam marazmu, chciałam, żeby coś się nieustannie działo, pragnęłam osiągnąć więcej. Zwłaszcza że tworzenie i rozwijanie restauracji rajcowało mnie zdecydowanie bardziej niż samo prowadzenie lokalu. Gdyby przyrównać kuchnię do muzyki, to widziałabym się raczej w roli kompozytora, a nie stroiciela, najbardziej zaś chciałabym być dyrygentem całej orkiestry. Nic nie sprawiało mi większej radości niż wymyślanie, jak wszystko powinno wyglądać, planowanie, zbieranie komponentów i odpowiednie ich układanie. Uwielbiałam te momenty, zanim wszystko zaczynało działać jak w zegarku, kiedy dopiero sprawdzałam w praktyce swoje pomysły, korygowałam je i stroiłam do wymogów rzeczywistości. Chwila chwały przychodzi, gdy orkiestra po raz pierwszy zabrzmi tak, jak się tego oczekuje, a chwila spokoju – gdy umie to powtórzyć.

Czułam wprawdzie potrzebę nieustannego rozwoju i ciągłe pragnienie kreatywności, ale byliśmy wtedy z Piotrem tak zaharowani, że nie myśleliśmy o dalszej ekspansji. Co innego Adam, który zawsze wprost lubował się w fantastycznych wizjach świetlanej przyszłości. Nachodził nas, namawiał, aż w końcu, mimo wcześniejszych tarć między nami, uznaliśmy, że zaryzykujemy i zaufamy mu po raz kolejny. Ostatecznie umiał załatwić dosłownie każdą sprawę, znał wszystkich ludzi w mieście i wszyscy znali jego. Tyle że finansowaniem jego projektów miałam się zająć ja... W tym celu musiałam pojechać po spadek do Niemiec, a kiedy już przywiozłam go do

Polski, brat Piotra zaczął nim obracać w swoim stylu – z przesadnym nawet jak na mój gust rozmachem. Wyciągał ode mnie pieniądze i roztaczał perspektywy, ale też robił wszystko, żeby nie do końca było wiadomo, w co i jak dużo inwestuje.

Miałam jednak teren, na którym mogłam się realizować. I rzuciłam się na to wyzwanie z prawdziwą pasją. Dość szybko udało nam się urządzić klub i piękną włoską restaurację o nazwie Trębacka. Od samego początku wypaliła i okazała się dużym sukcesem. Nawet za dużym, bo po około dwóch miesiącach zaczęli nas odwiedzać lokalni bandyci, którym bardzo nie w smak był nasz sukces, a jeszcze bardziej fakt, że nie mamy ochoty z nikim dzielić się jego owocami. Barczyści panowie z bronią za pazuchą upodobali sobie lokal w samym centrum miasta, na rogu Trębackiej i Krakowskiego Przedmieścia – początkowo nie robili jakichś spektakularnych akcji, po prostu przychodzili posiedzieć, porozmawiać i postraszyć nas swoim wyglądem. Ponieważ w całej swej naiwności stanowczo odmawiałam opłacania ich „ochrony", z biegiem czasu zaczęli pojawiać się u nas coraz częściej, tylko po to, żeby zbić kilka talerzy, zjeść za darmo i wzbudzić lęk kelnerów czy gości.

Nasz lokal był modny, więc przyciągał różne znane osobistości, także polityków. Dość dobrze jedną z wizyt w Trębackiej tych barczystych kolędników w skórzanych kurtkach pamiętać musi ówczesny konsul Kanady. Miał pecha, że zjawili się akurat w trakcie organizowanej przez niego kolacji. Opakowany w dyplomatyczną etykietę opór przeciwko ich chamstwu, który stawiał dzielny konsul, skończył się swobodnym lotem notabla z pierwszego piętra i lądowaniem na dziedzińcu znajdującym się na parterze. Za chwilę znaleźli się tam wszyscy inni goście, którzy podjęli natychmiastową ewakuację. Ale zdarzyła się i krwawsza historia – pewnego razu bandyci nacięli kucharzowi skórę na gardle, chcąc najwidoczniej pokazać, że nie cofną się przed niczym. Bywało więc bardzo trudno, zdarzały się momenty, że dla własnego bezpieczeństwa zamykaliśmy knajpę na tydzień czy dwa, a niekiedy zastanawiałam się wręcz, czy nie lepiej odpuścić i dla świętego spokoju nie pójść na układ z mafią.

Adam nie wtrącał się w ogóle w prowadzenie lokali, szczególnie Trębackiej, początkowo zatem ten dziwny układ właścicielsko-rodzinny sprawdzał się całkiem nieźle. Ale brat Piotra nie byłby chyba sobą, gdyby zostawił wszystko całkowicie jasne, więc w końcu uznałam, że taki model współpracy, a zwłaszcza pokłady mego zaufania ostatecznie się wyczerpały. Na szczęście panowała co do tego ogólna zgoda, pozostawało jednak pytanie, jak podzielić się tym, co mieliśmy. Kombinowałam, główkowałam, aż wreszcie doszłam do wniosku, że najlepszym i najuczciwszym wyjściem będzie... losowanie. Tym bardziej że wspólników było trzech i lokale też trzy.

Pierwszym przybytkiem w puli była oczywiście restauracja W Ogrodzie, rozkręcona, świetnie prosperująca, ale znajdująca się w dość niepewnej lokalizacji. Budynek należał do miasta, a politycy – jak to mają w zwyczaju – mogli w każdej chwili go nam odebrać, zorganizować przetarg czy z dnia na dzień zamknąć wszystko w cholerę. Mimo to z mojej perspektywy był to najatrakcyjniejszy kąsek: restauracja świetnie zarabiała, a do tego włożyłam w nią kupę własnych pieniędzy.

Druga w talii była Trębacka. Miała znakomite położenie, prężnie się rozwijała, ale cieszyła się zainteresowaniem kiepsko wychowanych panów pozbawionych karków i dobrych manier. To był świetny lokal z potencjałem dużo większym niż W Ogrodzie, lecz bez ułożenia się z bandytami dość trudny do prowadzenia. Zajmował pozycję numer dwa na mojej liście życzeń.

Na ostatnim miejscu plasowało się U Fukiera, wynajęte przez Adama na fatalnych warunkach, ale mieszczące się w najlepszej, wprost wymarzonej lokalizacji – na rynku

Starego Miasta. W owej chwili nie funkcjonowało tam absolutnie nic: mieliśmy tylko umowę najmu, ale droga do otwarcia knajpy była jeszcze bardzo długa. Lokal znajdował się w tragicznym stanie, a ponieważ to zabytek, był pod opieką konserwatora, remont zapowiadał się zatem na długi i bardzo kosztowny.

Wspólnicy umówili się na spotkanie w hotelu Marriott. Piotr, Adam i prawnik Leszek wymyślili niezbyt wyrafinowaną metodę losowania – mieli po prostu ciągnąć zapałki. Nie uczestniczyłam w całej tej nieco harcerskiej, ale jakże brzemiennej w skutkach procedurze. A że w owych czasach nie istniały jeszcze komórki, o wynikach losowania dowiedziałam się dopiero po powrocie Piotra do domu. Powiem tak – nie poszczęściło nam się.

Gdy powiedział mi, że los skazał nas na Fukiera, ogarnęło mnie przerażenie. Po inwestycjach w pozostałe dwie restauracje i jakiś nigdy nieukończony dom według absurdalnego projektu stryja Piotra nie mieliśmy w zasadzie żadnych pieniędzy. Tymczasem lokal, który przypadł nam w udziale, wymagał nie tyle remontu, ile całkowitej transformacji. Dość powiedzieć, że tam, gdzie dzisiaj jest bar, znajdowały się łazienki (o ile można tym mianem nazwać coś, co z racji swej jakości zasługiwało bardziej na miano kibli niż toalet), a tam, gdzie dzisiaj jest kuchnia, były biura. Całe wnętrze – ciemne i pomalowane lepką bejcą – bardziej przypominało lochy czy kanały niż lokal mający wkrótce zostać najlepszą restauracją w mieście.

Los wystawił nas na prawdziwą próbę. Nasza sytuacja we wrześniu 1990 roku nie przedstawiała się różowo: Lara miała prawie rok, Tadeusz osiem lat, a my na koncie niewiele pieniędzy i fatalną, bo wieloletnią i cholernie drogą umowę najmu na lokal przypominający esbecką katownię. Nie mieściło mi się to w głowie – trzy lata wcześniej byłam zamożną, niezależną finansowo kobietą z dużym domem w Madrycie, rozpoznawalnym nazwiskiem i bez jakichkolwiek przyziemnych trosk, a teraz musiałam zacząć mozolną wspinaczkę na szczyt niemal od początku. Nigdy jednak nie miałam w zwyczaju załamywać się i biadolić, trudności tylko mobilizowały mnie do działania, a problemy sprawiały, że chciałam udowodnić całemu światu i sobie samej, że nie ze mną takie numery.

Zakasaliśmy rękawy i rozpoczęliśmy ten nierówny bój z życiem. Nie było łatwo – ale kto powiedział, że ma być łatwo? Wymagało to od nas mnóstwa pracy, wyrzeczeń i poświęcenia, lecz w ciągu kilku miesięcy, gromadząc fundusze z resztek zaoszczędzonej gotówki i pożyczek u znajomych, nie tylko doprowadziliśmy lokal do stanu używalności, lecz udało nam się też stworzyć autentycznie przyjazne wnętrze. Po wszystkim znaleźliśmy się jednak na skraju finansowej katastrofy: mieliśmy cztery tysiące złotych długu w sklepiku na Piwnej, na stołach kładliśmy domowe prześcieradła, bo nie stać nas było na obrusy, a na ścianach restauracji zawiesiliśmy obrazy wypożyczone od mojego przyjaciela.

Ale dopięliśmy swego – szóstego marca 1991 roku odbyło się huczne otwarcie U Fukiera. Kelnerzy byli świetni, goście dopisali, kuchnia sprawiła się doskonale, choć z zaplanowanego menu nie wyszedł pasztet, który akurat wtedy, pierwszy i jedyny raz w moim życiu, po prostu się nie upiekł. Jak to często jednak przy takich okazjach bywa, nie obyło się bez niespodzianek. Gdy wieczór zbliżał się ku końcowi, dała o sobie znać prowizoryczność niektórych zastosowanych przez nas patentów. A dokładniej rzecz ujmując – zawiódł... wieszak na kurtki. Kiedy pod sam koniec remontu przypomnieliśmy sobie, że i takie urządzenie powinniśmy mieć na wyposażeniu, robotnicy zainstalowali po prostu deskę z wbitymi w nią gwoździami – i taki oto awangardowy wieszak zainstalowaliśmy w prowizorycznej szatni w korytarzu.

Wszystko byłoby w porządku, gdyby nie moda i pogoda. W dniu otwarcia panował bowiem siarczysty mróz, a w takich warunkach klimatycznych szczytem szyku wedle wszystkich ówczesnych wielkomiejskich dam były oczywiście futra, najlepiej z norek. Wieszak był zaś samoobsługowy, co w połączeniu z niezdarnością jednej z wychodzących pań skończyło się solidną draką – sięgając po swoje okrycie, tak niefortunnie ściągała je z udającego haczyk gwoździa, że cała misterna konstrukcja z kilkudziesięcioma futrami runęła na podłogę. Widząc, co się dzieje, w stronę ciasnego korytarza z odsieczą dla swoich okryć ruszyły pozostałe kobiety. Doszło niemal do zamieszek – kotłowanina, kłótnie i wyrywanie sobie futer z rąk. W powietrzu latały norki i dzikie wrzaski, a wytworne damy, podejmowane przed chwilą kawiorem i szampanem, w jednej chwili zamieniły się we wściekłe kocice. Usłyszałam wtedy na odchodne trochę niewybrednych epitetów, a kilka osób oficjalnie poinformowało mnie, że była to ich ostatnia wizyta w Fukierze.

Mimo tej sytuacji otwarcie okazało się wielkim sukcesem. Byliśmy bardzo zmotywowani, robiliśmy swoje i bez cienia przesady mogę powiedzieć, że bardzo szybko staliśmy się najlepszą restauracją w Warszawie. Wykwintne dania serwowali wyuczeni przeze mnie manier kelnerzy, a wnętrza z każdym miesiącem piękniały dzięki nowym obrazom, tapetom czy wazonom świeżych kwiatów. U Fukiera stało się modnym miejscem, gdzie spotykali się politycy, artyści i biznesmeni, nie tylko polscy. O naszej renomie najlepiej chyba świadczy fakt, że już po trzech latach w księdze gości i na ścianach pojawiły się pamiątki w postaci wpisów lub zdjęć takich gości jak król Hiszpanii, królowa Danii, Sharon Stone czy Halle Berry. Gościliśmy prezydentów, kilku polskich i zagranicznych premierów, królów, książęta i najbogatszych Polaków. Szło nam więcej niż rewelacyjnie, tak że już po roku nie tylko oddaliśmy wszystkie zaciągnięte pożyczki, ale też kupiliśmy porządny samochód, a nawet dom z dużym placem.

Nie było oczywiście wyłącznie sielankowo. Zbudowanie i utrzymywanie dobrej marki restauracji wymagało harówy od rana do nocy na najwyższych obrotach. A praca w Polsce na własny rachunek okazała się dla mnie lekcją prawdziwego życia. Wychowana w innej kulturze, a przede wszystkim w odmiennej etyce pracy musiałam nauczyć się zwalczać efekty typowych w tamtym czasie dla wschodniej części Europy krętactwa, kombinowania i pijaństwa.

Najsłabszym ogniwem U Fukiera na samym początku okazali się więc niestety ludzie. To, co wyprawiali, było niekiedy tak zadziwiające, że aż zabawne. Po latach chyba największą wesołość – choć wtedy akurat nie było mi do śmiechu – wywołuje we mnie wspomnienie naszego szefa kuchni Andrzeja i jego występ przed kolacją wydawaną przez Tadeusza Mazowieckiego. Kiedy otworzyłam drzwi do lokalu na pół godziny przed oficjalnym wpuszczeniem gości, o mało nie zemdlałam. Na starej komodzie, na której zazwyczaj znajdowała się kompozycja z owoców, leżał... mój szef kuchni. Nagi i cały wypanierowany w mące. Kiedy zapytałam go, co najlepszego wyrabia, okazało się, że jest kompletnie zalany. Przewalczył jednak słabość, podniósł się i z gołym dupskiem zaprowadził mnie do kuchni. Nie bacząc na zdumienie pracowników, oświadczył wszem wobec, że kolacja nie jest gotowa, bo w piekarniku jest pyton. Sięgnął po wielki kuchenny nóż i stojąc nagusieńki na środku kuchni, poprosił, żeby ktoś otworzył mu drzwiczki, ponieważ ma zamiar rzucić się na groźnego gada. Sytuacja była nie do pozazdroszczenia – na Alejach Jerozolimskich premier ze swoją świtą szykowali się już pewnie do wyjazdu, a ja zamiast rutynowo skontrolować dania, musiałam rozbroić nagiego szefa kuchni. Zabrało mi to dziesięć minut, ale w końcu zrozumiał, że nie

Z Jolantą Kwaśniewską, pierwszą damą

Z Felipe Gonzálezem, premierem Hiszpanii. Tak, dwadzieścia lat wcześniej
oglądałam z Volkhartem, jak ogłasza swoje zwycięstwo, a teraz mam
zaszczyt gościć go w swojej restauracji!

Z Sharon Stone

Z Marią Kaczyńską, pierwszą damą

znajdzie towarzyszy do polowania, dał się więc ubrać i wysłać na zasłużony odpoczynek do domu. Na szczęście zanim zwariował, zdążył – wbrew temu, co mówił – zadbać o całe menu na wieczór, więc mimo małego poślizgu nikt z gości się nie zorientował, że chwilę wcześniej na zapleczu odbył się niezły performance z dwoma pytonami w rolach głównych: wyimaginowanym w piekarniku i drugim, aż zanadto realnym, między nogami szefa kuchni.

Najbardziej w tamtym czasie zawiodłam się jednak wcale nie na Andrzeju, lecz na dwóch menedżerkach – jedna z nich pracowała wcześniej jako kelnerka w restauracji W Ogrodzie i z radością przeniosła się ze mną na rynek Starego Miasta. Jako że miała już kilka lat doświadczenia w pracy u Adama, byłam przekonana, że przy tym mistrzu krętactw poznała wszelkie sposoby okradania właścicieli i będzie umiała nas przed tym chronić. Ale najwidoczniej nie doceniłam tego tandemu, po jakimś czasie wyszło bowiem na jaw, że obie panie wzniosły tę sztukę na jeszcze wyższy poziom. Muszę przyznać, że początkowo mi imponowały – zarządziły cotygodniowe liczenie sztućców, kieliszków i talerzy, a w przypadku braków obciążały stratami kelnerów. Była to dla mnie nowość, ale wierzyłam w sens tego rozwiązania, bo faktycznie co tydzień ubywało nam z zastawy kilka sztuk wyposażenia.

Po czterech latach zaginęły też obie panie, pamiątkowa księga gości i kilka innych rzeczy. Moje byłe pracownice znalazły się dopiero we własnej restauracji, o założeniu której zapomniały mi oczywiście powiedzieć. Nie wystarczyło im tupetu, żeby mnie tam zaprosić, za to miały go aż nadto, by – czego dowiedziałam się od jednego z lojalnych gości U Fukiera – skłamać na hucznym otwarciu, że miałam się pojawić, lecz niestety nie mogłam, więc aby im to zrekompensować, wysłałam kwiaty. Nie chciały pewnie, żebym zobaczyła tę marną podróbkę ich niedawnego miejsca pracy i nauki, bo nie mogło przecież chodzić o brak honoru czy sztućce, zastawę i obrusy, zdumiewająco podobne do tych, które tak regularnie ginęły U Fukiera. Co za przypadek!

Mimo tych potknięć i problemów nasza restauracja zyskiwała coraz większą renomę, przyciągając uwagę całej warszawki. Ówcześni celebryci, biznesmeni czy politycy bardzo lubili sukces i luksus, korzystali więc bez cienia skrępowania z moich licznych zaproszeń, prezentów i rautów dla przyjaciół. Z czasem Fukier przestał im wystarczać i sporo imprez nie tyle przenosiło się do naszego domu, ile tam rozpoczynało i kończyło. Wszystko to miało oczywiście swój urok, ale po pewnym czasie uzmysłowiłam sobie, że w całym tym bankietowym szaleństwie zawsze tylko my z Piotrem oferujemy gościnę. Dotarło to do mnie w jednej chwili, gdy pewnego dnia wiozłam z restauracji gary wypełnione jedzeniem na pięćdziesięcioosobowe przyjęcie w naszym ogrodzie. Nagle olśniło mnie, że w ramach rewanżu za otwartość i gościnność naszego domu słyszeliśmy co najwyżej jakieś rzucane na odchodnym „Do następnego razu!", nigdy zaś: „Może wpadniecie do nas z Piotrem?". A grono, które u nas bywało – aktorzy, dziennikarze i politycy z pierwszych stron gazet – naprawdę mogło sobie pozwolić na zafundowanie nam drinka. Mimo to na palcach jednej ręki można policzyć tych, którzy nas do siebie zaprosili. Była to, jak widać, dość jednostronna relacja, a niektórzy nasi „przyjaciele" funkcjonowali w naszym otoczeniu podobnie jak huba na drzewie.

Na sukces U Fukiera zwróciły niestety także uwagę mniej pożądane... elementy. Chłopcy z tak zwanego miasta rozwinęli skrzydła, lepiej się zorganizowali i wobec bezradności znajdującego się w transformacyjnej rozsypce państwa stali się dużo bardziej dosadni. Kiedy restauracja hulała już na dobre, a jej właściciele zaczęli zajeżdżać pod lokal ciemnozielonym jaguarem, miałam nieprzyjemność zaznajomienia się z manierami panów w skórzanej galanterii. Najpierw chcieli tylko porozmawiać. Ale gadka nam się nie kleiła – oni zaproponowali, że z łaski przyjmą miesięcznie dwa i pół tysiąca dolarów amerykańskich za ochronę, a ja grzecznie podziękowałam. Wydawało mi się, że sprawę załatwiłam, lecz cóż... byłam w błędzie.

Kolejną wizytę złożyli po zaledwie kilku dniach. Akurat na miejscu nie było ani mnie, ani Piotra, więc przebieg zdarzeń znam z relacji kelnerów. Około dwudziestu barczystych chłopów weszło do ciasnego korytarza w wejściu, a potem rozproszyło się po salach. W lipcowe południe w środku nie było na szczęście gości. Żegnając się, wypuścili z klatki papugę i w drobny mak rozwalili martwą naturę przy wejściu.

Nie było mi do śmiechu, tym bardziej że jak się dowiedziałam, nękająca nas ekipa pochodziła z podwarszawskiego Pruszkowa, a trzeba przypomnieć, że był to czas, kiedy mafia ta działała chyba najaktywniej, a na pewno najbrutalniej. Jeszcze tego samego dnia zamknęłam restaurację na cztery spusty, zaryglowałam wszystkie drzwi i okna. Bojąc się kolejnej wizyty, która mogła skończyć się całkowitą dewastacją lokalu, wystawiłam na ogródek moich dwóch ochroniarzy, Tolka i Romana, i poleciłam im negocjować z bandytami na zewnątrz. Sytuację z bezpiecznej odległości obserwował mój kierowca Irek, który przez noszony w reklamówce telefon komórkowy wielkości bochenka chleba relacjonował mi, jaki z grubsza nastrój panuje podczas tych rozmów. Dowiedziałam się, że chłopcy z Pruszkowa gotowi są zejść z ceny za swoje usługi nawet do pięciuset dolarów, ale moja ekipa powiedziała twarde „nie". Koniec końców panowie się więc nie dogadali.

Nie miałam zamiaru zamykać świetnie prosperującej knajpy i siedzieć w zamienionym w twierdzę domu, chroniąc w ten sposób dzieci przed ewentualnym porwaniem. Udałam się więc z wizytą do stołecznego ratusza, mając mocne postanowienie, że osobiście dowiem się od włodarzy miasta, jak zamierzają chronić przedsiębiorców przed działaniami mafii. Spotkałam się z burmistrzem Śródmieścia, ale ten zrobił tylko wielkie oczy i udawał, że nie ma pojęcia o żadnym bandyckim procederze. Wykazał się naprawdę imponującymi zdolnościami aktorskimi: był wielce zdziwiony moimi opowieściami o panoszących się przestępcach i totalnej indolencji policji, następnie zaś solennie obiecał przyjrzeć się całej sprawie. Taaa...

Widząc totalną bezradność ze strony władz i troszcząc się o własny interes – każdy dzień zamknięcia lokalu oznaczał bowiem spore straty i głęboką rysę na jego wizerunku i renomie – postanowiłam działać na własną rękę i uderzyć z innej strony. W końcu zaledwie przed kilkoma laty byłam żoną cenionego międzynarodowego korespondenta prasowego i wciąż miałam kontakty z jego dawnymi kolegami i koleżankami, a więc i dostęp do obecnych w Warszawie agencji prasowych z całego świata. Przygotowałam krótką i bardzo ostrą w brzmieniu notkę. Byłam zdesperowana, więc nie zamierzałam bawić się w dyplomację. Dwa dni po wizycie u rzeczonego urzędnika zorganizowałam w ogródku U Fukiera prawdziwą konferencję prasową, na której zjawiło się około dwudziestu przedstawicieli najważniejszych mediów z całego świata.

Zamiast burmistrza Śródmieścia siedział obok mnie Marcin Zarębski, właściciel sąsiadującego z restauracją sklepu z biżuterią, terroryzowany tak jak ja. Wspólnie wygłosiliśmy pięciominutowe oświadczenie. Powiedzieliśmy wyraźnie, że polska administracja i policja współpracują z mafią, że bandyci opanowali Stare Miasto, a polskie władze nie zamierzają na to reagować. W związku z tym my, restauratorzy i przedsiębiorcy, zamykamy na trzy dni wszystkie znajdujące się na rynku Starego Miasta knajpy, sklepy, a nawet punkt z pańską skórką i obwarzankami. Wcześniej bowiem razem z Marcinem chodziliśmy od knajpy do knajpy, od kiosku do kiosku i prosiliśmy o solidarność, spotykając się zresztą z całkowitym zrozumieniem. Z biznesowego punktu widzenia było to oczywiście katastrofalne posunięcie, ponieważ działo się to na samym początku sierpnia, kiedy ruch turystyczny jest zdecydowanie największy. Mimo to wszyscy – no, prawie wszyscy, poza dwoma łamistrajkami – przystali na ten spektakularny akt oporu wobec bandziorów.

Miało to niestety swoją cenę – od tego czasu musiałam zatrudnić ochronę zarówno dla siebie, jak i dla dzieci.

Ale nie tylko pracownicy i bandyci przysparzali mi U Fukiera zmartwień. Liczyłam na większe wsparcie Piotra, tym bardziej że na samym początku działalności na Starówce wydawał się najlepszym partnerem, jakiego mogłam sobie wyobrazić. Był strasznie pomocny i pracował ze mną ramię w ramię, wstawał na przykład o czwartej rano, żeby jechać na giełdę po towar. Im lepiej jednak funkcjonowała restauracja, tym mniejszą miał ochotę, żeby się udzielać. Ekonomia nie była jego domeną – kiedy zniknęły owe dwie menedżerki, postanowiłam sprawdzić księgowość i okazało się, że są w niej poważne nieprawidłowości.

Trzeba jednak przyznać, że jako ojciec był więcej niż świetny. Nie poznałam nikogo, kto tak dbałby o dzieciaki, uwielbiał się też z nimi bawić. W dorosłym życiu brakowało mu jednak inicjatywy – jeśli czegoś nie zorganizowałam i nie zaplanowałam, to nie działo się absolutnie nic, nie wychodziliśmy poza standardowy tryb praca–przedszkole–dom.

Moja tytaniczna praca i rosnące poczucie osamotnienia nie byłyby może niczym strasznym, gdyby tak bardzo nie kontrastowały z postawą Piotra. Jego zaangażowanie w biznes stawało się niestety odwrotnie proporcjonalne do mojego. Im bardziej ja się starałam, tym bardziej on odpuszczał. Podejmowałam decyzje za nas oboje. Uznałam na przykład, że dosyć już płacenia po kilka tysięcy dolarów miesięcznie za wynajęte domy w Konstancinie i Dąbrowie Leśnej i czas na coś swojego. Sama znalazłam działkę z niedokończonym budynkiem, wymyśliłam projekt, zorganizowałam ekipę, a na koniec wszystko umeblowałam i urządziłam. Piotr był duszą towarzystwa na każdej imprezie, miał mnóstwo uroku, cudnie pachniał i dobrze wyglądał, więc kobiety go uwielbiały, ale w pewnym momencie zmęczyło mnie, że wszystko jest na mojej głowie. Był idealnym statystą w tym teatrze życia, a ja potrzebowałam partnera, kogoś, kto będzie razem ze mną grał pierwsze skrzypce – na scenie, ale przede wszystkim w trakcie prób, w garderobie i na co dzień, a najbardziej właśnie wtedy, kiedy milkną oklaski i gasną światła.

Miałam coraz bardziej dojmujące poczucie emocjonalnej pustki. Nie mogę oskarżyć Piotra, że zachowywał się wobec mnie źle, że pił albo szlajał się nie wiadomo gdzie. Nie było w nim złej woli, nigdy nie robił niczego wymierzonego we mnie. Pod tym względem nie mam mu nic do zarzucenia. Tyle że nie troszczył się o mnie tak, jak tego oczekiwałam, a w pewnym momencie przestałam dostrzegać w nim pasję, jaką chciałabym widzieć w mężczyźnie, z którym żyję.

Będąc U Fukiera jednocześnie zaopatrzeniowcem, szefem kuchni i wizytówką restauracji, pracowałam po osiemnaście, a zdarzało się, że i po dwadzieścia godzin dziennie. Do tego starałam się być w miarę możliwości gospodynią domową i matką, choć – nie ma co ukrywać – szło mi to kiepsko. Codziennie wracałam przecież z pracy około trzeciej, czwartej nad ranem, a kiedy dzieciaki wychodziły do szkoły czy przedszkola, odsypiałam wyczerpującą noc w restauracji. Starałam się zrekompensować Tadkowi i Larze ten stracony czas w trakcie naszych wakacyjno-feryjnych wyjazdów, ale wiem, że nie mogłam w ten sposób nadrobić braku kontaktu na co dzień.

Z jednej strony konstrukcja emocjonalna Piotra, z drugiej moje totalne skupienie na pracy sprawiły, że po mniej więcej pięciu latach od narodzin córki żyliśmy obok siebie, a nie ze sobą. Odczułam to dobitnie, gdy zaczęło szwankować mi zdrowie. Ciężka fizyczna praca w niemal więziennym rygorze plus ogromny stres doprowadziły mnie na skraj załamania nerwowego. Czułam się jak pięściarz na ringu, który musi mierzyć się z wieloma przeciwnikami naraz. W pewnym momencie po prostu zabrakło mi sił, żeby podnieść gardę czy zrobić unik. W moim narożniku nie było absolutnie nikogo, kto pomiędzy rundami podałby mi łyk wody albo otarł pot z czoła. Nie miałam trenera, nie miałam sekundanta, byłam zupełnie sama nie tylko w trakcie walki, ale i już po niej. Każdego dnia niemiłosiernie poobijana codziennością wracałam do śpiącego domu, w którym nikt nie zwracał na mnie uwagi. Nikogo nie interesowało, jak minął mi dzień, co robiłam i czy nie potrzebuję pomocy.

Uświadomiłam to sobie pewnego jesiennego wieczora, kiedy wykończona usiadłam jak zwykle sama na kanapie w salonie. Tadek bawił się z kolegami i był tym całkowicie pochłonięty, Lara robiła coś u siebie w pokoju, zajęta własnymi sprawami, a Piotr – jak to Piotr – nie miał w zwyczaju pytać, jak się czuję. A czułam się źle nie tylko pod względem psychicznym. Również moje ciało wysyłało mi bardzo alarmujące sygnały. Niknęłam w oczach. W ciągu pół roku schudłam ponad dziesięć kilogramów, żołądek zaś wariował mi do tego stopnia, że banany i inne owoce tropikalne, które przecież tak uwielbiałam, wywoływały u mnie prawie skręt kiszek, kończący się nierzadko krwawieniem żołądka. W tamtej chwili przestałam być właścicielką restauracji, kucharką czy pracodawcą – byłam po prostu kobietą wykończoną obowiązkami i potwornym stresem.

rozdział X

Doktor...

Kelner, Aktor i wreszcie wielka miłość

To była naprawdę wystawna impreza. Ale nie mogło być inaczej, skoro przyjęcie dla swoich gości organizował Lew Rywin, najpotężniejszy wówczas producent filmowy w Polsce, który odegrał później pierwszoplanową rolę w aferze nieprzypadkowo nazwanej jego nazwiskiem. Towarzystwo było oczywiście pierwszorzędne, ze zdobywczynią Oscara, scenarzystką Ewą Braun, na czele. Byłam jednak tak zmęczona, że zamiast zabawiać gości, zajęłam się wyłącznie przygotowaniem jedzenia, a potem się ulotniłam.

Wróciłam do restauracji pod sam koniec kolacji, żeby swoim zwyczajem sprawdzić, czy wszystko było, jak należy, a przede wszystkim dowiedzieć się, czy wyszukane menu, z gwoździem programu w postaci tarty z borowikami i serem *Gruyère*, przypadło gościom do gustu. Każda moja niezapowiedziana wizyta podnosiła trochę tętno załogi, więc i tym razem wyczułam wśród pracowników pewną nerwowość. Zawołałam kelnerów i zapytałam wprost, jak gościom smakowała tarta.

Zapadła mocno niezręczna cisza.

– Jak tam tarta? – powtórzyłam nieco głośniej, cały czas obserwując przez prześwit w drzwiach salę pełną gości.

I wtedy ktoś nagle szepnął mi na ucho:

– Wyfrunęła na tureckim dywanie...

To było niespotykane. Większość załogi bała się do mnie odezwać, a oto podchodzi jeden z kelnerów i konspiracyjnie, jak najlepszy przyjaciel, szepcze mi coś na ucho. Cała kuchnia po prostu zamarła.

Jeszcze bardziej niespotykane było to, czego się od niego dowiedziałam: otóż ów kelner romantyk, niosąc triumfalnie główną kulinarną atrakcję wieczoru, zaczepił nogą o dywan i pozwolił zapoznać się z tartą wielkości tortu tylko jednemu biesiadnikowi – słynnemu producentowi. A ujmując rzecz mniej oględnie, po prostu wywalił na Rywina całą zawartość, ze szczególnym uwzględnieniem głowy, karku i garnituru od Armaniego.

W tamtej chwili zamierzałam wywalić na zbity pysk nie tylko winnego, ale i całą załogę, która przerażona czekała na mój wybuch. Spojrzałam z mordem w oczach na tego bezczelnego gówniarza i nagle... coś między nami kliknęło.

Życiowe rewolucje często następują całkowicie niespodziewanie. Tak samo było i tym razem. Ten jeden wieczór wywrócił bowiem całe moje życie do góry nogami.

Nie do końca wiem, co się wtedy stało – nie należałam ostatecznie do osób, które patyczkowałyby się z nieudacznikami. Mój model zarządzania U Fukiera był mocno dyktatorski, ale po kilku naiwnych próbach obdarzenia pracowników zbyt dużym zaufaniem i wynikłych z tego problemach uznałam, że tylko takimi metodami da się utrzymać jakość. Uczyłam się na błędach, a tych pojawiało się tym mniej, im bardziej stawałam się apodyktyczna. Nie zamierzałam bratać się ani przyjaźnić z pracownikami. Każdy miał po prostu do wykonania swoją robotę. Przyznaję otwarcie, że byłam bardzo wymagającą szefową, ale też uczciwą i sprawiedliwą. Wprowadziłam na przykład nieznany wówczas w Warszawie system wynagradzania załogi – dzieliłam się z nią proporcjonalnie zyskami, niezależnie od ich wysokości. Układ był bardzo prosty: poza podstawą kelnerzy otrzymywali do podziału dziesięć procent utargu. Innymi słowy, przy trzydziestoprocentowym poziomie zysku oddawałam im z niego jedną trzecią. Traktowałam ich i wynagradzałam za pracę niemal jak udziałowców, pod tym względem przypominało to raczej spółdzielnię niż zwykłą restaurację. Ale jeśli ktoś mnie zawodził, długo się U Fukiera nie utrzymywał.

Los kelnera odpowiedzialnego za katastrofę z tartą wydawał się więc przesądzony. Sama nie potrafiłam chyba zrozumieć, czemu tym razem postąpiłam inaczej. Sytuacja była o tyle dziwniejsza, że od pewnego czasu nosiłam się z zamiarem, by go zwolnić. Po pierwsze, zazwyczaj próbował namawiać gości na najdroższe dania, co mogło ich zniechęcać, po drugie, chłopak nie zawsze... pachniał fiołkami. A ja od czasów Kuby miałam wprost obsesję na punkcie zapachów i alergię na woń potu. Często na pięć minut przed otwarciem ustawiałam kelnerów w rządku, kazałam im pokazać dłonie i przeprowadzałam dokładną inspekcję, odsyłając do domu każdego jegomościa, który wyglądał nieświeżo. Kolega od tarty zaliczył pod tym względem kilka wypadek i ostał się na stanowisku głównie dlatego, że znał perfekcyjnie cztery języki obce i był po kelnersku cwany.

Muszę przyznać, że po slapstickowej akcji z Rywinem spojrzałam jednak na niego życzliwszym okiem. Ujęła mnie jego bezpośredniość i odwaga, zauważyłam w nim też inne warte uwagi przymioty. Tak czy owak, coraz częściej wdawałam się z nim w pogawędki. Dzięki temu nie tylko lepiej go poznałam, ale też dowiedziałam się tego i owego o innych. Jako kelner bywał wszakże wśród gości i nasłuchał się rzeczy, które nie były przeznaczone dla moich uszu. I tak uświadomiłam sobie, że ludzie, którzy tytułowali się moimi przyjaciółmi i chętnie gościli na wydawanych przeze mnie rautach i przyjęciach, jeszcze tego samego wieczora potrafili niewybrednie mnie obgadywać, gdy tylko znikałam w kuchni.

Powoli ów kelner stał się dla mnie Kelnerem. Wspiął się po szczeblach hierarchii zawodowej – został bowiem wkrótce menedżerem restauracji – ale podobny awans zaliczył również w... moim sercu. Wyglądał bardzo przyzwoicie, a w tej branży to rzecz nie do przecenienia, lecz okazał się też po prostu interesującym i ciekawym świata człowiekiem, odważnym oraz gotowym na różne spontaniczne akcje. Spędzaliśmy ze sobą coraz więcej czasu, zabierałam go, gdy musiałam dokądś wyjechać i coś załatwić, aż wreszcie staliśmy się praktycznie nierozłączni. I w końcu do tego doszło – wdałam się w pozamałżeński romans.

Oficjalnie byłam żoną Piotra i mieszkałam z nim i dzieciakami w Łomiankach. Tyle że poza dziećmi i wspólnym adresem zameldowania nic mnie już z mężem nie łączyło. Wydawało mi się, że nasze światy, nasze oczekiwania i cele w życiu mocno się rozjechały. Nie było jednak między nami wrogości czy złej krwi. Oddaliliśmy się od siebie, a ja zakochałam się w kimś innym.

Po raz ostatni wybraliśmy się razem na letni wypoczynek już po tym, jak straciłam głowę dla Kelnera. Polecieliśmy z Piotrem, dziećmi i znajomymi na Majorkę, umówiłam się jednak z moim nowym kochankiem, że po dwóch tygodniach pojawi się w Madrycie, a ja znajdę jakiś pretekst, żeby też się tam wybrać. Piotr nie zadawał zbędnych pytań – osobiście odwiózł mnie na lotnisko i życzył udanej podróży. Gdy tylko odszukaliśmy się z Kelnerem na lotnisku, niemal natychmiast wsiedliśmy do samolotu na Ibizę. I znowu zdarzyło mi się to, co przytrafiało się dawniej – po prostu zniknęłam. Zostawiłam wszystko, urwałam się z radarów, a stało się to tak nagle, że gdy nasz kierowca Irek, odbierając z lotniska Piotra z dziećmi po ich powrocie do Polski, zapytał, gdzie jestem, usłyszał tylko ciche: „Nie wiem".

Nie jest mi łatwo to wyznać, ale w domu w Łomiankach pojawiłam się dopiero po... trzech tygodniach. Spędziliśmy z Kelnerem dwa cudowne tygodnie na Ibizie, a potem wróciliśmy do Polski. Tyle że nie rozstaliśmy się na lotnisku, lecz pojechaliśmy stamtąd prosto do Dąbrowy Leśnej, niecałe trzy kilometry od Łomianek, do nowego domu, wynajętego przez mojego nowego partnera specjalnie dla nas. W ciągu dwóch tygodni, które minęły między moim wyjazdem na Majorkę a naszym spotkaniem w Madrycie, ten zaledwie dwudziestojednoletni wtedy chłopak, który dotychczas mieszkał na stancji i dojeżdżał do roboty autobusem MPK, zmienił się w dojrzałego faceta, traktującego bardzo serio nie tylko mnie, ale i naszą wspólną przyszłość, i zorganizował nam całkiem nowe życie.

Lokalizacja naszego nowego domu nie była przypadkowa, mimo wszystko bowiem chciałam być blisko dzieci. Jakkolwiek przewrotnie to zabrzmi, w całym tym szaleństwie i niegodziwości dałam Kelnerowi wyraźnie do zrozumienia, że najważniejsi zawsze będą dla mnie Tadek i Lara, a on to uszanował. Biorąc pod uwagę moją trzytygodniową dezercję, zapewne brzmi to trochę absurdalnie, nie miałam jednak wtedy większych wyrzutów sumienia, bo wiedziałam, że nie dzieje im się żadna krzywda. Może i sama nie do końca sprawdzałam się w roli matki – a w każdym razie moje wyobrażenie, jak ją odgrywam, odbiegało od stanu faktycznego – ale Piotr Gessler naprawdę był najlepszym ojcem na świecie i kochał Tadka i Larę bezgranicznie.

Mój wciąż formalny mąż zareagował na to szaleństwo... zadziwiająco. A w zasadzie nie zareagował w ogóle – kiedy pojawiłam się znów w Warszawie i zaczęłam normalnie żyć nie tylko U Fukiera, ale i jako matka, w ogóle tego nie skomentował. Spodziewałam się jakichś pytań, pretensji, może wręcz awantur, tymczasem nic takiego się nie stało. Dom w Łomiankach funkcjonował prawie normalnie. I wiedliśmy niemal normalne życie: przyjeżdżałam codziennie do dzieci, z reguły, gdy nie było Piotra, organizowałam wszystko, dawałam wytyczne gosposi i ogrodnikowi, karmiłam Tadka i Larę i uciekałam do pracy albo do Dąbrowy.

Nigdy o tym z Piotrem nie rozmawialiśmy. Ani wtedy, ani potem, po latach. Minęło już ponad dwadzieścia lat, a ja wciąż nie wiem, czy w ogóle miał świadomość, jak bardzo się od siebie oddaliliśmy, dlaczego nie reagował na to, co się między nami działo, i czemu tak łatwo mnie sobie odpuścił. Pewnie oczekiwałam od niego zbyt wiele, on za to, nie wiedząc, jak o mnie walczyć, zaczął traktować mnie jak ducha. W pewnym

Piotr Gessler z naszą córką Larą

Z moim ukochanym synem Tadeuszem

momencie doszłam więc do wniosku, że nie mogę poświęcić życia dla człowieka, który mnie nie wspiera i nie reaguje na mnie tak, jak tego wtedy oczekiwałam.

Zdarzają się w życiu momenty, gdy trzeba być ze sobą po prostu szczerym i umieć sobie powiedzieć, że sięgnęło się dna. Każdy ma bowiem w życiu jakieś dno, na którym musi wylądować. To nieuniknione. Pytanie, jak długo będzie tam leżał, ile czasu upłynie, zanim się zorientuje, że czas ruszyć do góry. Dla mnie te kilka lat zawodowego kołchozu i małżeństwa w trybie zaocznym oznaczało właśnie powolne opadanie na dno. Czułam się fatalnie jako żona, jako matka, a wobec ciągle pojawiających się problemów z Fukierem również jako właścicielka restauracji. Miałam wrażenie, że im więcej z siebie daję, tym mniej jestem doceniana i zauważana. Byłam wtedy autentycznie pogubiona. W końcu zaś straciłam orientację, kim tak naprawdę jestem i o co mi w życiu chodzi.

Dopiero będąc na skraju wytrzymałości, doszłam do radykalnych, ale – jestem o tym przekonana – słusznych wniosków. Wskutek chłodnej atmosfery małżeńskiego pożycia w końcu uznałam, że w miłości czasem po prostu trzeba być egoistą. Jestem przekonana, że gdybym nie poznała wówczas Kelnera i nie znalazła w nim kogoś, kto dawał mi choćby najbardziej złudne poczucie bezpieczeństwa, szacunku, troski i miłości, dawno bym już nie żyła. Gdybym w tamtym momencie się nie zakochała, rozpadłabym się chyba na kawałki. Wystarczyło bowiem tych kilka miesięcy z Kelnerem, żebym odkryła, że stres, uczucie przepracowania i dolegliwości fizyczne zniknęły jak ręką odjął. Potrzebowałam po prostu nieco atencji, troski i wsparcia, żebym na nowo poczuła się młoda i pełna energii. Bo taka właśnie jestem – żeby żyć, muszę mieć dla kogo, muszę czuć się potrzebna i kochana.

Zawsze pragnęłam tworzyć piękne miejsca z genialną kuchnią. To był mój cel nadrzędny, nigdy nie chodziło mi po prostu o posiadanie kolejnych lokali. Nie chciałam być przedsiębiorcą, tworzyć firm, brać za nie odpowiedzialności. Po prostu życie mnie do tego zmusiło. Chciałam być człowiekiem wolnym, a tymczasem wpadałam w reżim terminów, kredytów i umów. Musiałam brać to wszystko na siebie, choć strasznie mi to ciążyło. A przecież zamierzałam tylko tworzyć nowe lokale, uczyć ludzi gotować i godnie gościć innych.

Kierując się pasją i wymyślając kolejne ciekawe miejsca, w ciągu dwóch lat zostałam współwłaścicielką nie tylko U Fukiera, ale także Willi Hestia w Sopocie, restauracji Casa Waldemar, cukierni Słodki Słony przy Mokotowskiej i sąsiadującego z nią sklepu dekoracyjnego Fukier Decoration. Nie mogąc zaś pracować w kilku restauracjach i miastach jednocześnie, często polegałam na jakimś wspólniku czy partnerze. Gdy już rozkręciłam interes, brałam się do realizacji nowego

George Bush, czterdziesty pierwszy prezydent USA,
z Leszkiem Balcerowiczem

Bronisław Geremek, Leszek Balcerowicz i George Bush

Jacques Chirac, prezydent Francji, z Piotrem Gesslerem

Daniel Olbrychski U Fukiera

pomysłu, a troską o poprzedni biznes obarczałam jakiegoś godnego zaufania – jak mi się wydawało – człowieka, który miał tylko nadzorować dobrze funkcjonujący mechanizm i niczego nie spieprzyć. Niestety, nadzwyczaj często spotykałam się z ludzką chciwością, pazernością i niewdzięcznością. Bo to także charakterystyczny rys mojego życia: nie raz i nie dwa odpłacano mi za zaufanie zdradą, a ja za każdym razem byłam tym tak samo zdumiona.

Coś takiego spotkało mnie na przykład w Fukier Decoration. Olbrzymi, kilkusetmetrowy sklep dekoracyjny po dwunastu latach prosperity upadł nie przez kryzys, kursy walut czy wysoki czynsz. Ludzie nie przestali nagle kupować włoskich tapet od Valentino, portugalskich płytek czy francuskich jedwabi, tyle tylko że jakoś nie było z tego zysków. Współwłaściciele Casa Waldemar i Willi Hestia natomiast po pewnym czasie lepiej niż ja wiedzieli, jak się powinno gotować, i w lokalach zaczęto w związku z tym zmniejszać gramaturę porcji, masło zastępować margaryną, a oliwę olejem lub smalcem. Wystarczyły trzy czy cztery miesiące takiego zarządzania, żeby wykwintne i cieszące się uznaniem miejsca doszczętnie zdziadziały i straciły wcześniejszą renomę.

Nauczona tymi gorzkimi doświadczeniami postanowiłam być ostrożniejsza i polegać wyłącznie na ludziach, którym mogłam ufać wprost bezgranicznie. Zakładając kolejny lokal, uznałam, że zrobię to tylko z Kelnerem, i podjęłam decyzję, że wyłącznie my dwoje będziemy odpowiedzialni za jego prowadzenie. I tak oto w 2001 roku otworzyliśmy na Mokotowie, przy ulicy Odyńca, niedaleko Puławskiej i naprzeciw parku Orlicza-Dreszera, restaurację Zielnik.

Byliśmy z Kelnerem od dłuższego czasu parą, więc doszłam do wniosku, że możemy być także wspólnikami. Chciałam, żebyśmy stali się prawdziwymi partnerami, dlatego podarowałam mu połowę udziałów w Zielniku. Wiedziałam, że potrafi zrobić z niego bardzo dobrą restaurację. I tak się zresztą stało. Piękne kwieciste wnętrza, otwierany już w maju przestronny letni ogród i świeże menu zapewniły nam spory sukces i lawinę rezerwacji. Niestety, przy okazji wyszło też na jaw, że mój Kelner nie jest bynajmniej takim facetem, za jakiego go uważałam. Obdarzyłam go miłością, pokazałam mu cały świat, nauczyłam go, jak się ubierać i zachowywać, dałam mu szansę wejścia do branży, a on odpłacił mi za to bezwzględnością i wyrachowaniem. Wyjdę na idiotkę, ale po prostu naiwnie wierzyłam, że jeśli daję komuś coś za darmo, to nie może mnie z tego powodu spotkać nic innego niż wdzięczność. Tymczasem mój młody donżuan przejął kontrolę nad Zielnikiem, tłumacząc to moją rozrzutnością i brakiem czasu. Z czasem zostałam przez niego praktycznie ubezwłasnowolniona i pozbawiona jakiegokolwiek ekonomicznego wpływu na funkcjonowanie restauracji, a nepotyzm stał się tam po prostu nową normą.

Miłość zaś zaczęła się zmieniać w udrękę. Przeżywałam déjà vu, kolejny raz znalazłam się w chorym układzie: im więcej dawałam Kelnerowi swobody, a także pieniędzy, tym więcej otrzymywałam w zamian... podejrzliwości, zazdrości i rachunków do opłacenia. To, co początkowo wydawało mi się oznaką niezwykłego uczucia – owa potrzeba Kelnera, żeby nie odstępować mnie choćby na krok – stało się po pewnym czasie nie do zniesienia. Coraz częściej robił mi absurdalne sceny zazdrości rodem z południowoamerykańskiej telenoweli; potrafił przy ludziach strzelić koncertowego focha i wyjść, trzaskając oczywiście drzwiami, tylko dlatego, że przywitałam się całusem w policzek ze znajomym, którego znałam dłużej, niż ten młodzieniec w ogóle żył.

Czy mimo to go kochałam? O tak, niech świadczy o tym fakt, że pewnego razu po tego typu sytuacji wybiegłam za nim z jakieś imprezy, rzucając się na maskę samochodu tylko po to, żeby obrażony i pijany jaśnie panicz nie odjechał. W efekcie pokonałam kilkaset metrów ulicy Gdańskiej rozpłaszczona jak żaba na masce, trzymając się kurczowo wycieraczek. Dopiero taka przejażdżka sprawiła, że Kelner dał się obłaskawić. W końcu zaczęłam mieć dość tej ciągłej szarpaniny. Kolejny raz czułam się jak wół pociągowy, który po wykonaniu katorżniczej pracy nie zasłużył sobie na najmniejszą nawet nagrodę. Znałam już to uczucie – ponownie zaczęło uciekać ze mnie życie i radość. Miałam wrażenie, że znowu bezwolnie opadam w kierunku dna.

Uratowały mnie dziesiąte urodziny U Fukiera. A dokładniej rzecz ujmując – pewna nieoczekiwana znajomość. Zmęczona sztucznym uśmiechaniem się i witaniem przybyłych gości, czując, że mam już tego wszystkiego serdecznie dość, usiadłam na ławce, żeby na moment odetchnąć i pobyć sama ze sobą. Wsłuchiwałam się w śpiew Natalii Kukulskiej i właśnie wtedy podszedł do mnie jakiś facet. Klęknął i w sekundę odczarował cały ten bałagan wokół mnie. Niemal w jednej chwili zapomniałam o Kelnerze i Fukierze, o problemach w miłości i w interesach. Tak już po prostu w moim życiu jest, że kiedy ktoś zrobi mi krzywdę, to nagle i dosłownie znikąd pojawia się jakaś dobra dusza, która wyciąga mnie z bagna. I tak było tym razem – niemal w ułamku sekundy zapomniałam, że istnieje ktoś taki jak Kelner. Nagle go nie było. Przestał dla mnie istnieć.

Magikiem, który odczarował rzucony na mnie zły urok, okazał się młody aktor. Wyznał mi, że od dawna marzył, by mnie poznać, dlatego uprosił naszą wspólną znajomą, dziennikarkę Karolinę Korwin-Piotrowską, która doradzała mi wtedy w kwestiach wizerunkowych, żeby zabrała go tego wieczora na imprezę urodzinową U Fukiera. Zainteresował mnie, przenieśliśmy się w inne, cichsze miejsce, gdzie kontynuowaliśmy rozmowę przy winie i akompaniamencie muzyki. Ale przyznam, że choć było bardzo sympatycznie, jego imię i nazwisko niewiele mi mówiło. Dopiero po kilku dniach przekonałam się, jak jest popularny, jego twarz bowiem nagle pojawiła się na plakatach i ogromnych bilbordach zachęcających do wizyty w kinie na najnowszym filmie z jego udziałem.

Oboje znajdowaliśmy się akurat w takim momencie życia, że bardzo potrzebowaliśmy miłości. I tak to się zaczęło...

Nasz romans wywołał sensację, a dobrym miernikiem jej skali było niewyobrażalne zainteresowanie mediów. Nie byłam przecież anonimowa, prowadziłam bardzo znaną restaurację, pojawiłam się kilka razy w Telewizji Polskiej czy w Polsacie, ale to, czego wtedy doświadczyłam, całkowicie mnie oszołomiło. Pierwszy raz poczułam się wówczas autentycznie osaczona – nigdy wcześniej przecież paparazzi nie czatowali z aparatem pod moim domem, restauracją czy szkołą dzieci. Ale wtedy moje wspólne zdjęcie z Aktorem było prawdopodobnie najbardziej pożądanym ujęciem w Polsce.

Na szczęście dzięki gaży za ów nowy, niezwykle kasowy film mógł pozwolić sobie na kupno małego mieszkania niedaleko Starego Miasta. Mieliśmy stamtąd kilometr do Fukiera, mieszkania Aktora i teatru, w którym wtedy grał. Zapewniało nam to względną dyskrecję i kosztowało mniej czasu, stresu i zdrowia. Gdybyśmy musieli jeździć do siebie przez pół miasta, z pewnością nie udałoby się nam zachować tego tak długo w tajemnicy, a znając zaciekłość paparazzi i talenty samochodowe Aktora, skończyłabym pewnie jak księżna Diana w Paryżu.

Nasz trzymiesięczny romans był – jak przystało na okoliczności i osobę mojego partnera – doprawdy filmowy, intensywny i przepełniony emocjami. Dla Aktora momentami aż zanadto. Chyba się nie spodziewał, że przyjdzie mu zmierzyć się z kobietą tak pełną energii, która nigdy nie zastanawiała się dwa

Z José Maríą Aznarem, premierem Hiszpanii

Jane Seymour U Fukiera

Z Halle Berry, laureatką Oscara

Z Romanem Polańskim

razy, jeśli przyszedł jej do głowy jakiś pomysł. A naprawdę potrafiłam go zaskoczyć.

Któregoś wieczora czekałam na niego w kawalerce niedaleko Starego Miasta. Rozejrzałam się po tych dwóch wąskich klitkach, zrobionych na siłę na trochę ponad pięćdziesięciu metrach kwadratowych, i uznałam, że nie jest to sceneria godna naszych sercowych porywów. Wielokrotnie próbowałam namówić mojego wybranka na pewne zmiany, lecz zwykle wzruszał tylko ramionami. Więcej zachęt nie potrzebowałam i w końcu sama opracowałam plan zrobienia tam remontu. Uznałam, że trzeba koniecznie wyburzyć ścianę między pokojami, ściany łazienki i kuchni i rozplanować wszystko na nowo, by ta przestrzeń nabrała nieco sensu. A że co chwilę coś przecież remontowałam, miałam w zanadrzu sprawdzoną ekipę wyburzeniowo-budowlaną; niedługo potem panowie czekali pod kamienicą od wczesnych godzin porannych, aż Aktor opuści lokum, a potem wzięli się do roboty. Nie zdążyli oczywiście wszystkiego wyburzyć i zbudować na nowo do wieczora, więc kiedy mój kochanek wrócił styrany do domu, zastał mieszkanie w stanie totalnej rozwałki, z małymi świeczkami na resztkach murów i – dla osłody – mną oraz paterą ostryg na środku nowego jednego pokoju. Reakcja Aktora nawet mi zaimponowała: wszedł do mieszkania i choć oniemiał, zastanawiając się chyba przez dłuższą chwilę, czy nie ma omamów albo przez przypadek nie wylądował na planie jakiegoś filmu wojennego, zniósł tę niespodziankę nadzwyczaj mężnie. Ja natomiast bawiłam się w najlepsze – warto było podjąć ten wysiłek chociażby po to, żeby zobaczyć jego minę.

Na tym wszystkim zyskało jednak nie tylko mieszkanie Aktora, ale i ja. Jako że w trakcie remontu nie dało się tam mieszkać, jeszcze tej samej nocy przenieśliśmy się do... Łomianek. Aktor bardzo polubił Larę i Tadka, zresztą z wzajemnością, i wkrótce zrobiło się bardzo rodzinnie. A ja mogłam wreszcie poświęcić więcej czasu, by popracować nad relacjami z nastoletnim już wtedy synem. Był to między nami świetny okres: traktował mnie już bardziej jak kumpelę niż matkę, a uwolnieni od konwenansów i niezręczności wynikających z relacji matka–syn cieszyliśmy się zaskakującą wolnością i ilekroć Aktor znikał w teatrze lub na planie kolejnego filmu, ruszaliśmy z Tadeuszem w miasto i wspólnie się bawiliśmy, na przykład tańcząc do białego rana w modnej wtedy warszawskiej Piekarni.

Był to jednak dla mnie też czas emocjonalnego chaosu, bo – jak się okazało – Kelner bynajmniej nie zniknął definitywnie z mojego życia. I wciąż miał w moich oczach jakiś magnetyczny urok. Pewnego razu musiałam wstąpić do Zielnika, żeby załatwić jakieś formalności, i urządził mi kolejną scenę zazdrości, tym razem jednak raczej w romantycznym stylu: płacząc jak bóbr, wyjąkał, że nie wyobraża sobie życia beze mnie i zrobi wszystko, bym do niego wróciła, bo dopiero gdy mnie stracił, pojął, jak wiele mi zawdzięcza i jak bardzo pomogłam mu w życiu. Niewiele wtedy wskórał, bo wieczór spędziłam na randce z Aktorem, ale nie ukrywam, że coś we mnie na ten widok drgnęło.

Urokliwa sielanka z Aktorem zakończyła się równie niespodziewanie i filmowo, jak się zaczęła. Los chciał, że któregoś wieczora natknęliśmy się na Kelnera w dyskotece Organza, a moje koguciki – przepraszam: dwóch rycerzy aspirujących do zdobycia mojego serca – postanowiły rozstrzygnąć spór między sobą i kwestię pierwszeństwa w spektakularny i definitywny sposób – pojedynkiem na pięści. Ostatecznie zwycięsko z tej rywalizacji wyszedł Kelner, a dla Aktora porażka była chyba tak nieznośna, że tego wieczora ostatecznie zakończyliśmy wszelkie relacje intymne, a nawet znajomość.

Nagrodą dla Kelnera był tygodniowy urlop u mego boku w Brazylii. Cóż, popełniłam wtedy poważny błąd. Złamałam swoją zasadę, by bezwzględnie usuwać z życia osoby, które mnie zawiodły, i nie wchodzić nigdy drugi raz do tej samej rzeki, więc mocno tego pożałowałam. Przez kilka miesięcy Kelner sprawiał wprawdzie wrażenie, że wyciągnął wnioski z naszego rozstania, i wręcz emanował szarmem, ale wkrótce stare demony zaczęły wracać. Wystarczyło kilka egzotycznych wyjazdów, aby w tych luksusowych warunkach znowu poczuł się jak król świata, pączek w maśle i arabski szejk w jednym.

Co gorsza, moje dzieci nie przepadały za Kelnerem. Zwłaszcza dużo starszy od Lary Tadeusz, wtedy już facet jak się patrzy, parę razy stanowczo i dobitnie okazał mu brak sympatii. Na przykład na jednym z sopockich festiwali mój nastoletni syn w obecności wszystkich VIP-ów, w tym prezydenta Sopotu Jacka Karnowskiego, złapał zachowującego się wobec mnie arogancko Kelnera za chabety i wrzucił go w krzaki. Innym razem biegał z kijem bejsbolowym za Kelnerem po ogrodzie w Łomiankach i nie chodziło tu bynajmniej o nagłą potrzebę uprawiania sportu. Szczęśliwie zdążyłam wtedy interweniować, ale dotarło do mnie, że tak dalej być nie może. W końcu. I zdecydowanie za późno. W tej chwili mogę jednak tylko wyrazić wdzięczność synowi, że mimo wszystkich moich wyskoków czy wręcz niegodziwości, których doświadczył od matki, wciąż się o mnie troszczył i mną opiekował.

Historię z Kelnerem i Aktorem najlepiej spuentowało życie. Otóż dwaj niedawni rywale i bokserzy amatorzy połączyli siły i... wspólnie założyli restaurację.

Kilka lat poza domem nie jest dla mnie powodem do dumy. W życiu zdarzają się nam jednak fatalne rzeczy, które w dłuższej perspektywie wychodzą nam na dobre. Tak też oceniam ten okres w moim życiu. Wiele wówczas zawaliłam, zwłaszcza jeśli chodzi o relacje z dziećmi, nie byłam przy nich tyle, ile powinnam, i poczucie winy z tego powodu nigdy mnie już chyba nie opuści. Ale być może gdyby nie te doświadczenia, dziś Lara i Tadeusz nie byliby tak twardo stąpającymi po ziemi, dojrzałymi i zaradnymi ludźmi.

Bo mimo wszystkich mych szaleństw mam w sobie jakiś obłęd nadopiekuńczości. Ludziom, których szczerze kocham, jestem gotowa oddać wszystko, we wszystkim im pomóc. Przejechałam się na tym wiele razy w relacjach z facetami, ale nigdy z dziećmi. Dlatego nikogo nie kochałam w życiu bardziej niż Lary i Tadka i jestem gotowa zrobić dla nich wszystko. Potrafiłam budzić w środku nocy mojego kierowcę i kazać się wieźć ponad sześćset kilometrów do Czech, żeby zabrać do domu przeziębionego Tadeusza z obozu wędrownego, bo nie wierzyłam, że wychowawczyni jest w stanie zadbać o niego tak dobrze jak ja. Może więc lepiej, że w tym ciężkim i chaotycznym dla mnie okresie życia nie mieszkałam z dziećmi. Byłam wtedy skrajnie przepracowanym kłębkiem nerwów, miałam czas i siłę jedynie na sporadyczne objawy troski, a to chyba nie najlepszy model matki, z jakim warto mieć kontakt na co dzień. Zdaję sobie sprawę, jakich szkód narobiłam. Zdaję sobie sprawę, jak odbiło się to na Larze i Tadku, bo nie mieli mnie dla siebie tyle, ile potrzebowali. Ogromnie tego żałuję, wiem też jednak, że gdybym wtedy tak rozpaczliwie nie rzuciła się na poszukiwania miłości i związanego z tym ciepła, nie byłoby mnie już na tym świecie. Lara i Tadeusz to moje największe skarby, które będę strzegła ponad wszystko. Dziękuję im za to, że są. Za to, jacy są. Bez nich moje życie byłoby niczym.

Kilkumiesięczna dogrywka z Kelnerem zakończyła się w najlepszym możliwym momencie. Tym bardziej że w moim życiu ponownie pojawił się ktoś, kto zmienił je jak za dotknięciem czarodziejskiej różdżki. O ironio, tym magiem okazał się człowiek, któremu ponad dwadzieścia lat wcześniej zadałam

Z Mateuszem Kusznierewiczem, mistrzem olimpijskim

Z Catherine Deneuve

Z Wojciechem Jagielskim

Z Martyną Wojciechowską i Kingą Rusin

cios w samo serce – doktor Waldemar Kozerawski. Po tym, jak wyjechał do Kanady, długo nie mieliśmy kontaktu, lecz odnowiliśmy go na kilka miesięcy przed jego powrotem do Polski. Od tego czasu niekiedy do siebie dzwoniliśmy, ale w grę wchodziły tylko niezobowiązujące rozmowy dwojga darzących się sympatią znajomych. Wciąż był z tą samą żoną, miał dwoje dzieci, a do tego za oceanem odniósł spory sukces zawodowy. Dzięki ciężkiej pracy, talentowi i niezwykle empatycznemu podejściu do pacjentów doszedł do tego, że posiadał własną prywatną klinikę w najstarszej części Toronto i piękny dom. Na pozór wiódł wygodne życie. Choć z rzucanych przez niego półsłówek wnioskowałam, że nie do końca jest szczęśliwy w małżeństwie, to nie drążyłam tematu i nie ciągnęłam go za język.

Wiadomość, że po wielu latach przyjeżdża do Warszawy na spotkanie z kolegami ze studiów, bardzo mnie ucieszyła, ale nie umówiliśmy się jakoś konkretnie. Pewnego wieczora jednak pod wpływem jakiegoś wewnętrznego impulsu postanowiłam wpaść do knajpy, w której miał się zobaczyć ze swoim towarzystwem. Instynkt mnie nie zawiódł – gdy tylko weszłam na salę, już w samych drzwiach napotkałam jego wzrok. Podeszłam do niego, a on momentalnie podniósł się z miejsca. Odniosłam wrażenie, że nie widziałam się z nim może dwa dni. Przytulił mnie bez słowa i wszystko momentalnie wróciło. A potem usłyszałam znajomy ciepły głos: „Już nigdy więcej mi nie uciekniesz".

Z ludźmi, z którymi Waldek nie widział się przez całe lata, posiedzieliśmy raptem dziesięć minut, a potem udaliśmy się do Cariny. Zamówiliśmy butelkę szampana i od tego wieczora aż do dzisiaj jesteśmy razem. Od razu zamieszkaliśmy u mnie w Łomiankach. Czułam się z nim fantastycznie. Zeszliśmy się ponownie jako dwoje dojrzałych ludzi z pokaźnym bagażem doświadczeń – sukcesów, porażek, radości oraz nieszczęść –

i rozumieliśmy się doskonale. A ja pierwszy raz od czasów Volkharta miałam wrażenie, że jestem z facetem, który imponuje mi nie tylko wyglądem, ale też dojrzałością i intelektem. Nareszcie powróciła namiętność, jakiej nie czułam wiele lat. Nikt nie miał na mnie takiego apetytu jak Waldemar – pod każdym względem. To trwa do dziś i wspólnie to pielęgnujemy. Sekrety tej relacji pozostawiam jednak dla siebie i Waldka. Jest ona równie szalona, romantyczna i niepowtarzalna co kilkadziesiąt lat temu, gdy się poznaliśmy. Czuję się szczęśliwa i spokojna. Mam przy sobie najlepszego przyjaciela i dobrego człowieka, który zna mnie jak nikt inny na świecie.

Po miesiącu Waldek musiał wprawdzie wrócić do Kanady, ale pierwszą sprawą, którą tam załatwił, była separacja, a kolejną wyprowadzka do kliniki. Latałam wtedy do niego jak szalona. Byliśmy w stałym kontakcie mimo dzielącej nas odległości. Kiedy zaś uporządkował już swoje sprawy rodzinne, postanowiliśmy zrobić coś razem w Polsce. Wpadłam na oryginalny i – jak się okazało – nieco wyprzedzający swój czas pomysł. Willa Uciecha w Nałęczowie miała być kliniką połączoną z hotelem i restauracją, tyle że w owym czasie nie było jeszcze w Polsce mody na zabiegi medycyny estetycznej. Popełniliśmy też błąd marketingowy: promowaliśmy całe przedsięwzięcie jako klinikę, chociaż tak naprawdę chodziło o bardzo elegancki hotel z kilkoma gabinetami zabiegowymi. Na niezwykle hucznym otwarciu zjawiło się trzy czwarte warszawskich celebrytów, ale niestety dla większości była to pierwsza i ostatnia wizyta w tym miejscu.

Błędy na starcie, spora odległość od Warszawy oraz brak mojego stałego nadzoru skazały to nowatorskie przedsięwzięcie na porażkę. Swoje zrobiły też... różnice kulturowe między Polską a Kanadą w kwestii rzetelności biznesowej. Sprawiły one, że mówiąc językiem medycznym, próba przeszczepu na grunt polski metod prowadzenia interesu przez Waldka

Cezary Pazura i mój ukochany Waldek

się nie powiodła. Pracując prawie dwadzieścia lat jako szanowany lekarz w Toronto, miał spore problemy w konfrontacji z problemami, z jakimi nigdy nie stykał się na obczyźnie. Nie rozumiał na przykład, jak to możliwe, że ktoś bierze zaliczkę na wykonanie jakiejś pracy, a potem po prostu znika. Pijani pracownicy, donosy, skargi, szantaże, kradzieże, innymi słowy: elementarz polskiego biznesu – to było dla niego zbyt wiele. Rozumiałam to. Wspieraliśmy się nawzajem.

Zamierzał na początku przylatywać do Polski raz w miesiącu, aby również osobiście przyjmować pacjentów i w ten sposób budować renomę kliniki. Zakładał, że po jakimś czasie wróci tu na stałe, a Willa Uciecha zostanie jego codziennym miejscem pracy. Wystarczyło mu jednak wysłuchanie kilku historii z mojego życia oraz droga krzyżowa, jaką sam przeszedł w Nałęczowie, żeby zrewidować te plany. Nie poddał się oczywiście bez walki. Zaliczył kilka wizyt w Nałęczowie, podczas których zajmował się kilkudziesięcioma osobami, ale pobyty w Polsce miały pewien paradoksalny skutek – raz na zawsze wyleczył się z pomysłu powrotu do ojczyzny na stałe. Kolejne zderzenia Waldka z nieznanymi mu dotychczas standardami sprawiły, że stracił serce do Willi Uciechy. Nie udało mu się niestety odzyskać zainwestowanych w to miejsce pieniędzy, mimo wszystko wzbogacił się o jedną ważną mądrość: nigdy więcej żadnych biznesów w Polsce! Niepowodzenie w biznesie nas nie podzieliło. Wręcz przeciwnie, jeszcze bardziej wzmocniło naszą relację. Wtedy zdaliśmy sobie sprawę, że każdy kryzys może nas tylko umocnić i że mamy w sobie wielkie oparcie.

Żyłam tu i pracowałam, więc sytuacja ta nie była – i nie jest – dla mnie prosta. Ale staram się go zrozumieć: mając w Toronto wyrobione nazwisko, klinikę i dwoje dorastających wtedy dzieci, temu twardo stąpającemu po ziemi facetowi trudno było rzucić wszystko w cholerę, byle toczyć nierówną walkę o Nałęczów. Wrócił więc ostatecznie do Kanady, a my, choć to raczej nietypowe rozwiązanie, od kilkunastu lat tworzymy związek na odległość, latając do siebie, kiedy tylko możemy. Po tylu szczęśliwych latach już wiem, że lepiej mieć fantastycznego faceta choćby na odległość niż namiastkę prawdziwego mężczyzny pod ręką. Świadomie nie opisuję naszej relacji dłużej i bardziej szczegółowo, bo to nasza bajka, która nieprzerwanie trwa od wielu lat, i chcę, aby tak pozostało. Aby nic nie zaburzyło naszego szczęścia. Uczucie, którym się darzymy, to uczucie ponad wszelkimi granicami! Waldusiu, dziękuję, że jesteś!

Powrót Waldka, nawet jeśli przez większość czasu przebywał siedem tysięcy kilometrów ode mnie, zaprowadził w moim sercu tak potrzebny mi spokój. Ale w życiu zawodowym niewiele się u mnie zmieniło. Robiłam to, co zawsze – starałam się zrealizować swój następny pomysł. Nie ustawałam w wysiłkach, by na mapie polskiej gastronomii pojawiały się kolejne restauracje godne tego miana. Kiedy więc Jacek Koziński, mój tak naprawdę pierwszy poważny partner biznesowy i inwestor, zapytał mnie przy jakiejś okazji, czy nie chciałabym otworzyć z nim lokalu, nie miałam wielkich dylematów. Miejscówka na placu Trzech Krzyży oraz praktycznie nieograniczone możliwości finansowe Jacka pozwoliły mi w niecałe trzy miesiące perfekcyjnie przygotować restaurację AleGloria i opracować wykwintne menu. Przygotowania do otwarcia tego lokalu odbywały się w pierwszych miesiącach funkcjonowania Willi Uciecha, więc to tam testowałam dania, które zamierzałam serwować gościom na placu Trzech Krzyży. Przez dwa miesiące wymyślałyśmy i przygotowywałyśmy z kucharkami oryginalne potrawy, które podawałam zaproszonym gościom, a perspektywa eleganckich kolacji, warsztatów kulinarnych i degustacji wywoływała często u ludzi zadziwiający efekt czasoprzestrzenny – nagle Nałęczów przestawał być tak niemożliwe daleko od stolicy, a oni sami okazywali się znacznie mniej zajęci niż zazwyczaj.

Otwarcie AleGlorii było równie spektakularne co samo to miejsce. Na imprezę prowadzoną przez Marcina Prokopa zjechała cała śmietanka Warszawy. Mając do dyspozycji trzy piętra, stworzyliśmy z Jackiem prawdziwe imperium. Przez pięć lat była to druga po Fukierze najlepsza restauracja w mieście, a do tego lokal przynosił naprawdę godziwe zyski. Pod wpływem tego oszałamiającego sukcesu działający na wielu polach biznesowych Jacek postanowił inwestować z prawdziwym rozmachem. Analizując cyferki w rachunku zysków i strat, uznał, że fuzja mojego nazwiska, pomysłowości i wyczucia gustów ludzi z jego kapitałem i możliwościami musi nam przynieść gigantyczny sukces. Ponieważ zaś nie kryłam się przed nim, że w całym tym biznesie najbardziej kręci mnie właśnie tworzenie i wymyślanie nowych rzeczy, a nie bieżąca praca w kuchni czy bycie maskotką restauracji, to praktycznie co dwa miesiące otwieraliśmy jakiś nowy lokal. Po AleGlorii pojawiły się Gar i dwie Polki, w Warszawie i Łodzi, do tego zaczęły dochodzić mniejsze punkty serwujące szybkie jedzenie, między innymi na Chmielnej czy Krakowskim Przedmieściu. Ostatecznie wszystko rozrosło się do gigantycznych rozmiarów. Będąc partnerem franczyzowym Jacka, nie licząc własnych biznesów, miałam pod opieką prawie trzydzieści lokali. W każdym odpowiadałam niby za to samo – smak, wygląd i przygotowanie potraw – ale jak mieć na to wszystko oko, bywając w danym miejscu raz na kwartał?

To było szaleństwo. Wobec tak olbrzymiej skali przedsięwzięcia zaczęło to niestety w pewnym momencie przypominać połączenie kombinatu z korporacją i rządzić się podobnymi prawami. Nie było możliwości, żebym była w tylu miejscach, w ilu powinnam, i spędzała tam wystarczająco wiele czasu, by wszystkiego doglądać. W efekcie w kolejnych lokalach zaczęli się pojawiać wynajęci menedżerowie i po kilku miesiącach już wiedzieliśmy, że w tym biznesie i w tym kraju efektywnie i bez straty na standardzie da się prowadzić nie więcej niż trzy, maksymalnie cztery lokale. Dwadzieścia ambasad dobrego jedzenia w różnych miastach to było zbyt dużo dla zaledwie jednej pani ambasador.

Przez lata stworzyłam wiele fantastycznych miejsc, ale do dziś utrzymały się tylko te, których ja albo właściciel byliśmy w stanie osobiście pilnować. Nie jest to szczególnie odkrywcza konstatacja, ale musiało minąć sporo czasu, zanim doszłam do niej sama. A dlaczego nie wyciągnęłam wniosków nieco szybciej? To bardzo proste – nie wiem doprawdy skąd, ale ciągle były we mnie, są i pewnie już zawsze będą olbrzymie pokłady wiary w innych, w ich dobro i uczciwość. Mimo że wielokrotnie się na nich sparzyłam i powinnam wyrobić sobie jakiś

Z Waldemarem Kozerawskim

mechanizm obronny, nadal trudno mi uwierzyć, że ludzie mogą być źli, fałszywi czy niewdzięczni. Nie chcę jednak się pod tym względem zmieniać, bo naprawdę lepiej wstaje mi się rano z wiarą w dobre serca i intencje otaczających mnie osób. Jednego jestem zresztą absolutnie pewna: bez tej naiwności, radości i ufności w ludzi nie znajdowałabym w sobie energii, by robić to wszystko, co robię. Tworząc piękną bajkę, trzeba przyjąć kilka zupełnie bajkowych założeń, bo inaczej cała historia już na etapie pisania weźmie w łeb.

To zresztą nie tak, że z racji mojego charakteru spotykały mnie wyłącznie przykrości. Dzięki Fukierowi poznałam przecież mnóstwo naprawdę wspaniałych ludzi. Z każdym rokiem ranga restauracji rosła, a ukoronowaniem pracy mojej i całego zespołu było uznanie jej przez Maćka Nowaka i Piotra Bikonta z „Gazety Wyborczej" za najlepszą knajpę w Polsce. W tych staropolskich wnętrzach gościli najważniejsi polscy artyści, biznesmeni i politycy, podpisano w nich wiele ważnych umów, wybierano i odwoływano ministrów, a nawet zawiązano kilka koalicji rządowych. Najważniejsi z ważnych organizowali u nas urodziny, chrzciny czy oświadczyny. W ten sposób poznawałam ich i ja, tym bardziej że poza staniem na kuchni bardzo często sama obsługiwałam gości. W moim kręgu znajomych znaleźli się malarze, muzycy, aktorzy, ale też wybitni adwokaci i lekarze. Potrafiłam spędzić poniedziałek i wtorek na wernisażach czy dyskusjach o obrazach na ścianach U Fukiera, żeby w środę przygotowywać się na dyskretną wizytę Javiera Solany na kolacji czy utrzymywany w tajemnicy kilkudniowy pobyt Juana Carlosa połączony z polowaniem w Zachodniopomorskiem. Nie bywali w mojej restauracji oficjalnie, lecz prywatnie, niemal jak przyjaciele rodziny, a Javier dodatkowo jako ojciec chrzestny Tadeusza. Te wszystkie spotkania, znajomości, przyjaźnie są nie do przecenienia, a zawdzięczam je miłości do kuchni.

Otwierając kolejne restauracje, nigdy nie stawiałam na pierwszym miejscu zysku i pieniędzy. Oczywiście, nie da się o nich zapomnieć, ale w moim przypadku zawsze chodziło o coś więcej. Może zabrzmi to górnolotnie bądź przesadnie, lecz od powrotu do Polski pragnęłam uczyć Polaków jeść dobrze. Dlatego właśnie osobiście, nawet w trakcie wakacji, odwiedzałam maleńkie winiarnie i lokalne targi w Hiszpanii – chciałam, żeby na warszawskich stołach pojawiła się prawdziwa rioja, szynka *jamón ibérico* czy najlepsze tamtejsze sery.

Moim celem było też odczarowanie polskiej kuchni, przywrócenie jej blasku i pokazanie, że to nie tylko kiełbasa i schabowy. Nasza dramatyczna historia sprawiła, że przez dziesięciolecia, a nawet stulecia różne wrogie siły skutecznie eliminowały z tych ziem wszystkich i wszystko, co szlachetne, tradycyjne i wykwintne. Wskutek dwóch wojen pojawiła się w polskiej kulturze potężna wyrwa, a spustoszenia te dotyczyły między innymi właśnie kultury jedzenia. Dwudziesty wiek to przecież okres, w którym Polacy dużo częściej martwili się, co jeść, a nie – jak jeść. Zniknęła więc także umiejętność czerpania radości z bycia razem przy stole. Zależało mi, żeby rodacy przypomnieli sobie o naszych wspaniałych tradycjach kulinarnych. Cóż, mój patriotyzm jest może specyficzny, ale naprawdę żarliwy.

Posłowie

Był późny wieczór, wreszcie mogłam usiąść i nieco odsapnąć. Sięgnęłam po telefon i jak zwykle zaczęłam przeglądać długą listę nieodebranych połączeń. Znowu zauważyłam ten nieznany mi numer – ktoś z uporem maniaka usiłował się ze mną od kilku dni skontaktować, wydzwaniając po kilkanaście razy. Zwykle nie reaguję na takie telefony, ale tym razem uznałam, że powinnam oddzwonić. Dosłownie w sekundę usłyszałam w słuchawce jakiś męski głos:

– Witam, z tej strony Piotr Fromowitz, nawet nie wiesz, jak się cieszę, że się odzywasz...

– Przepraszam, kto? – przerwałam mu bezlitośnie.

– Piotr Fromowitz. My się, Magda, znamy. Przyjaźnię się z Andrzejem Woyciechowskim, byłem dyrektorem generalnym jego Radia Zet, wpadaliśmy we dwóch i do Fukiera, i do Łomianek. Byłem jednym z gości, więc możesz mnie nie pamiętać.

– Jasne, że pamiętam – odpowiedziałam, choć głównie z kurtuazji, bo nie miałam pojęcia, z kim rozmawiam. – W czym mogę ci, Piotrze, pomóc?

– Słuchaj, rzuciłem robotę w radiu i pracuję teraz dla telewizji. Otworzyłem z grupą ludzi firmę producencką i staramy się jakoś zaistnieć na antenie.

– Mam ci w tym jakoś pomóc? Do kogoś zadzwonić?

– Nie, Magda, nie musisz nigdzie dzwonić, właśnie zadzwoniłaś. Chcę cię namówić na spotkanie. Mam dla ciebie propozycję – powiedział tajemniczo, a potem zaczął roztaczać przede mną wizję złotych gór.

Szczerze powiedziawszy, nie brzmiał zbyt przekonująco. Przypominało to trochę bajeczki Adama Gesslera o podboju świata gastronomii. Zbyłam więc Piotra tego wieczora pod pierwszym lepszym pretekstem.

Ale nie odpuszczał. Wydzwaniał, zachęcał, aż w końcu, trochę dla świętego spokoju, zgodziłam się na spotkanie. Umówiliśmy się w Garze, choć nie liczyłam na żadne rewelacje – po prostu chciałam mieć go z głowy.

Prawdę mówiąc, zapomniałam nawet, że Piotr miał wpaść do restauracji o czternastej. Ale byłam tam, kiedy się zjawił, więc zaprosiłam go do stolika i słuchałam. Po obowiązkowych zachwytach nad wnętrzem Gara, menu i moją osobą przeszedł wreszcie do rzeczy. Powiedział, że ma pomysł na program telewizyjny i w roli jego gospodyni widzi właśnie mnie. Zaliczyłam już kilka epizodów przed kamerą, choć bardziej jako przystawka czy aperitif, tym razem jednak zanosiło się, że mam być daniem głównym.

Od połowy lat dziewięćdziesiątych dość regularnie pojawiałam się w Telewizji Polskiej w programie *Pytanie na śniadanie*, gdzie jako jedna z pierwszych restauratorek i główna reanimatorka kuchni polskiej opowiadałam o niej i gotowałam na wizji. Czasem robiłam to w towarzystwie Maćka Kuronia, co miało swój urok, bo przecież ponad trzydzieści lat wcześniej rozwieszałam plakaty z wizerunkiem i w obronie jego ojca. Byłam też w Polsacie, choć nie miało to nic wspólnego z gotowaniem – dałam się namówić na jednorazowy występ w jakimś programie o tańczących gwiazdach. Wspominam to całkiem nieźle: musiałam w ciągu miesiąca przygotować występ w stylu latino, a moim choreografem został sam Janusz Józefowicz. Nie miałam już oczywiście figury Nataszy Urbańskiej, ale dzięki niezłemu wyczuciu rytmu i młodości na Kubie poszło mi całkiem nieźle. Na tym jednak kończyły się moje doświadczenia z telewizją i nie bardzo zależało mi na tym, żeby było ich więcej. Aż tu nagle słyszę nie o pojedynczym występie, lecz o prowadzeniu programu. Nie jednego, lecz kilkunastu. Muszę przyznać, że mnie zatkało. Ale na pewno nie onieśmieliło.

Podobnego zdania był najwidoczniej Piotr.

— Uwierz mi, Magda, nikt nie nadaje się do tego tak jak ty. To będzie wielki sukces – przekonywał. – Najpierw zrobimy odcinek pilotażowy, jeśli uznasz, że to nie dla ciebie, to odpuszczamy. Ale myślę, że ci się spodoba, i zrobimy całą serię.

— Miło, że tak mówisz, ale mam swoje restauracje, rodzinę i pięćdziesiąt sześć lat, nawet jeśli tego nie widać. Uważasz, że to dobry wiek na rozpoczynanie kariery w telewizji?

— TY NIE MASZ WIEKU! Dla mnie i widzów to bez znaczenia. Liczy się twoja energia, pomysłowość, radość...

Zamyśliłam się na chwilę, rozważając wszystkie za i przeciw. Ale nie potrzebowałam wiele czasu, żeby podjąć decyzję.

— Dobra, wchodzę w ten biznes! Zróbmy to!

Zgodziłam się, choć nie wiedziałam do końca na co. W teorii wyglądało to na spełnienie moich marzeń – co tydzień miałam odwiedzać inną restaurację i doradzać właścicielom, jak osiągnąć sukces. W każdym miejscu miałam spędzać nie więcej niż cztery dni z zadaniem zrobienia w tym czasie tyle, ile się tylko da, a najlepiej wszystkiego. Nic mnie nie ograniczało: nie chodziło tylko o dobre menu, mogłam szaleć do woli w kwestii wnętrza, nazwy i całego pomysłu na knajpę. Nie wiem, kto wymyślił ten format programu, ale miałam wrażenie, że jest zrobiony specjalnie pode mnie.

Zanim ruszyły zdjęcia do odcinka pilotażowego, Piotr zaprosił mnie na jakieś branżowe przyjęcie do Moniki Bednarek, jego następczyni w Radiu Zet. Co chwila poznawał mnie z kolejnymi ważniakami ze świata mediów, wreszcie postanowił zaskoczyć mnie jeszcze jednym znajomym. W pewnej chwili złapał mnie pod łokieć i powiedział w żartach:

— Magda, jak wspominałem, myślimy o uzupełnieniu z czasem składu *Kuchennych rewolucji*, dlatego przedstawiam ci polskiego Gordona Ramseya!

Mówiąc to, wskazał na stojącego obok niego... Aktora, który – rozochocony powodzeniem własnej restauracji – rozpowiadał na przyjęciu, że chciałby zostać kimś w rodzaju Ramseya. Jego obecność mnie zaskoczyła, ale reakcja Aktora okazała się jeszcze bardziej wymowna – na mój widok zaniemówił, zastygł, po czym w iście filmowym stylu opuścił nas bez słowa.

Piotra zresztą też zamurowało. Najwidoczniej nie czytał brukowców, bo nie miał pojęcia, co takiego właśnie zaszło. Koniec końców jednak program chyba nie ucierpiał na braku Aktora, prawda?

Jakże zabawnie brzmią obecnie te zapowiedzi „jednego sezonu". Tym zabawniej, że kończymy właśnie zdjęcia do sezonu numer jedenaście. Na samym początku nikt chyba nie mógł sobie jednak nawet wyobrazić, że nasza przygoda z *Kuchennymi rewolucjami* potrwa tak długo i że będzie to aż taki sukces. To dla mnie spora satysfakcja i powód do dumy. Rozmawiając z Piotrem jeszcze przed całym przedsięwzięciem, myślałam, że po zdjęciach do programu sobie odpocznę. Już po emisji pierwszego odcinka zaczął się jednak chyba największy medialny rock and roll w moim życiu – i trwa to do dziś. Nadal zaskakuje mnie – a sądzę, że nie inaczej jest w przypadku producentów i szefów stacji – jakie emocje wywołuje zarówno sam program, jak i ja. W życiu bym nie przypuszczała, że stanę się do tego stopnia rozpoznawalna, że prawie każdy będzie miał na mój temat zdanie: dla jednych stanę się idolką, ikoną popkultury czy wręcz kandydatką na prezydenta, dla innych prostą chamską babą, która na prawo i lewo ciska talerzami.

Czasem ludzie pytają mnie, co by było, gdybym trafiła przed kamerę wcześniej, na przykład w wieku trzydziestu lat. Ale nie lubię takich dywagacji. Być może zresztą rację ma jeden z moich najbliższych przyjaciół, który zażartował kiedyś, że dobrze się stało, że wróciłam do Polski tak późno, bo ten kraj mógłby tego inaczej nie przetrwać. A tak poważnie: musiałam najpierw swoje przeżyć, swoje wygrać i swoje stracić, aby zostać tą Magdą, którą pokochali widzowie. Dobrych kilka lat temu, gdy stawałam na planie zdjęciowym pierwszego odcinka, byłam nie tylko obdarzoną dosadnym językiem niezłą blondynką z burzą loków, lecz przede wszystkim sumą wszystkich tych radości i bezsilności, sukcesów, obaw, kompleksów i porażek, których doświadczyłam. Może zabrzmi to zaskakująco, ale cały ten niewidoczny w kamerze bagaż sprawił, że od pierwszego odcinka aż do dzisiaj w całej idei *Kuchennych rewolucji* najbardziej interesuje mnie pomaganie ludziom.

Bo mieliśmy robić po prostu program o kulejących restauracjach, a wyszedł z tego program o nauce życia, gdzie kuchnia i menu schodzą niekiedy na drugi czy trzeci plan. To zaskoczenie także dla mnie. Gdy zaczynaliśmy kręcić, nikt mnie nie uprzedził, że czasem będę nie tylko kucharką, ale i terapeutką, mediatorką rodzinną, a nawet specjalistką od uzależnień.

Ale tego pierwszego wieczora, tuż przed swoim debiutem w starym młynie w parku Moczydło na warszawskiej Woli, gdy wokół kręci się kilkadziesiąt osób z ekipy, a ja czuję, jak rośnie we mnie adrenalina, jeszcze o tym wszystkim nie wiem. Za to wiem jedno – że trzeba być sobą i wierzyć w ludzi, a wtedy na pewno wszystko będzie dobrze.

To nie jest książka o kuchni, tylko o moim życiu. Ale moje życie to także kuchnia. Dlatego na koniec zostawiam garść kucharskich wskazówek:

1. Korek od wina w garnku z mięsem zmiękczy nawet najtwardszą wołowinę.
2. Zakwaszenie barszczu w momencie wrzenia to gwarancja pięknego koloru.
3. Do cielęciny nigdy nie dodawaj liścia laurowego, ziela angielskiego i czarnego pieprzu. Chyba że chcesz mieć smak wołowiny.
4. Nigdy nie smaż w małej ilości oleju.
5. Woda jest największym wrogiem zupy.
6. Pomidora krój przed samym podaniem.
7. Czytaj etykiety – glutaminian sodu jest szkodliwy i kropka.
8. Nie popijaj ogórka ciepłym mlekiem.
9. Jajecznicę smaż w niskiej temperaturze.
10. W barszcz więcej buraków niż wody.
11. Do kisielu tylko wino zamiast wody.
12. Łącz sałatę z winegretem przed samym podaniem.
13. Zielona sałata musi być sucha, gdy ją podajesz.
14. Ubijaj tylko zimną śmietanę powyżej trzydziestu procent tłuszczu.
15. Najlepsze ciasto na naleśniki robi się dzień wcześniej i zostawia na noc w lodówce.
16. Nigdy nie zostawiaj mielonych w tłuszczu, w którym były smażone.
17. Dobre pierogi wymagają tylko mąki, letniej wodny i ciepła twoich rąk.
18. Farsz na kołduny ucieraj na lodzie.
19. Nie wycinaj pleśni z owoców i warzyw, tylko je wyrzuć.
20. Wąchaj mięso przed zakupem.
21. Chiński czosnek zepsuje każde danie.
22. Sól soli nierówna.
23. Dobra woda to podstawa, nawet w gotowaniu makaronu, do którego nigdy nie dodawaj oleju.
24. Sprawdź uczulenia gości i wyznanie przed podaniem kolacji.
25. Najlepszy mrożony owoc to maliny... i wiśnie.
26. Do sałatki jarzynowej obierz i odciśnij ogórki kiszone.
27. Dolej koniaku do bigosu lub gulaszu, aby powstrzymać ich skiśnięcie.